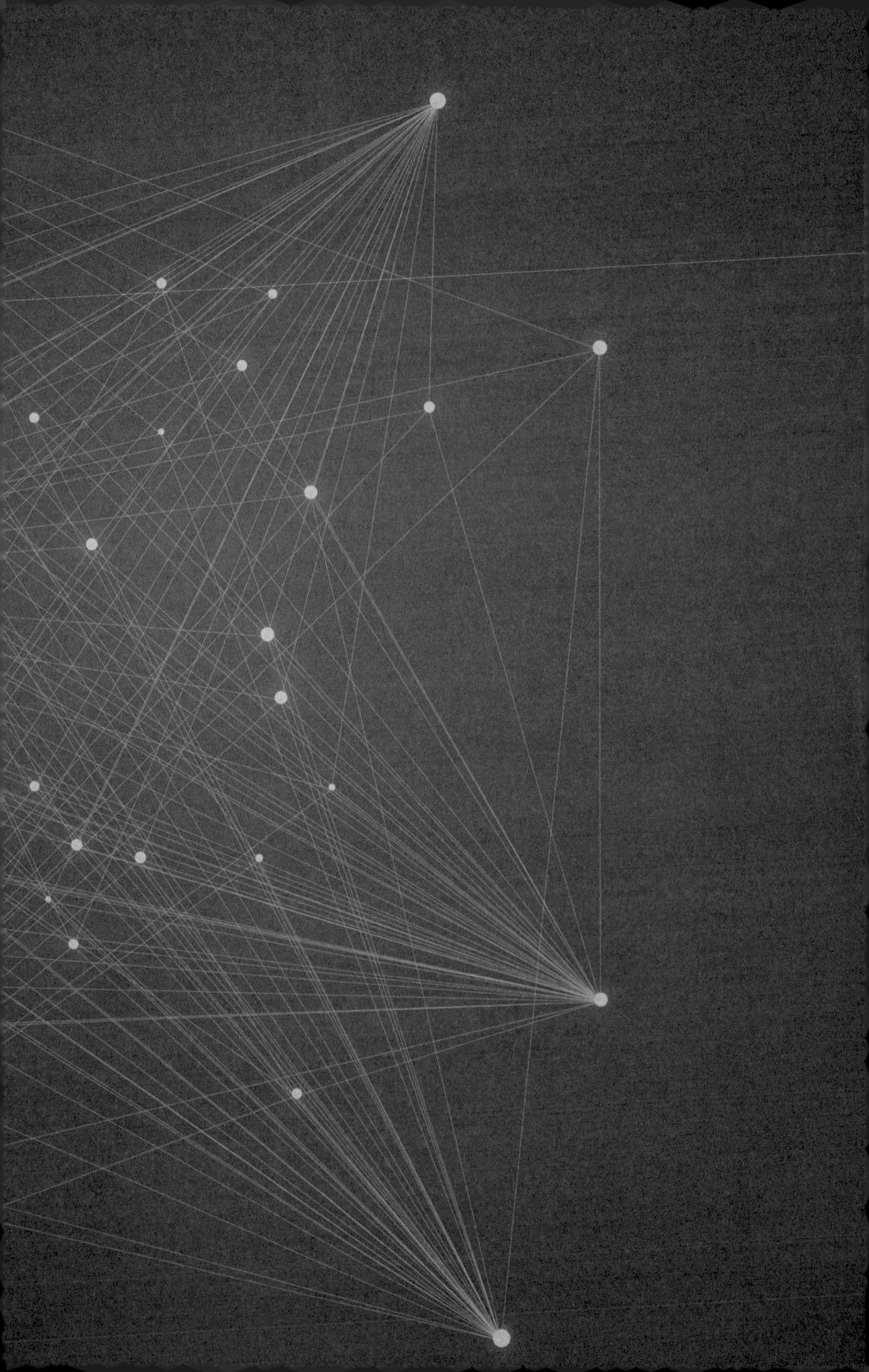

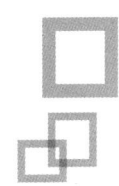

公共数字
文化共享

模式、框架与技术

PUBLIC DIGITAL CULTURE SHARING:
Patterns, Frameworks
and Technologies

罗云川　张桂刚／著

社会科学文献出版社
SOCIAL SCIENCES ACADEMIC PRESS (CHINA)

序　言

近年来，在党和政府的高度重视下，公共文化服务体系建设取得长足进展，特别是以现代信息技术为支撑的公共数字文化体系，通过全国文化信息资源共享工程、公共电子阅览室建设计划、数字图书馆工程等文化惠民工程的推进，已经形成了国家、省、市、县（区）、乡（镇、街道）、村（社区）六级数字文化服务网络，积累了数百 TB 的数字文化资源。随着工作深入开展，数字资源建设缺乏统一的标准、统一协作管理的平台，服务的互动性和针对性不强，数字资源难以传输到网络欠发达的基层偏远地区等问题日益凸显，体现出当前公共数字文化的共享能力依然较弱。

数字化、信息化的迅猛发展，为公共文化的传播与服务提供了全新的手段，催生了新的公共文化服务业态。2017 年 3 月，《中华人民共和国公共文化服务保障法》正式出台，旨在加强公共文化服务体系建设，丰富人民群众精神文化生活，传承中华优秀传统文化，弘扬社会主义核心价值观，增强文化自信，促进中国特色社会主义文化繁荣发展，提高全民族文明素质。其中第三十三条明确规定：国家统筹规划公共数字文化建设，构建标准统一、互联互通的公共数字文化服务网络，建设公共文化信息资源库，实现基层网络服务共建共享。公共数字文化资源种类繁多，结构各异，尤其来自文图国美等各种不同的公共文化机构，如何实现来自全国各级公共文化机构的公共文化数字资源的互联互通以及共享共建，面临巨大挑战。

本专著试图从模式、框架和技术三个角度对公共数字文化共享，提出自己的观点及思路。首先讨论了公共数字文化共享的研究背景和意义，其次对公共数字文化资源进行相应的梳理，包括数据来源、数据类型、采集方法、存储模式与机制以及数据分析管理方法等。按照"资源供给—共享—服务"的路径，分别给出了资源供给、技术支撑、数据应用三种模式。随后，分析了共享平台的框架以及所需的相应标准规范等，并重点讨论了公共数字文化资源共享本身的关键技术和基于共享所产生的服务关键技术。分析了对资源共享系统、网络分发系统、业务管理系统三大系统的研发，并构建一个面向全国的公共数字文化共享服务平台。同时，以文化共享工程、国家公共文化云以及部分地方应用为例进行了案例阐述，并解读了公共数字文化大数据的技术及应用。最后，简要介绍了区块链技术及其在未来公共数字文化中的应用。

本专著源于国家科技支撑计划项目——公共数字文化全国共享服务关键技术研究与应用示范，其中众多材料来自该项目的研究成果，在此一并感谢本项目的各个参与单位和参与人员！

前　言

公共数字文化资源类型复杂、来源多样、总量巨大，为了更好地让公共文化数字资源呈现并有效服务社会公众，公共数字文化共享是关键所在。

本著作主要包含如下内容：首先讨论了公共数字文化共享的研究背景和意义，其次对公共数字文化资源进行相应的梳理，包括数据来源、数据类型、采集方法、存储模式与机制以及数据分析管理方法等。按照"资源供给—共享—服务"的路径，分别给出了资源供给、技术支撑、数据应用三种模式。随后，分析了共享平台的框架以及所需的相应标准规范等，并重点讨论了公共数字文化资源共享本身的关键技术和基于共享所产生的服务关键技术，包括资源采集、聚合、调度、分发以及线上线下互动等共享关键技术，以及资源检索、平台优化、公共文化知识图谱自动构建、大规模公共文化用户画像自动构建以及资源个性化精准推荐等共享基础上的服务关键技术。接着，本著作讨论了对资源共享系统、网络分发系统、业务管理系统三大系统的研发，并构建了一个面向全国的公共数字文化共享服务平台。同时，本著作以文化共享工程、国家公共文化云以及部分地方应用为例进行了案例阐述，并解读公共文化大数据的技术及应用。最后，本著作介绍探讨了区块链技术在公共数字文化中的应用。

目 录

第一章　绪论 … 001
　第一节　研究背景 … 001
　第二节　研究意义 … 002
　第三节　本书的组织架构 … 003

第二章　公共数字文化资源 … 005
　第一节　公共数字文化资源来源 … 005
　第二节　数据类型 … 007
　第三节　数据采集方法 … 009
　第四节　数据存储模式与机制 … 026
　第五节　数据分析管理方法 … 032

第三章　公共数字文化资源共享服务模式 … 067
　第一节　公共数字文化资源共享服务模式设计 … 067
　第二节　公共数字文化资源供给模式 … 073
　第三节　公共数字文化资源技术支撑模式 … 078
　第四节　公共数字文化资源数据应用模式 … 081

第四章　公共数字文化数据平台建设方案 … 083
　第一节　研究目标 … 083
　第二节　研究领域 … 084

第三节 关键技术 ………………………………………… 084
第四节 公共文化服务大数据分析平台建设方案 ………… 085

第五章 公共数字文化资源共享框架与标准规范 ……………… 095
第一节 共享平台框架 …………………………………… 095
第二节 共享服务标准规范 ……………………………… 103

第六章 公共数字文化资源共享关键技术 ……………………… 111
第一节 资源采集关键技术 ……………………………… 111
第二节 资源聚合关键技术 ……………………………… 112
第三节 资源调度关键技术 ……………………………… 116
第四节 网络分发关键技术 ……………………………… 118
第五节 线上线下应用关键技术 ………………………… 118
第六节 资源共享成果展示 ……………………………… 119

第七章 公共数字文化资源服务关键技术 ……………………… 124
第一节 资源检索关键技术 ……………………………… 124
第二节 大规模公共文化用户画像自动构建关键技术 … 128
第三节 资源个性化推荐关键技术 ……………………… 133

第八章 公共数字文化数据分析的应用系统建设 ……………… 155
第一节 研究目标 ………………………………………… 155
第二节 研究领域 ………………………………………… 155
第三节 关键技术 ………………………………………… 155
第四节 基于公共数字文化数据分析的应用系统建设方案 … 156

第九章 公共数字文化资源研发与集成关键技术 ……………… 167
第一节 整体研究思路和方案 …………………………… 167
第二节 相关技术研发关键点 …………………………… 169

第三节　技术难点攻关 …………………………………………… 171
　　第四节　集成技术 ………………………………………………… 173

第十章　三大公共数字文化共享服务系统研发 ……………………… 175
　　第一节　整体研究思路和方案 …………………………………… 175
　　第二节　构建三大系统主要功能 ………………………………… 176
　　第三节　完成三大数字文化共享服务系统研发 ………………… 184

第十一章　公共数字文化共享服务平台的研发构建 ………………… 191
　　第一节　整体研究思路和方案 …………………………………… 191
　　第二节　规划研发平台技术路线 ………………………………… 191
　　第三节　梳理系统接口 …………………………………………… 194
　　第四节　公共数字文化共享服务平台研发及优化 ……………… 196

第十二章　公共数字文化资源共享应用案例 ………………………… 200
　　第一节　文化共享工程 …………………………………………… 200
　　第二节　国家公共文化云 ………………………………………… 203
　　第三节　地方实践 ………………………………………………… 206

第十三章　公共数字文化大数据 ……………………………………… 231
　　第一节　公共数字文化大数据 …………………………………… 231
　　第二节　公共数字文化大数据意义 ……………………………… 232
　　第三节　公共数字文化大数据关键技术平台架构 ……………… 233
　　第四节　公共数字文化大数据资源层 …………………………… 234
　　第五节　公共数字文化大数据综合平台层 ……………………… 236
　　第六节　基于公共数字文化大数据的应用 ……………………… 237
　　第七节　公共数字文化大数据云管理系统 ……………………… 244

第十四章　区块链技术在公共数字文化中应用 246
第一节　区块链基本概念 246
第二节　区块链技术研究缘由 247
第三节　数据存储层关键技术 259
第四节　网络通信层关键技术 265
第五节　数据安全与隐私保护关键技术 271
第六节　共识层关键技术 282
第七节　应用组件层关键技术 286
第八节　区块链应用层 289
第九节　区块链与现代技术融合 290
第十节　区块链技术标准 292
第十一节　区块链在公共文化中的应用 293

第十五章　结论 294
第一节　总结 294
第二节　未来发展趋势 295

参考文献 299

第一章 绪论

第一节 研究背景

公共数字文化建设是加快构建现代公共文化服务体系的重要任务。"十二五"期间，我国大力推进公共数字文化建设，统筹实施了全国文化信息资源共享工程、数字图书馆推广工程、公共电子阅览室建设计划等重点公共数字文化工程。依托现代化信息技术，以图书馆、文化站等公共文化服务单位为阵地，通过数字化的信息传播方式，实现可以覆盖全国范围的优秀中华文化信息资源的共建共享。目前，公共数字文化建设工作框架基本建立，覆盖全国的服务网络基本成型，资源库群初具规模，服务模式不断创新，政策标准逐步完善，保障水平明显提高，对构建现代公共文化服务体系发挥了重要的支撑作用。

全国各地各个层面建立起很多文化站点，公共数字文化资源种类繁多、体量大、资源分布广泛。公共数字文化建设取得了显著成绩，其共享服务涉及多学科的交叉和部门业务的创新，但以往公共数字文化突出资源的建设，并未形成统一的标准，使现有的数字文化资源呈现多层级、多元化，且不可互通互动的特点，导致当下的公共数字文化共享服务实践中存在诸多突出矛盾和问题，主要表现在：海量资源难以统筹；平台搭建无章可循；与固定设施服务、流动服务有机结合的数字文化服务网络不完善；公共数字文化服务与群众文化需求缺乏有效对接，服务效能不高；不同公共数字文化工程缺乏有效统筹，没有完全实现互联互通和相互支撑；社会力量参与机制不健全，公共数字文化建设活力不足等。

基于以上问题和我国重点公共数字文化服务惠民项目（特别是全国文化信息资源共享工程）的工作基础，本著作致力于公共数字文化共享模式框架与技术的研究，通过与其他研究开发应用的协调和管理，探索并形成一套完整的、可以在全国范围内广泛推广的公共数字文化共享服务模式；通过整合项目各部分研究成果及部分已开展服务的公共数字文化服务系统，实现对全国公共数字文化共享服务资源的聚合组织示范，探索资源汇聚整合、服务个性化和体验式服务新形态。

第二节　研究意义

公共数字文化共享服务新型模式既要满足经济发达地区，又要满足经济欠发达地区的文化信息资源需求。特别是那些对文化资源需求更为迫切的落后偏远地区，这些地区的网络基础设施薄弱，甚至缺少信息化设备。针对如何通过多种网络渠道，使那些偏远落后的地区能够及时获取文化资源，并根据他们的需求变化予以变化的问题上，本著作试图在资源供给、技术支撑、数据应用等方面进行探索，把线上线下的各类文化应用整合起来，线下可推送资源与信息至线上，线上也可推送资源与信息至线下，线上线下都可以自由发布各自的应用接口，形成一对多、多对多的线上线下良性生态圈，相互促进推广，实现线上线下应用与信息的统一管理，逐步形成公共数字文化新型共享服务模式。同时，还形成基于数据的反馈改善机制，通过用户行为以及资源数据的组织与分析、基于大数据技术，提炼出不同区域、类型、主题资源的用户使用行为以及资源分布的分析报表，实现资源精准推送以及资源调度，提升文化服务效能，推动公共文化服务机构探索创新文化机制，鼓励多方参与的公共文化服务建设。

本研究将重点突出公共数字文化资源在共享与服务两个层面的结

合，采取将资源和服务相融合的路径，提出全新的模式，主要包括资源供给模式、技术支撑模式、数据应用模式。资源供给模式主要研究对象为资源的来源主体，即资源的获取和提供者；技术支撑模式主要研究对象为资源的传播渠道和路径，即资源从传播主体到用户的实现过程；数据应用模式主要是从用户角度对数字资源开发应用的研究。最终成资源整合与服务体验形成一个通畅的"传播—使用—反馈—再传播"的循环互动系统。

第三节　本书的组织架构

本著作中对公共数字文化共享模式框架技术的研究，将按照以下路径进行：以技术手段为支撑，广泛整合来自图书馆、文化馆、美术馆、博物馆等文化机构以及用户上传的数据，形成可以在全国范围内传播的规范的数字文化资源，在此基础上，构建公共数字文化资源共享服务平台，依托中央平台与省级平台，将丰富的公共数字文化资源以多种服务应用形式通过个人数字终端和互动体验设备传播给用户；同时，利用大数据分析与处理技术，对各平台中的数据及用户在终端的使用行为数据进行采集与组织分析，根据搜集的反馈信息，更加有针对性地向从属于不同人口结构的用户推荐个性化或符合群体兴趣的文化资源，从而实现公共数字文化共享服务的完整传播链条。

本著作主要包含如下内容：首先讨论了公共数字文化共享的研究背景和意义，其次对公共数字文化资源进行相应的梳理，包括数据来源、数据类型、采集方法、存储模式与机制以及数据分析存储管理方法等。按照"资源供给—共享—服务"的路径，分别给出了资源供给、技术支撑、数据应用三种模式。随后，分析了共享平台的框架以及所需的相应标准规范等。重点讨论了公共数字文化资源共享本身的关键技术和基于共享所产生的服务关键技术，包括资源采集、聚合、调度、分发以及线上线下互动等共享关键技术，以及资源检索、平台优化、公共文化知识图谱自动构建、大规模公共文化用户画像自动构建以及资源个性化精准推荐等共享基础上的服务关键技术。接着，本著作讨论了对资源共享系统、网络分发系统、业务管理系统三大系统的研发，并构建了一个面向全国的公共数字文化共享服务平台。同时，本著作以文化共享工程、国家公共文化云以及部分地方应用为例进行了案例阐述，解读了公共文化大数据的技术及应用。最后，本著作介绍探讨了区块链技术及其在公共数字文化中的应用。

第二章 公共数字文化资源

第一节 公共数字文化资源来源

文化资源是人类社会活动中智力劳动的创造物，它以各种有形或无形的内容表现出来，可以作为文化生产的原材料或文化生产所必需的条件，经过各种形式的生产或经营活动为人类带来物质财富和精神财富。

第一，文化资源首先是一种资源，作为一种资源并不是取之不尽用之不竭的，整体来看，如果开发利用不合理，会导致文化资源的衰退、丧失甚至消亡。所以，要求我们在使用的时候不能是无限度的，必须予以合理配置，充分、有效地发挥它们的效用，使它们能够更好地满足人们的文化生活需求。

第二，文化资源身上刻着人类社会活动的烙印，是人们在社会历史实践过程中所取得的物质和精神的成果总和。

以级别进行分类，文化资源呈层级分布，分为以下4类。①国家级文化资源：国家图书馆、文化馆、艺术馆、博物馆、剧院等文化机构资源以及社会、市场上的文化资源。②省级文化资源：省级图书馆、文化馆、艺术馆、博物馆、剧院等文化机构资源以及社会、市场上的文化资源。③地市级文化资源：地市级图书馆、文化馆、艺术馆、博物馆、剧院等文化机构资源以及社会、市场上的文化资源。④街镇级文化资源：街镇级图书馆、文化活动中心、文化站文化资源以及社会、市场上的文化资源。

以来源进行区分，如今公共数字文化大数据的来源可以分为以下几个方面。

1. 传统媒体

传统媒体是相对于近十多年出现的网络媒体而言的。传统媒体保留着传统的信息传播方式，通过某种实物介质向社会公众发布各种信息，主要包括报刊、广播、电视及自媒体以外的网络等传统意义上的媒体。

2. 网络媒体

网络媒体是近些年来新出现的一个重要传媒介质。与报刊、广播、电视等传统媒体一样，网络媒体也属于一种传播信息的渠道，信息以它们为载体进行交流与传播。但与传统媒体相比，网络媒体有很多优越性：传播范围最广，操作方便简单，信息保留的时间长，信息数据量远大于传统媒体，互动性强，而且成本低、效率高。

在网络媒体上，一方面有公共平台发布消息，网络上的信息在公众之间传播；另一方面，公众自身可以产生数据信息，人们通过邮箱、微信、微博等产生的信息也会作为公共大数据进行传播。其中，数据量最大的是数据结构松散、难以挖掘有用信息的数据，比如音频、视频和符号数据。

3. 政府文件

这里的政府文件包括三种，一种为行政机关直接针对特定公民和组织而制发的文件，另一种为行政机关不直接针对特定公民和组织而制发的文件，以及行政机关内部因明确一些工作事项而制发的文件。党政机关实施领导、履行职能、处理公务的具有特定效力和规范体式的文书，是传达贯彻党和国家的方针政策，公布法规和规章，指导、布置和商洽工作，请示和答复问题，报告、通报和交流情况等的重要工具。这类文件对公众有约束力、涉及他们的权利和义务，也就是法律用语所称的行政法规、规章以外的其他具有普遍约束力的规范性文件。

通过对当代社会信息结构的分析，可以发现，在当前这个新媒体时代，网络媒体中的数据所占的比例最大，网络是一个巨大的信息库，包含了几乎所有网民的日常生活、各行各业的运作情况，且传播范围最广，保留时间长，信息数据庞大，操作方便简单，交互性、沟通性强，成本低、效率高；传统媒体作为信息传播的主流媒体，虽然在大数据中不及网络媒体，但依然占有很大比重；政府文件的数据来源在数量上很小，但其信息带有高权威性，官方且正规，且能引起公众的重视；设备检测信息主要在商业或工业方面企业内部运营流通，所占比重较小。

根据对公共文化数据来源的分析，在接下来对数据采集的工作中，可以主要以网络媒体为途径来获取数据，传统媒体辅之。其他来源较难获得，政府文件数量较少，可以降低从中获取数据的比例。

第二节　数据类型

文化资源包含的门类复杂、内容繁多，不同的分类方法会产生不同的文化类型，具体如下。

1. 实体文化资源

（1）文艺表演。包括专业文艺团体的表演以及群众民间团体的文艺表演。

（2）展览。以实物形式展出供公众参观的文化资源。如书画作品、摄影作品、历史文物、宣传展板等。

（3）图书、期刊、报纸。以纸为载体的、以文字或其他信息符号记录的著作物。

（4）文化/文艺讲座、辅导、宣讲。由教师主讲或组织的现场文化交流活动，如传统文化讲座、文艺技能辅导、政策宣讲等。

上述四类是在公共文化服务活动中最常见的实体公共文化资源，并且均可以开展流动共享服务：文艺表演类资源的流动服务载体是表演团队；展览的流动服务载体是展览作品；图书、期刊、报纸的流动服务载体是纸质著作物；文化/文艺讲座、辅导、宣讲的流动服务载体是授课教师。

2. 数字文化资源

（1）文化信息。各类关于文化的新闻资讯、发展动态、背景资料等内容。

（2）电子书刊。传统的书、刊、报转换为数字形式的资源。

（3）文化讲座。以数字形式记录和传播的文化类讲座、课程。有关国学、历史、文艺鉴赏的讲座近年来广受欢迎。

（4）文艺表演。以数字形式记录和传播的专业文艺团体的表演以及群众民间团体的文艺表演。

（5）文艺鉴赏。介绍、展示、赏析文学、绘画、音乐、艺术收藏品等文化艺术作品的数字资源。

（6）文化遗产。介绍、展示物质文化遗产和非物质文化遗产的数字资源。

（7）民风民俗。介绍、展示某一地区或某一民族风俗、习惯、文化特色等的数字资源。

（8）技能培训。包括知识方面、文化艺术方面、职业技能等方面的培训资源，比如，一些艺术考级辅导和模拟试题资源近年来颇受学生家长们的欢迎。

（9）素质教育。提升文化修养、职业素养以及重点面向青少年的励志、德育教育、安全教育等数字资源。

（10）娱乐健身。百姓日常生活中文化娱乐、健身养生方面的数字资源，比如流行歌曲、广场舞、太极拳等。

（11）影视作品。拍摄完成并已公开放映的电影、电视剧。在当前网络条件下，已过排片期的影视作品一般可以通过网络搜索并获取。

（12）网络作品。以网络作为媒介传播的小说、音乐、微视频等。近年来我国网络作品如雨后春笋般快速发展，现已出现众多高质量的网络作品。网络作品中，有纯粹的网络版本，也有从网络版本发展为实际出版的作品。

按结构来分，可分为结构化数据、非结构化数据和半结构化数据。结构化数据能够用数据或统一的结构来表示，比如数字、符号等，相当于一个二维表格。相对于结构化数据而言，非结构化数据是指无法使用二维表格方式来表现的数据，包括视频、音频、图片、图像、文档、全文文本等。非结构化数据库的字段长度可以变化，因此可以更灵活地处理非结构化数据。非结构化数据的应用范围相对来说更广一些，例如教育视频点播、电影电视、媒体资源管理等具体应用。半结构化数据是一种数据结构不完整的数据，HTML 文档就属于半结构化数据。半结构化数据通常可进行自描述，数据的结构和内容混在一起，没有明显的区分。这些应用可满足数据存储、数据备份、数据共享以及数据归档等基本存储需求。

经过研究调研可得，结构化数据较为简单，易于使用，查询统计比较方便，便于存储；半结构化数据灵活性较高，和普通纯文本相比，具有一定的结构性，但和具有严格理论模型的关系型数据库的数据相比，OEM（Object Exchange Model）是一种典型的半结构化数据模型；非结构化数据十分直观，但存储量较大，随着网络技术的发展，特别是 Internet 和 Intranet 技术的飞快发展，非结构化数据的数量日趋增大。

根据对公共文化数据类型的分析，在接下来的数据采集工作中，可以主要获取结构化数据，因为其易于查找，非结构化数据也是大数据中非常重要的一个部分，所以也需着手于非结构化数据的采集。

第三节 数据采集方法

一 研究目标

公共文化服务是提高人民生活质量，扩展人民视野的有效途径。公共文化服务体系数字化建设则是国家和每个人民的责任和义务。21 世纪以来，国家有计划地开始了公共文化服务和管理的数字化建设探索。随着云计算、大数据等技术的发展，搭建云平台，利用大数据的分析和预测功能可以实现各种公共文化资源的最大共享，也方便对群众文化需求进行收集、反馈，及时调配资源，丰富供给。但实现这一切的首要前提是需要有具体分析的对象，即各类公共数字文化共享服务所需的分析数据。因此，本节主要研究相关数据的采集问题，包括对采集数据的要求和不同数据的采集方法。

二 研究领域

各类公共数字文化共享服务所需的分析数据主要包括以下三个方面：辅助服务数据的采集、线下体验用户数据采集、公共数字文化全国共享服务平台的运行数据采集。

1. 辅助服务数据采集

辅助服务数据是指来自平台外，但是能够为平台资源的组织、调度等提供有价值的依据的数据。它主要包括来自公共文化相关历史统计数据和公共文化相关网络数据。

公共文化相关历史统计数据包括各种统计年鉴、统计报表等。这类数据在前期的公共数字文化资源的组织中有较好的参考作用，可以根据对这些历史统计数据的分析，得出一些初步的决策信息，如不同类型资源的受欢迎程度、不同地域人群对资源的需求、不同的访问需求等。这些初步的决策信息，对于公共文化数字资源的组织方式、部署方式将会起到非常重要的作用，尤其在平台没有运营之前，由于无法通过对平台本身运行数据的分析，对这部分数据的分析显得尤为重要。因此，需要对这类数据进行采集。

公共文化相关网络数据包括博客、微博、论坛及新闻等。前面的公共文化相关历史统计数据，具有一定的参考价值，但是其本身也有局限性。首先，它是各类机构或者个人通过某些分析手段形成的二手数据，其次，它的统计更多的来自一些传统的统计手段，可能统计面比较窄。而通过对公共文化相关网络数据如博客、微博、论坛及新闻等数据的抓取，对这些数据采用大数据分析方法进行分析，可以得出一些初步的决策信息。例如，网络上大家最喜欢什么资源，不同地方的人喜欢什么资源，人们最喜欢在什么时间访问什么资源，等等。这些通过对网络资源计算分析得出的决策信息，对于公共文化数字资源的组织方式、部署方式将同样起到非常重要的作用。因此，同样也需要对这类数据进行采集。

2. 线下体验的用户数据采集

用户使用公共数字文化共享服务主要有两类方式。一类是通过各种终端在线访问公共数字文化全国共享服务平台的方式实现。而对于一些偏远山区的农牧民等，由于网络不畅难以通过在线方式实现访问，只能通过离线方式将资源从数字加油站拷贝到自己的终端进行使用或者实现离线互动体验。在线用户对数据访问的各种行为数据，公共数字文化全国共享服务平台会自动记录为日志或者通过运行在平台上的特殊抓取软件将用户的详细行为抓取存储在平台上。但是，离线的用户数据无法直接存储在公共数字文化全国共享服务平台上。因此，对运行在客户端的用户的各种详细行为数据采集也是一个重要部分。其主要的采集方法，由各种离线体验等应用系统产生的日志或者由特殊软件实现用户行为的抓取。

3. 公共数字文化全国共享服务平台的运行数据采集

在公共数字文化全国共享服务平台运行中，会自动产生或者通过某些特殊的软件插件获取平台本身在运行过程中出现的数据。这部分数据最客观真实地记录了平台运行过程中资源的访问热度、平台的运行效率与故障、用户与资源之间的交互行为等情况。有了这些平台运行数据，可以精确分析出资源的访问热度、平台的运行质量与故障情况、用户的各种资源使用行为（兴趣爱好、访问时段、访问方式等），从而既可以帮助平台实现公共数字文化资源的组织优化及资源调度优化等，又可以从多维度实现各类统计分析服务。因此，对公共数字文化全国共享服务平台运行数据的采集是最为重要的一部分。这类数据的采集主要包括平台运行过程中所自动产生的日志数据的采集及通过运行在平台中的用户详细行为数据（用户在搜索、浏览内容、浏览时间、打分、点评、加入收藏夹、取出收藏夹、加入资源访问期待列表，及其在共享服务平台上的相关行为，如参与讨论、平台BBS上的交流、用户的互动等所有行为数据）的抓取软件所搜集到的用户详细行为数据的采集。

以上来自不同数据源的数据，在本著作中会被用于不同的用途，辅助构建不同的系统和模块，如图2-1所示。

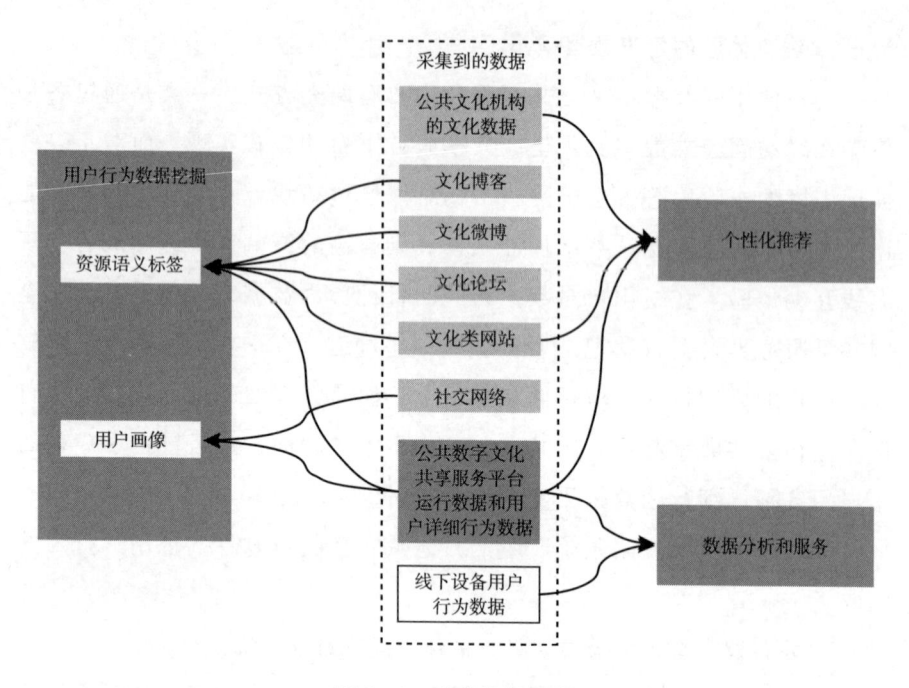

图 2-1 采集数据用途

三 关键技术

（1）基于传统纸质数据文献的采集方法；
（2）基于新媒体的公共文化服务大数据的采集方法；
（3）基于文化体验设备的公共文化服务大数据的采集方法；
（4）文化机构的各种公共文化服务大数据的采集方法；
（5）文化机构或者文化服务提供者的大数据的采集方法；
（6）公共数字文化服务平台的运营数据采集方法。

四 数据采集方法

（一）数据采集路线

图 2-2 展示了公共数字文化共享服务的数据采集技术概念。该部分的研究主要实现三大类数据的采集，分别是辅助服务数据采集、线

下体验用户数据采集及公共数字文化全国共享服务平台的运行数据采集。

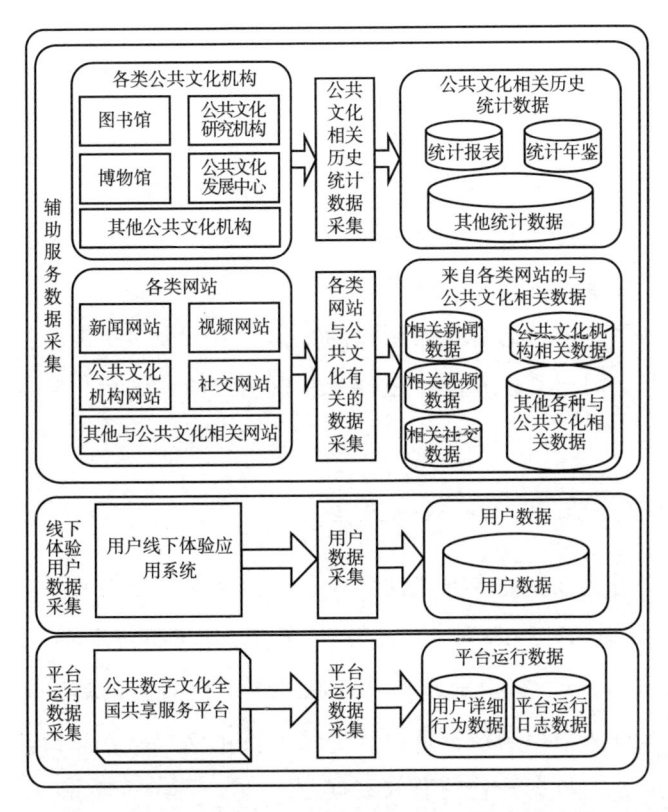

图 2-2　公共数字文化共享服务的数据采集技术概念

（1）辅助服务数据采集。具体包括公共文化相关历史统计数据的采集和各类网站与公共文化有关的数据采集。其中公共文化相关历史统计数据的采集主要通过搜集图书馆、博物馆、公共文化研究机构、公共文化发展中心及其他公共文化机构的历史统计数据，形成各种统计报表、统计年鉴及其他的统计数据等，最终实现该部分的数据采集。各类网站与公共文化有关数据的采集主要通过对新闻网站、视频网站、公共文化机构网站、社交网站及其他与公共文化相关网站的数据采集，具体实现方法有：通过协商的方式在网站拥有者允许的前提下获取部分数据或者通过网络抓取软件抓取部分免费公开的数据等。最后形成来自各类网站的与公共文化相关数据，诸如相关新闻数据、相关视频数据、相关社交数据、公共文化机构相关数据及其他各种与公共文化相关数据等。

（2）线下体验用户数据采集。主要从用户线下体验应用系统，如书法体验设备中采集用户的各种数据，尤其是行为数据。将这些用户数据采集后存储到数据库中，以供以后分析。

（3）平台运行数据采集。主要采集公共数字文化全国共享服务平台的平台运行数据。它主要包括两类数据的采集，分别为平台运行日志数据及用户详细行为数据。平台的运行日志数据直接通过开放接口获取即可。虽然平台的日志会记录用户的行为，但是很多详细的行为仍然难以获取，因此需要开发相应的软件来获取用户的详细行为数据，实现其采集。

（二）传统纸质文献数据采集

传统纸质文献主要存在于图书馆、公共文化发展中心等公共文化机构。纸质文献的数据采集方法主要基于 OCR（Optical Character Recognition，光学字符识别）技术，通过光学扫描仪将纸质文献扫描下来，然后通过文字识别技术进行数字化，转化成为电子文档，最终成为公共文化服务大数据平台的有效数据。

文字识别技术是指利用计算机自动识别字符的技术。文字识别一般包括文字信息的采集、信息的分析与处理、信息的分类判别三个部分。①文字信息的采集：将传统纸文档上的文字变换成电信号，以数据的形式传送到计算机中。目前文字信息采集装置有飞点扫描、摄像机和激光扫描等。②信息分析和处理：由于印刷质量、纸质或书写工具等因素，变换后的电信号会产生噪声和冗余，所以需要进行大小、粗细等一系列的正规化处理，保证信息的准确与真实。③信息的分类判别：经过信息的分析与处理之后获得的文字信息即所需的信息，为了便于管理或操作需要对处理后的文字信息进行分类，故最后一步为分类判别，然后输出识别结果即可。技术文字识别可应用于许多领域，比如在生活中我们有很多电子读物在不同语言间互译以及对于图书馆或博物馆的文献资料的检索等。又如在工作中会遇到大量统计报表、银行会产生大量的支票、超市结算时对商品编码的识别等都可以使用文字识别技术进行自动化处理。

本研究是基于公共文化服务大数据的采集，我们主要研究 OCR 技术的应用，并着重介绍目前国内有实力的 OCR 识别软件，并对其在图书馆和博物馆中的应用进行简单说明。

OCR 技术是通过扫描仪或数码相机等电子设备检测印在纸质媒介上的字符，然后用字符识别方法将检测到的纸上的字符处理成计算机可以识别的文字的过程。

(三) 网络公共数字文化大数据采集

1. 网页抓取技术研究

网页抓取技术，也被称为网络爬虫机器人，能够根据网页 IP 地址，通过网页之间的连接关系，按照一定规则对网页的内容进行抓取。网页的抓取策略可以分为深度优先、广度优先和最佳优先三种。其中常用的是广度优先和最佳优先策略。

网络爬虫按照系统结构和实现技术大致可以分为以下几种类型：通用网络爬虫、主题网络爬虫、增量式网络爬虫、深层网络爬虫。实际应用中，网络爬虫系统通常是将几种爬虫技术融合在一起来实现复杂的数据抓取需求。

2. 网页抓取策略研究

网页抓取策略是网页爬虫的关键技术之一。针对不同的网络爬虫技术和实际使用需求也相应地采取不同的网页抓取策略，简单介绍如下。

(1) 深度优先策略。深度优先策略的基本方法是从初始的种子 URL 中选取一个作为起始页，然后按照这一路线由浅入深，一个链接一个链接地进行访问，直到不能深入为止。然后再选择另一条路线继续爬行，当所有链接都被访问后，爬行任务结束。该策略适用于爬行的页面层次较浅的垂直搜索或站内搜索的情况，当被爬行页面层次较深时，存储空间的需求以及爬行时间要求都是巨大的挑战，因此会造成资源和时间的浪费。

（2）广度优先策略。广度优先策略按照网页目录层次的高低进行爬行，位于第一级目录的页面首先被爬行，当同一级目录的页面都被爬行完成后再爬行其下一级目录的页面，直到所有页面都被爬行完毕。这种策略能够有效控制页面的爬行深度，避免遇到无穷深层分支时无法结束爬行的问题，实现也较为简单。

（3）最佳优先策略。最佳优先策略要和网页分析算法结合使用，通常要按照一定的网页分析算法计算待抓取的 URL 页面与目标页面或设定主题的相似度，并从中挑选出相似度最高的页面进行抓取。即采用最佳优先策略的爬虫只抓取那些经过分析计算后认为最有价值的页面。

3. 开源网页抓取工具研究

网页抓取技术属于比较成熟的技术，并有多种可用于生产环境的开源工具集可供选择，比较著名的有 Apache Nutch、Larbin 等。本著作在合适的爬虫工具的基础上进行优化，实现高效抓取网络公共文化数据的功能。

本著作调研和安装部署了 Apache Nutch、Scrapy、Heritrix、WebMagic、Hawk 和 Crawler4j 等常用网络爬虫软件，并通过实验进行了对比，指标包括分布式数据采集支持度、与 Hadoop 的兼容性、水平扩展能力。

比较结果如表 2-1 所示。Apache Nutch 是开源爬虫工具，支持分布式数据采集方式，与 Hadoop 无缝集成，扩展性较强，支持插件开发。Scrapy 是一个爬虫框架，扩展性较强，但是采用分布式数据采集时操作较为复杂。Heritrix 和 Crawler4j 只能在单机运行，不兼容 Hadoop。WebMagic 具有易扩展的模块化结构，支持多线程和分布式方式，但是其与 Hadoop 的兼容性较差，结合使用时操作复杂。Hawk 具有直观的图形界面，能够快速地进行生成、过滤、转换等操作，但是 Hawk 是一种 IDE 工具，扩展性一般。经过分析，本著作使用 Apache Nutch 为核心，研发了在线采集模块，依据如下：①Apache Nutch 具有良好的分布式数据采集能力；②Apache Nutch 与 Hadoop 系统无缝连接；③Apache Nutch 的可扩展能力较强，支持插件开发。

表 2-1　主流爬虫软件工具比较

特性	Apache Nutch	Heritrix	WebMagic	Hawk	Crawler4j	Scrapy
分布式数据采集支持度	支持	不支持	支持	支持	不支持	支持
与 Hadoop 的兼容性	强	不兼容	差	一般	不兼容	一般
水平扩展能力	较强	一般	较强	一般	较弱	较强

4. 中文分词工具研究

本著作分别调研和实验了 IKAnalyzer 分词器、CoreNLP 分词器、庖丁分词器、mmseg4j 分词器、NLPIR（原 ICTCLAS）分词器、HanLP 分词器等中文分词工具，研究了哈工大停用词表、四川大学机器智能实验室停用词表、百度停用词表，并融合以上停用词，形成用于文化领域的停用词表，实验比较了多种主流中文分词工具，比较的指标包括：对中文的支持程度、分词速度、分词结果准确率、对新词汇的扩展性，结果如表 2-2 所示。

表 2-2　中文分词工具比较

指标	IKAnalyzer	CoreNLP	庖丁	mmseg4j	NLPIR（原 ICTCLAS）	HanLP
对中文的支持程度	一般	一般	较好	一般	一般	较好
分词速度	快	较快	一般	较快	一般	较快
分词结果准确率	高	一般	一般	高	高	高
对新词汇的扩展性	较好	一般	较好	一般	较好	较好

IKAnalyzer 具有分词速度快和准确率高的特点，且可以自定义词库，扩展性较好，但是对于中文的支持程度一般。CoreNLP 的分词速度较快，但准确率一般，在扩展性方面，只能自定义使用或者不使用语言分析模块，扩展性一般。庖丁分词器具有较好扩展性，能够非常方便地扩充字典，且能够较好地支持中文，但是其速度和准确率都一般。mmseg4j 的准确率高，速度也较快，但是其扩展性一般，对中文的支持能力也一般。NLPIR 的准确率高且具有较好扩展性，但速度一般。HanLP 对中文的支持性较好，分词速度较快，准确率高，且能够自定义模块，扩展性较好。

本著作使用 HanLP 分词器作为中文分词器，对各个子系统的文本内容进行处理，依据如下：①具有包括拼音转换、繁简转换在内的完善的中文分词功能；②内部算法优化较好，分词速度快；③语料库非常丰富，准确率非常高；④具有良好的可扩展性。

5. 网络数据采集实现方式

本著作使用 Apache Nutch 和 HanLP 为核心研发的网络爬虫，包括以下关键部分。

（1）网页爬取。本著作研究了大量的公共文化网站，经过分析遴选出一部分种子链接，放置在配置文件中。通过种子链接开始网页爬取，解析网页中内嵌的 URL，获得更深层次或者更广范围的网页链接，递归地采集新网页的文本内容。同时，本著作定制的链接过滤列表记录着常见的噪音链接，爬取模块解释链接时，会忽略噪音网页链接。

（2）停用词清洗。对爬取到的网页进行中文分词和停用词消除，为后续分析做准备。

（3）网页清洗。网页清洗模块主要负责相同网页去重以及无用噪声网页的去除。本著作通过 SimHash 算法把每个网页转换成一个 64 位字节的值，之后使用海明距离计算相似度，如果相似度高于预设的阈值，则认为网页相同，实现相同网页探测。噪声网页去除是去除与文化无关的网页。本著作构建了一个文化领域的本体模型，包含从海量网络文化数据中分析得到文化分类及其词汇集。在对文化领域资源的分析过程中，发现文化类网页具有以下特点：①多数网页的标题能体现网页的主题信息；②首段和尾段往往是网页中心思想的概括；③段落首句和尾句中出现的高频词汇与网页的主题接近；④多数 URL 锚文本的高频词与 URL 指向的网页主题紧密相关。

因此，本著作的爬虫对文化网页主题分析时，主要对提取网页标题、首段、尾段、段首句、段尾句、锚文本等重点部分进行词频统计。然后，使用支持向量机计算该网页的主题与文化本体中的各类的相似度，判断该网页是否属于文化类网页。在进行词频统计时，对不同位置的词汇赋予不同的权值以区分其重要性，在本著作中的权值定义如下：

$$f_i(n) = \begin{cases} 3 & n=1 & \text{在网页标题中} \\ 2.5 & n=2 & \text{在正文题目或锚文本中} \\ 2 & n=3 & \text{在首段或尾段中} \\ 1.5 & n=4 & \text{在段首句或段尾句中} \\ 1 & n=5 & \text{在正文中} \end{cases}$$

其中，$f(n)$为权重值函数，描述不同位置的权重值。网页的初始特征项权重的计算如下式所示：

$$\begin{cases} T_i = \sum_{n=1}^{5}[f_i(n) \times t_i(n)] \\ d_i = \dfrac{T_i}{\max\{T_1, T_2, \cdots, T_m\}} \end{cases}$$

其中，n表示特征词的位置，$t_i(n)$表示位置n上的特征词t_i的词频，T_i表示第i个特征词的总词频数，d_i表示第i个特征词在网页中的整体权重。

（四）基于文化体验设备的用户行为大数据采集

1. 体验设备传感器数据采集技术研究

传感器用于将物理变量转化为数字信号以待处理。常用的传感器包括声音、振动、压力、温度、湿度和距离等。其工作的原理是通过有线或无线网络将信息传送到数据采集点。随着计算机技术、网络技术、通信技术的发展，也朝着智能化、虚拟化、网络化趋势发展。

2. 软件系统用户行为数据采集技术研究

对于离线体验等应用系统的数据采集可以采用日志采集的方式或使用特殊抓取软件的方式进行。网络信息抓取软件是指根据设定的抓取目标和范围在网页中抓取所需的信息并经过一系列的处理后保存到数据库中的软件。

（五）文化机构的各种公共文化服务大数据采集

通过接口可以对公共文化机构的数据进行读取。企业竞争的激烈以及科学研究数据的宝贵性，决定企业生产经营数据或学科研究数据保密性要求比较高，故无法通过网络爬虫或者抓取软件来获取，可以通过协商与企业或研究机构合作，使用特定的访问接口等相关方式采集数据。

比如在 Web 应用程序中，必须提供统一的数据访问接口，以便不同的第三方应用都能够使用。这里我们采用的是基于 RESTful API 的统一数据访问接口，RESTful 对应用程序的设计提供一组设计原则和约束条件，这组设计原则和约束条件并不是标准，而是满足一定的设计风格。RESTful 主要用于客户端和服务器之间的交互，因此基于 RESTful 设计的软件可以更方便地进行数据访问，同时也更简洁，更有层次，更易于实现缓存等机制。通过 RESTful API 的统一数据访问接口我们可以通过提交简单的 HTTP 请求的方式来获得数据。

（六）大数据平台运行数据采集

线上用户行为的原始数据会以日志文件的形式保存下来。平台资源的使用情况以及平台的性能变化情况同样会以日志的形式记录下来，保存在文件中。Web 服务器日志文件格式有三种类型：通用日志文件格式、扩展日志文件格式和 IIS 日志文件格式。所有的日志文件格式都是 ASCII 文本格式。

1. 平台资源日志采集技术研究

对于公共文化服务大数据平台资源以及性能日志的采集，本项目使用 Apache Flume 来实现。Apache Flume 为开源分布式日志采集系统。使用 Apache Flume 采集日志并将数据存入数据库，比如 Apache HBase。Apache Flume 是一个可扩展、高可用性的日志采集系统，扩展性很强，能够像积木一样的组合搭建，进行并行处理，可以灵活组合实现复杂的采集任务。如图 2-3 所示，Apache Flume 由三部分组成，Source 从应用程序的系统中读取日志文件，送到 Channel 中，通过 Channel 送到 Sink，Sink 负责将数据送到数据处理模块或者数据库中。Flume Agent 对日志数据进行监控，并将日志中的增量数据送往数据处理模块。

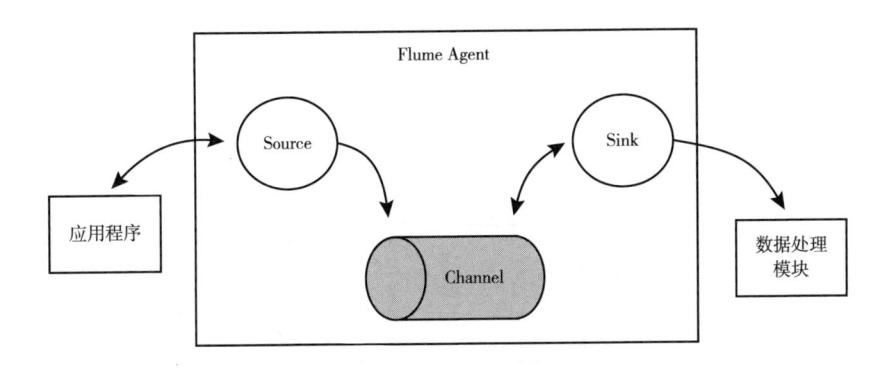

图 2-3　Apache Flume 架构

如图 2-4 所示，对于平台性能及资源日志，数据采集过程如下：①Flume Agent-1 从平台资源使用日志和平台性能日志中提取最新的数据；②Flume Agent-1 将提取的日志数据传送到平台日志数据处理模块；③日志数据处理模块利用 Spark Streaming 流计算框架对日志数据进行处理，用于提取日志分析所需要的有效数据；④Spark Streaming 流计算框架将数据发送回平台日志数据处理模块；⑤平台日志数据处理模块将有效的日志数据发送到 HBase 数据库进行持久化存储。

除了 Apache Flume 还有其他类似的日志采集技术，如 Scribe、Apache 的 Chukwa 以及 LinkedIn 的 Kafka。

2. 用户行为日志采集技术研究

Web Usage Mining 是指从 Web 服务器端记录的用户访问日志和用户的浏览信息中抽取感兴趣的模式的过程。一般分为 4 个阶段：数据采集、数据预处理、模式发现、模式分析。Web Usage Mining 的一个关键步骤是数据采集，采集到的数据质量直接对最终挖掘结果的质量产生影响。Web Usage Mining 主要面临 3 个基本问题：用户识别、用户会话识别、用户在 Web 页面停留时间的计算。下面将根据这 3 个问题讨论用户行为数据采集方法的优缺点。

数据采集的分类：按照用户行为数据的采集位置可以分为基于服务器端的数据采集、基于客户端的数据采集和基于代理服务器端的数据采

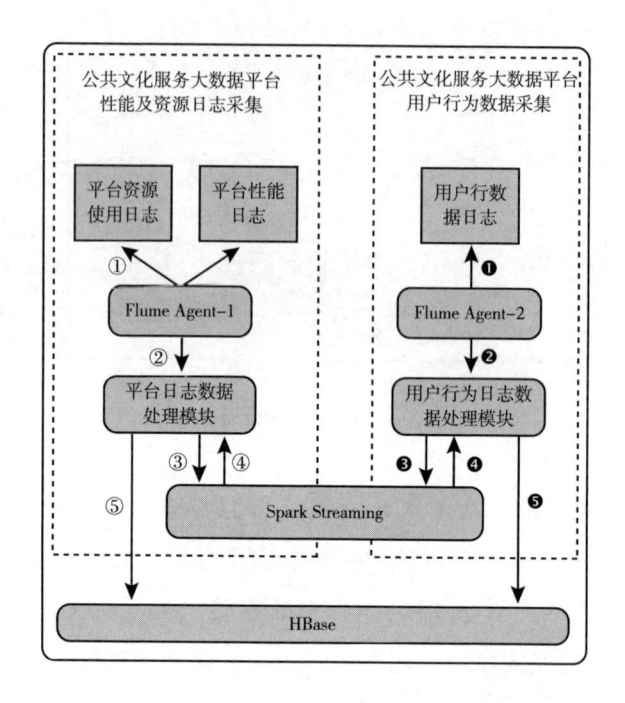

图 2-4 公共文化服务大数据平台日志采集架构

集；按照采集数据的策略不同，又可以分为主动方式和被动方式。而这两种分类方式可以组合使用，比如，基于服务器端的数据采集就可以分成主动式服务器端数据采集和被动式服务器端数据采集，具体介绍如下。

（1）基于服务器端的数据采集

被动式服务器端数据采集。Web 服务器的日志文件中记录的客户端 HTTP 请求的相关信息。被动式服务器端采集的用户浏览行为数据，主要就是采集 Web 日志文件。通过对服务器端的 Web 日志文件的分析，根据用户的 IP 地址和所使用浏览器情况对用户进行识别。但是很多系统部署了代理服务器，或者由于多个用户共用一台计算机，使大量用户访问的 IP 地址相同，Web 日志文件只能记录来访的客户端机器的 IP 地址，无法区分使用相同 IP 地址的不同用户，这就会使用户识别出现问题。

主动式服务器端数据采集。主动式服务器采集可以解决用户识别问题，采用 cookie 技术。cookie 是 Web 服务器上的一段程序代码，当客户端第一次请求访问时，它会被下载并安装到来访者的客户端中，之后每次当客户端向 Web 服务器发送请求时，cookie 会将客户端的 id 传送到 Web 服务器，这样就可以区分使用相同 IP 的不同计算机。因此，采用 cookie 技术能够比较准确地识别用户。但是，这种方法的前提是：用户必须在客户端浏览器中允许使用 cookie，否则就无法采集。由于 HTTP 协议是一种无状态协议，在一个 log 文件中会不加区别地将同一位访问者的多次登录又退出的行为记录下来。通过 cookie 技术难以区别用户每一次的浏览行为，这又会造成用户会话识别新问题。

启发式会话识别。启发式会话识别方法适合于在完成用户识别后进行会话识别。启发式会话识别方法首先设置假设依据，比如用户的访问行为、站点性质等特性，然后对于不同应用背景提出具体的针对性规则。这些规则可以将服务器的日志文件和用户真实浏览行为进行重构，从而就实现准确性较高的会话识别。目前典型的启发式规则有如下几种：①基于会话时间的启发式规则：设置一个会话的持续时间界限，一般设置为 30min；②基于页面停留时间的启发式规则：设置在一个页面上的停留时间界限，一般设置为 10min；③基于页面引用关系的启发式规则：页面之间的引用关系可以记录在 Web 服务器日志里。

②基于客户端的数据采集

基于客户端的数据采集可准确地采集用户的浏览行为、浏览用户信息、浏览路径和浏览时间，避免了用户识别、会话识别、路径补充等处理过程。但这种方法有一定安全隐患，需要用户的许可。

但目前大多数浏览器都不具备用户行为采集功能，所以要采集他们的使用数据，必须开发相关的程序。可利用的技术包括 Java Applet、Javascript、Plug-in 和 Frame 技术。

（七）其他数据源的采集方法

（1）利用网站公开 API 等方式从网站上获取数据信息。

（2）与企业或研究机构合作，使用特定系统接口等相关方式采集数据。

（3）使用 DPI 或 DFI 等带宽管理技术进行处理（网络流量的采集）。

（八）公共文化相关数据采集系统

1. 系统架构

本著作研发了公共数字文化相关数据采集系统，以在线和离线两种方式实现了著作所需数据的采集，包括以下三个模块。

（1）在线采集模块：本著作实现了公共文化网络数据采集和公共数字文化共享服务平台的运行日志和用户行为数据采集。

（2）离线采集模块：本著作集成开发了用于管理离线数据的功能，包括 MySQL 数据库的数据上传，该模块基于 phpMyAdmin 模块进行集成开发；HDFS 文件系统的数据上传。

（3）数据浏览模块：本著作集成开发了浏览模块，用于查询采集到的数据，包括基于 phpMyAdmin 进行集成开发的 MySQL 数据库浏览模块、HDFS 浏览模块、HBase 浏览模块。

2. 系统实现

本著作的公共文化网络爬虫单元采用 B/S 架构研发，界面如图 2-5 所示，可以自动采集，且允许数据源配置。

（九）采集数据汇总

本著作使用了多种方法，采集了不同数据源的公共数字文化相关数据和用户行为数据，分类汇总如下。

1. 辅助服务数据（总量：50699435 条）

（1）公共文化相关历史统计数据

采集方式：购买 6 本印刷版本图书，并将其中关键统计数据输入数据库。

（2）公共文化相关网络数据

数据源：新浪、搜狐、腾讯、搜狗。

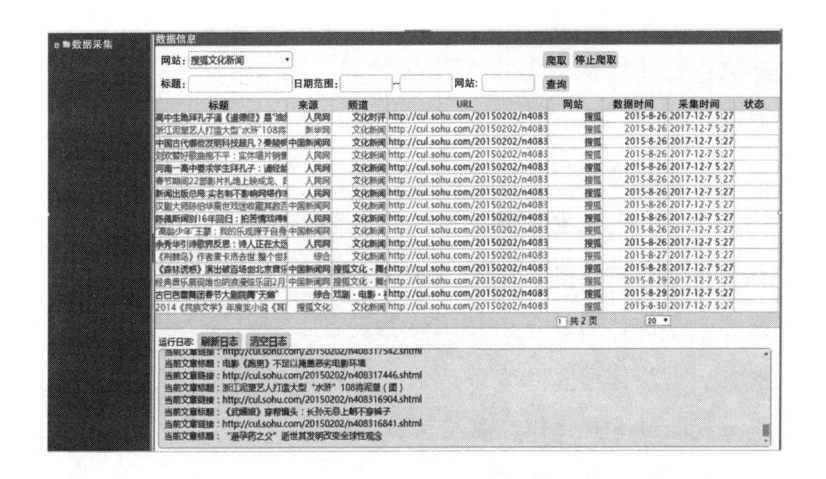

图 2-5　在线采集模块-公共文化网络爬虫单元

数据量：文化新闻 9310 条记录、文化博客 2871 条记录、文化微博 201 条记录、百度百科 5792 条记录、文化论坛 6564 条记录、公共文化机构 41867 条记录、社交数据 50655143 条记录、视频数据 1000 条记录。

采集方式：爬虫、下载、拷贝。

存储方式：MySQL 数据库。

2. 平台运行数据（总量：23444 条）

（1）平台运行日志数据

数据源：公共数字文化共享服务平台。

数据量：100000 条。

采集方式：数据接口。

存储方式：MySQL 数据库。

（2）用户行为数据/详细行为数据

数据源：公共数字文化共享服务平台、国家公共文化云平台。

数据量：105612 条 + 233440 条。

采集方式：MySQL API。

存储方式：MySQL 数据库。

（3）平台资源元数据

数据源：公共数字文化共享服务平台。

数据量：12444 条。

采集方式：数据接口。

存储方式：MySQL 数据库。

3. 线下体验用户数据（总量：461486 条）

数据源：书法体验设备、舞蹈体验设备。

数据量：书法体验 47462 条记录，舞蹈体验 74972 条记录。

采集方式：MySQL API、离线拷贝。

存储方式：MySQL 数据库。

第四节　数据存储模式与机制

采集到的公共文化服务数据需要进行持久化存储，以便用于后续的大数据分析。如何将海量数据高效率地存储和管理是本项目的研究重点之一。公共文化服务大数据存储模式与机制的研究领域涉及大数据预处理技术研究、数据存储模式研究以及关系型数据库与 NoSQL 数据库的应用研究。公共文化服务大数据存储模式与机制研究主要针对以下关键技术进行：海量公共文化服务大数据的清洗技术、海量公共文化服务大数据的装载技术、海量公共文化服务大数据的分布式存储技术。

公共文化服务数据采集以后将会按照数据类型进行存储，而在进行持久化存储之前，必须进行数据预处理，对数据进行清洗、转换等处理。本项目的数据存储机制如图 2-6 所示。采集的原始数据被分为结构化数据、半/非结构化数据。结构化数据被存在 MySQL Cluster 关系型数据库集群中，半/非结构化数据存储在 NoSQL 数据库 HBase 中，HBase 的存储基础是 Hadoop HDFS 分布式文件系统。以下几个章节将会详细讨论所用到的技术。

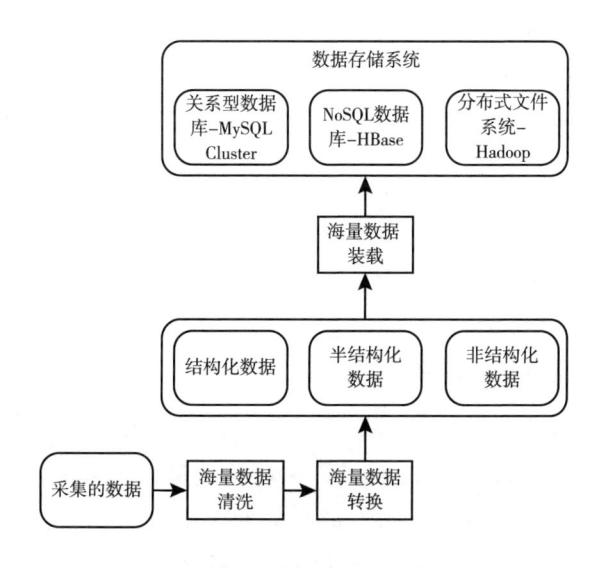

图 2-6　公共文化服务大数据存储机制

一　海量数据预处理技术

1. 数据清洗概述

数据清洗（Data Cleaning）的目标是找出并去除错误的或者不符合要求的数据，以保证获得高质量的数据。Aebi 等人通过四个指标来对数据质量进行衡量：一致性（consistency）、正确性（correctness）、完整性（completeness）和最小性（minimality）。数据质量问题既存在于单源数据，又存在于多源数据。Rahm 等人将数据质量问题划分成单源数据问题和多源数据问题，并在此基础上分别从 schema-level 和 instance-level 两个层面进一步细化，衍生出四类问题：单源数据 schema-level 问题、单源数据 instance-level 问题、多源数据 schema-level 问题、多源数据 instance-level 问题。

2. 数据清洗的方式

数据清洗包括以下几种方式。①错误数据纠正和清理：当数据出现偏差，如果可以纠正，则进行纠正，否则就去除错误数据。②数据去重：去除重复的数据。③格式转换：将异构数据转换为公共文化服务大数据平台所定义的数据结构。

3. 数据清洗算法和策略

数据清洗的策略和算法根据应用领域不同而不同，通常是在现有基本算法的基础上，针对特定的应用场景进行研究。数据清洗的算法通常会利用机器学习算法进行自动化的智能纠错、去重等工作。在识别重复内容方面，常用的技术有递归字段匹配、R-S-W 算法、Smith-Waterman 算法以及 KNN 算法。

4. 数据清洗算法编程模型

海量数据的清洗会耗用大量的时间，在这种情况下，使用并行计算技术来加速数据清洗过程成为解决问题的关键。本项目采用以 Hadoop 架构为基础的 Apache Spark 内存计算框架。Apache Spark 适合于实现有大量迭代计算的机器学习算法。传统的分布式并行编程模型 MapReduce 将每次迭代的计算结果储存在磁盘中，下一次迭代式再从磁盘中读出，造成了极大的磁盘 I/O 压力；而 Apache Spark 将每次迭代的结果存于内存中，消除了大量的磁盘 I/O 操作，极大地加强了迭代算法的计算效率。

二 海量数据装载技术

清洗后的数据需要向存储系统中装载，海量数据装载通常会耗时巨大。在数据装载速度低于数据清洗速度时，数据装载就会成为整个系统的瓶颈。这时候，为了等待装载完成，数据清洗的工作也必须暂停。为了提高数据处理的效率，本著作使用分布式消息系统 Apache Kafka 作为数据清洗和数据装载之间的数据缓冲。清洗完成的数据会送到 Kafka 中暂时保存，由于 Kafka 数据结构简单，存储速度会很快。之后，当数据装载模块空闲时，存入 Kafka 的数据会被装载器读取，并装载到相应存储系统中。本著作的数据装载器是一个分布式应用系统，能够并行地读取 Kafka 中不同 topic 的数据，并调用相应的数据接口进行持久化存储。

三 关系型数据库

本著作基于公共文化服务数据的类型采用了相应的数据存储系统。公共文化数据包含结构化数据、半结构化数据和非结构化数据。结构化数据主要是指汉字的使用二维表描述的信息，包括释义、发展历史等。这些数据适合保存在关系型数据库中，本著作使用 MySQL Server 来管理结构化数据。传统的 MySQL Server 无法满足大规模数据访问，需要数据服务器具有可扩展性。由于关系型数据库固有的特点，扩展的时候通常都会倾向于纵向扩展（scale-up），即升级服务器的硬件配置。这种扩展模式一方面成本很高，另一方面资源利用不灵活。由于存储服务器并不是任何时刻都会处于接近满载的状态，因此，高性能的服务器可能会在大多数时间处于空闲状态，造成性能浪费。另外，数据库的高可用性也是一个需要考虑的重要因素，当 MySQL Server 出现宕机的时候，必须在最短的时间内使数据访问恢复正常，这就需要有数据冗余的设计。

基于对可扩展性和高可用性的考虑，本著作使用了 MySQL Cluster 数据库集群技术来管理关系型数据。如图 2-7 所示，MySQL Cluster 是一种分布式存储技术，在存储关系型数据方面有优势。数据存放在 NBD 存储服务器节点上，MySQL Cluster 使用无共享模式，把分布在不同数据节点的数据构建成一个内存数据库 NDB Cluster，并使用一个管理节点对这些数据节点进行协调和负载均衡。当一个数据节点出现崩溃的时候，数据会自动从其他节点复制过来，恢复该节点的可用性。当性能出现不足的时候，添加多台廉价的虚拟主机，在系统空闲的时候关闭一部分虚拟主机，达到弹性配置资源的目的。这样就解决了 MySQL Server 的扩展能力和高可用性的问题。

四 NoSQL 数据库研究

公共文化数据的半/非结构化数据适合存储在 NoSQL 数据库 HBase 中。NoSQL 最早于 1998 年出现，指不提供 SQL 功能的关系型数据库，即 No SQL。2009 年 NoSQL 被再次提出，其含义也变得更具包容性，主

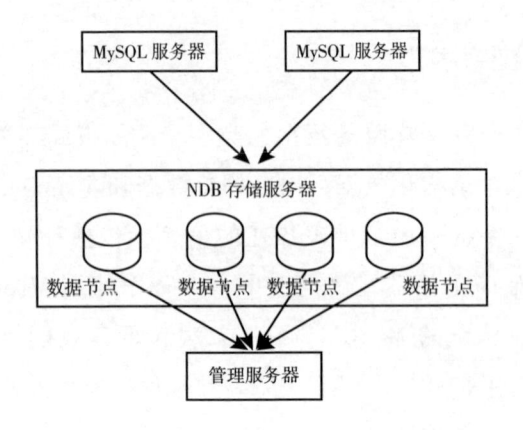

图 2-7 MySQL Cluster 架构

要指非关系型、不使用 SQL 作为查询语言、不保证严格的 ACID 性质、面向分布式的数据库设计模式，即 Not Only SQL 或 Not Relational。

NoSQL 系统都是在超大数据规模、高并发请求、数据结构复杂的应用环境下建立起来的，并且满足"四高"的需求：① High Performance——对数据高并发读写和计算的需求；② High Storage——对海量数据高效率存储和访问的需求；③ High Scalability——对系统的高可扩展性的需求；④ High Availability——对系统的高可用性的需求。

现在的应用对"四高"的要求很高，并且也要求避免事务的一致性、读写实时性以及复杂的 SQL 查询，这些都是 NoSQL 的优势。从 Google 趋势图中可以看出，NoSQL 从 2009 年 4 月出现以来已逐渐成为热点。

（一）NoSQL 相关理论

NoSQL 有两大理论基石——CAP 和 BASE。CAP 理论最早于2000 年由 Eric Brewer 教授提出，后来被 Seth Gilbert 和 Nancy Lynch 两人证明。CAP 是指①Consistency（一致性），即分布式系统中所有数据的改变都是同步的；②Availability（可用性），即分布式系统中一部分节点故障后系统仍能快速响应数据的读写请求；③Partition tolerance（分区容错性），即分布式系统中一部分节点失去联系后系统仍能正常运行。

CAP 理论是指一个分布式系统不可能同时满足上述三个需求，最多同时满足两点，即 CA、CP 或 AP。根据 CAP 理论，在设计分布式系统时就必须做出取舍。例如如果必须满足一致性，系统就需要处理因为低可用性而造成的写操作失败情况。如果关注高可用性，就需要解决可能无法读取最新数据的问题。因此，明确系统的关注点，进行合理取舍，采取恰当的策略，是理解 CAP 理论的关键所在。

（二）当前流行的 NoSQL 系统

当前流行的 NoSQL 系统按照数据模型可简单分类为：①Key-Value：Dynamo 等；②Ordered Key-Value：Berkeley DB、InfinityDB 等；③Column-based Key-Value：BigTable、Cassandra、HBase、Hypertable 等；④Key-Document：MongoDB、CouchDB 等；⑤Graph：Neo4J、Infinite Graph 等。

五 分布式文件系统

（一）Google File System

Google 文件系统（Google File System，GFS）是一个面向大规模数据密集型应用的、可伸缩的分布式文件系统，和 MapReduce、BigTable 一起组成 Google 云计算的三大核心技术。GFS 沿袭了传统分布式文件系统的很多设计目标，如性能、可靠性、可用性、可扩展性等，设计思路却与传统系统有很大不同。

GFS 使用普通机器并具有高效支持大规模数据处理的优点，使其成为 Google 存储海量搜索数据的专用文件系统。Hadoop 利用 GFS 的设计思路和方法，实现了开源的 HDFS（Hadoop Distributed File System），也得到广泛应用。

（二）Hadoop 系统

Google 的 MapReduce、GFS 和 BigTable 的出现，为处理大规模海量异构数据提供了非常好的标准，在这几种技术的基础上，已经产生出越来越多有价值的研究成果，其中最成功的是由 Apache 基金会实现的

Hadoop 开源系统。

目前的大数据处理平台以谷歌的大数据处理平台（谷歌最核心技术的旧三驾马车为：GFS、BigTable、MapReduce，谷歌最核心技术的新三驾马车为：Caffeine、Pregel、Dremel）和开源的 Hadoop 生态系统的大数据处理平台作为主流。它们目前最大的共同特点就是非常适合于批量的大数据处理，但是交互式实时分析目前并不是它们的优势。未来的大数据管理最重要的趋势就是能够适应大数据的实时和交互式应用处理。为了能够实现对大数据的实时处理与分析，许多公司已经为此做了探索，最为重要的是谷歌的 Dremel 及其 HStreaming 公司准备打造的实时 Hadoop 系统 HStreaming。另外，Cloudera 推出的 Impala，它不仅继承了 Hadoop，而且关注提供所有应用程序的时间响应需求的服务，以及流量、流速、种类以数据价值分析等方面的服务。

第五节　数据分析管理方法

公共文化数据资产主要分为三大类：各类信息资源数据、用户数据以及系统运行产生的海量日志数据。这些数据分布于不同的应用之中，包括业务系统的使用数据、服务系统访问数据、用户的行为数据，等等。各种数据的记录形式、样式、详细程度都有所不同，存在异构问题。通过公共文化数据分析管理系统，建立统一的数据资源管理平台与数字资产服务系统：根据不同来源数据的特点，统一进行数据转换、数据清理、数据抽取、数据集成，形成数据仓库；通过加强统一的报表服务，以各类数据的特征值为主要纬度，辅以时间，进行数据分析与挖掘，产生统一报表，可以帮助各级文化管理部门评估各资源使用情况，从而提高公共文化服务效能；通过寻找群众兴趣点，提高资源使用效率；通过建立有效的预警机制，可以对访问异常数据，进行行为报警、预警监控。

一　数据分析指标体系

此指标体系的目标是研究和制定应用于公共文化服务大数据评价的

分析指标体系。

公共文化服务大数据分析指标体系的研究领域包括以下两个方面：①研究公共文化服务大数据分析的指标体系构建，包括指标的选取、指标的权重、指标的组合等；②研究公共文化服务大数据分析的指标体系的评测和优化。

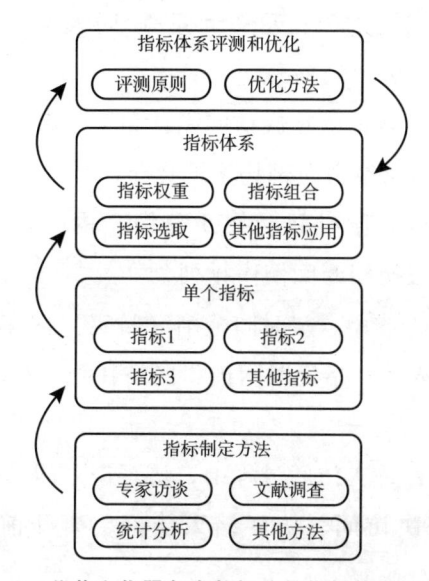

公共文化服务大数据分析指标体系研究方法具体包括：文献调研法、专家访谈法、统计分析法等方法。公共文化服务大数据分析指标体系研究路线如图2-8所示，首先通过专家访谈、文献调查等方法确定指标体系的制定，然后针对公共文化服务大数据的实际使用要求确定指标体系中的单个指标，比如资源访问指标、用户访问指标、资源推送指标、用户分析指标等。最后根据选定的单个指标建立科学的指标体系，并通过指标体系的评测原则和优化方法评价指标体系的优劣，以便不断完善公共文化服务大数据指标体系的构建。

图2-8 公共文化服务大数据分析指标体系研究路线

（一）数据分析指标

1. 网站流量指标

（1）访问量（Page View）：公共文化服务网站页面的浏览量或者点

击量，用户每访问 1 次则被记录 1 次，同一页面的多次访问，访问量累积。

（2）独立 IP：一天内（00：00~24：00）访问网站的独立 IP 个数，同一 IP 计 1 次。

（3）独立访客（Unique Visitor）：每台独立上网电脑（根据 cookie 判断）视为 1 位访客，一天内（00：00~24：00）网站的访客数，同一 cookie 计 1 次。

（4）重复访客（Repeat Visitor）：某 cookie 再次访问则计为 1 位重复访客。

2. 用户行为指标

（1）访问深度（Depth of Visit）：一次完整访问的过程中，用户浏览的页面数，访问页面越多，深度越高。

每次访问的平均页面数：总访问量/访问人次。代表网站的黏度，黏度越高，平均页面访问数越高。

（2）新访客：某 cookie 首次访问则计为 1 位新访客。

新访客比例：新访客占全部访客的比重。

最近访客：最近一段时间（如 5 分钟）内一定数量（如 100 位）的网站独立访客（按访问时间倒序排列）。

（3）同时在线人数：一定时间范围（自定）内在线访问的 UV 数。

最高小时在线人数：指定时间内，网站在某一小时内最高同时在线的独立访客数。

（4）访问入口：每次访问过程中，访客进入的第一个页面。

访问出口：每次访问，访客结束访问，离开前点击的最后一个页面。

首页访问数：首页的访问量。

跳出率（Page Bounce Rate）：仅浏览一个页面就离开网站的用户比例。

（5）访客所用搜索引擎：访客访问网站所用搜索引擎。

访客所用关键字：访客通过哪些关键字来搜索访问网站。

（6）访问时长：访客访问网站的持续时间。

（7）来源分析：网站访客的来源类型、来源页面统计。

（8）总数据：网站自开通盘点系统之日起至今的各数据量总和。

被访页面：网站中各页面的流量分布及变化趋势。

当前访客活跃度：网站当前访客数，反映网站当前时间段受欢迎程度。

访问路径：从进入网站开始，到最后离开网站，先后浏览的页面。

访问频度：某访客每日访问的次数，反映网站内容对某访客的吸引程度。

3. 用户访问方式指标

（1）地理位置：访客来源于哪个省（区、市）或国外。

（2）网络服务提供商：访客所处的网域（电信或网通等用户）。

（3）IP 段：访客所在的 IP 段。

（4）浏览器：访客使用的浏览器类型。

（5）操作系统：访客所使用的操作系统类型。

（6）语言环境：访客使用哪国语言的操作系统。

（7）Cookie 支持：访客所使用的浏览器是否支持 Cookie。

（8）终端类型：访客所使用的终端类型。

4. 平台建设指标

（1）数据存储

容量指标：存储系统的存储能力达到 TB/PB 级别。

（2）计算能力

具备分布式并行计算能力：能够处理 TB/PB 级别的数据运算。

具备实时流计算能力，能够达到秒级别的实时计算能力。

（3）系统性能指标

并发压力：系统同一时间段内能够承载 1000 的并发访问压力。

可伸缩扩展性：系统在性能出现不足/过剩的时候可以增加/减少资源，具备线性水平扩展的能力。

（4）可靠性指标

具有容错能力：在出现一定故障的情况下，系统仍可正常运行。

具有数据冗余能力：数据分布式存储，防止数据对视。

具有故障恢复能力：节点出现故障的时候，能够自动恢复功能正常。

(5) 安全指标

具有用户授权/验证功能：能够对用户的系统访问权限进行管理。

具有计算机节点的授权/验证功能：能够对来访的计算机进行安全验证。

具有传输加密功能：保证数据在传输过程中安全。

具有网络安全接口：具备网络隔离能力。

（二）数据分析指标体系的评测和优化

公共文化服务大数据分析指标体系的评测和优化有助于完善指标体系的构建，使所建立的指标体系更加科学、合理、准确，以最少的指标对公共文化服务大数据的分析做出最完善和最精确的评价。目前常用的指标体系评测原则有很多，比如系统性原则、典型性原则、动态性原则等，通过比较指标体系不同使用方法的效果，不断地对指标体系进行优化，以确定最适合的权重或组合方法。下面简单介绍几个公共文化服务大数据分析指标体系的评测原则。

1. 目的性原则

公共文化服务大数据分析指标体系的构建要紧紧围绕提供最准确、最合理的大数据分析方法这一目的，全方位、多角度地提供不同的指标，从而通过性能最好的分析方法提供最优质的公共文化服务。

2. 科学性原则

公共文化服务大数据分析体系指标的构建对于体系结构的确定、指标的选取、运用的计算方法等都要满足科学性这一原则，从而使获得的信息更加可信，评价的结果更加可靠与合理。

3. 系统性原则

系统性原则是指在公共文化服务大数据分析指标体系的构建过程中

选取的各个指标需要有一定的逻辑关系，它们从不同的角度反映了大数据分析的可靠性，独立地反映了某一指标的性能，却又彼此联系，构成相辅相成的统一体。

4. 典型性原则

典型性原则是指在公共文化服务大数据分析指标体系的构建过程中选取的各个指标要具有一定的代表性，选取的指标不能过于繁杂，不利于计算和分析，也不能过于简单，使分析结果不够完善或准确。

5. 可比、可操作、可量化原则

公共文化服务大数据分析指标体系的构建过程中，指标的选取要注意在总体范围内的一致性，并且具有很强的现实可操作性和可比性，比如选择的指标要便于收集、简单明了，同时能够进行量化处理，使之能够进行计算和分析。

二 常用数据挖掘分析方法

公共文化服务大数据分析方法的研究目标集中在公共文化服务大数据的分析算法和方法，以及分析流程。

公共文化服务大数据分析方法的研究主要针对：公共文化服务大数据分析算法、公共文化服务大数据平台系统资源管理方法和优化算法。

公共文化服务大数据分析方法研究的具体工作主要集中在对以下关键技术的研究：①资源访问热度的分析算法；②基于地区的资源访问类型分析算法；③基于时间段的资源访问分析算法；④公共文化信息个性化推荐算法；⑤用于实现数据分析算法的大数据计算框架；⑥公共文化服务大数据平台实时资源优化技术；⑦公共文化服务大数据平台资源分配模型及算法。

（一）聚类分析

聚类（Cluster）分析又称群分析，是研究（样品或指标）分类问题的一种统计分析方法，同时也是数据挖掘的一个重要算法。聚类分析是由若干模式（Pattern）组成的，通常模式是一个度量（Measurement）

的向量，或者是多维空间中的一个点。聚类分析以相似性为基础，在一个聚类中的模式之间比不在同一聚类中的模式之间具有更多的相似性。聚类分析的算法主要可以分为基于划分的方法、基于层次的方法、基于密度的方法、基于网格的方法。

1. 基于划分的方法

在基于划分的聚类中，任务就是将数据划分成 K 个不相交的点集，使每个子集中的点尽可能同质。

（1）k-means：它以一个聚类的中心代表一个簇，该算法只能处理数值型数据。k-means 算法流程如下：

> Step 1. 初始化 K 个中心点
> Step 2. 分组：将样本分配给距离其最近的中心向量；由这些样本构造不相交的聚类
> Step 3. 更新中心：用各个聚类的中心向量作为新的中心
> Step 4. 重复分组和确定中心的步骤，直至算法收敛

（2）K-modes：采用简单匹配方法来度量分类型数据的相似度。

（3）K-prototypes：结合 k-Means 和 K-Modes 两种算法，能够处理混合型数据。

（4）K-medoids：在迭代过程中选择簇中的某点作为聚点。

（5）PCM：将模糊集合理论引入聚类分析中，并提出 PCM 模糊聚类算法。

（6）CLARA：在 PAM 的基础上采用了抽样技术，能够处理大规模数据。

（7）CLARANS：融合 PAM 和 CLARA 两者的优点，用于空间数据库的聚类。

2. 基于层次的方法

层次聚类就是通过对数据集按照某种方法进行层次分解，直到满足某种条件为止。根据分类原理的不同，可以分为凝聚和分裂两种方法。凝聚的层次聚类是一种自底向上的策略，首先将每个对象作为一个簇，

然后合并这些原子簇为越来越大的簇，直到所有的对象都在一个簇中，或者某个终结条件被满足，绝大多数层次聚类方法属于这一类，它们只是在簇间相似度的定义上有所不同；分裂的层次聚类与凝聚的层次聚类相反，采用自顶向下的策略，它首先将所有对象置于同一个簇中，然后逐渐细分为越来越小的簇，直到每个对象自成一簇，或者达到某个终止条件。

（1）CURE：采用抽样技术先对数据集 D 随机抽取样本，再采用分区技术对样本进行分区，然后对每个分区局部聚类，最后对局部聚类进行全局聚类。算法在开始时，每个点都是一个簇，然后将距离最近的簇结合，直到簇的个数为要求的 K。它是一种分裂的层次聚类。算法分为以下步骤：

Step 1. 从源数据对象中抽取一个随机样本 S

Step 2. 将样本 S 分割为一组划分

Step 3. 对划分局部的聚类

Step 4. 通过随机取样提出孤立点。如果一个簇增长得太慢，就去掉它

Step 5. 对局部的簇进行聚类

Step 6. 用相应的簇标签标记数据

（2）ROCK：在计算两个对象的相似度时，同时考虑了周围对象的影响。

（3）CHEMALOEN：首先构造一个 k‐最近邻图 Gk，再通过图的划分算法将图 Gk 划分成大量的子图，每个子图代表一个初始子簇，最后用一个凝聚的层次聚类算法反复合并子簇。

（4）SBAC：算法在计算对象间相似度时，考虑了属性特征对于体现对象本质的重要程度，对于更能体现对象本质的属性赋予较高的权值。

（5）BIRCH：算法利用树结构对数据集进行处理，叶结点存储一个聚类，该算法也可以作为其他聚类算法的预处理过程。

（6）BUBBLE：把 BIRCH 算法的中心和半径概念推广到普通的距离空间。

（7）BUBBLE－FM：减少距离的计算次数，提高了 BUBBLE 算法的效率。

3. 基于密度的方法

基于密度的聚类方法以数据集在空间分布上的稠密程度为依据进行聚类，无须预先设定簇的数量，因此特别适合对于未知内容的数据集进行聚类。基于密度的聚类方法可以用来过滤噪声孤立点数据，发现任意形状的簇。

（1）DBSCAN：该算法采用空间索引技术来搜索对象的邻域，引入了"核心对象"和"密度可达"等概念，从核心对象出发，把所有密度可达的对象组成一个簇。

```
REPEAT
{
从数据库中抽取一个未处理过的点；
IF 抽出的点是核心点
THEN 找出所有从该点密度可达的对象，形成一个簇
ELSE
抽出的点是边缘点（非核心对象），跳出本次循环，寻找下一点
} UNTIL 所有点都被处理。
```

（2）GDBSCAN：算法通过泛化 DBSCAN 算法中邻域的概念，以适应空间对象的特点。

（3）OPTICS：算法结合了聚类的自动性和交互性，先生成聚类的次序，可以对不同的聚类设置不同的参数，来得到用户满意的结果。

（4）FDC：算法通过构造 k-d tree 把整个数据空间划分成若干个矩形空间，当空间维数较少时可以大大提高 DBSCAN 的效率。

4. 基于网格的方法

基于网格（Grid-based）指将对象空间量化为有限数目的单元，形

成一个网格结构，所有聚类都在这个网格结构上进行。

（1）STING：利用网格单元保存数据统计信息，从而实现多分辨率的聚类。使用自顶向下的方法回答空间数据的查询，从一个预先选择的层次开始（通常包含少量的单元），为当前层的每个单元计算置信区间，不相关的单元不再考虑，当检查完当前层，接着检查下一个低层次，重复这个过程直到达到底层，具体算法步骤如下所示。

Step 1. 从一个层次开始

Step 2. 对于这一层次的每个单元格，我们计算查询相关的属性值

Step 3. 从计算的属性值及其约束条件中，我们将每一个单元格标注成相关或者不相关

Step 4. 如果这一层是底层，则转到步骤6，否则就行步骤5

Step 5. 我们由层次结构转到下一层依照步骤2进行计算

Step 6. 查询结果满足，转到步骤8，否则转到步骤7

Step 7. 恢复数据到相关的单元格进一步处理以得到满意结果，转到步骤8

Step 8. 停止

（2）WaveCluster：在聚类分析中引入了小波变换的原理，主要应用于信号处理领域。

（3）CLIQUE：是一种结合了网格和密度的聚类算法。

对聚类进行研究是数据挖掘中的一个热门方向，由于以上所介绍的聚类方法都存在某些缺点，因此近些年对于聚类分析的研究很多都专注于改进现有聚类方法或者提出新的聚类方法。以下将对传统聚类方法中存在的问题以及人们在这些问题上所做的努力做一个简单的总结。

（1）从以上对传统的聚类分析方法所做的总结来看，不管是k-means方法，还是CURE方法，在进行聚类之前都需要用户事先确定要得到的聚类的数目。然而在现实数据中，聚类的数目是未知的，通常要经过不断的实验来获得合适的聚类数目，得到较好的聚类结果。

（2）传统的聚类方法一般都是适合于某种情况的聚类，没有一种

方法能够满足各种情况下的聚类，比如 BIRCH 方法对于球状簇有很好的聚类性能，但是对于不规则的聚类，则不能很好的工作；K-medoids 方法不太受孤立点的影响，但是其计算代价很大。因此如何解决这个问题成为当前的一个研究热点，有学者提出将不同的聚类思想进行融合以形成新的聚类算法，从而综合利用不同聚类算法的优点，在一次聚类过程中综合利用多种聚类方法，能够有效地缓解这个问题。

（3）随着信息时代的到来，对大量的数据进行分析处理是一个很庞大的工作，这就涉及计算效率的问题。有文献提出了一种基于最小生成树的聚类算法，该算法通过逐渐丢弃最长的边来实现聚类结果，当某条边的长度超过了某个阈值，那么更长边就不需要计算而直接丢弃，这样就极大地提高了计算效率，降低了计算成本。

（4）处理大规模数据和高维数据的能力有待于提高。目前许多聚类方法处理小规模数据和低维数据时性能比较好，但是当数据规模增大，维度升高时，性能就会急剧下降，比如 K-medoids 方法处理小规模数据时性能很好，但是随着数据量增多，效率就逐渐下降，而现实生活中的数据大部分又都属于规模比较大、维度比较高的数据集。

（5）目前的许多算法都只是理论上的，经常处于某种假设之下，比如聚类能很好地被分离，没有突出的孤立点等，但是现实数据通常是很复杂的，噪声很大，因此如何有效地消除噪声的影响，处理现实数据的能力还有待进一步提高。

（二）分类分析

分类算法通过对已知类别训练集的分析，从中发现分类规则，以此预测新数据的类别。单一的分类方法主要包括：决策树、贝叶斯、人工神经网络、k-近邻、支持向量机和基于关联规则的分类等；另外，还有用于组合单一分类方法的集成学习算法，如 Bagging 和 Boosting 等。

1. 决策树

决策树（DT, Decision Tree）是用于分类和预测的主要技术之一，决策树学习是以实例为基础的归纳学习算法，它着眼于从一组无次序、无规则的实例中推理出以决策树表示的分类规则。构造决策树的目的是找出属性和类别的关系，用它来预测将来未知类别的记录的类别。它采用自顶向下的递归方式，在决策树的内部节点进行属性的比较，并根据不同属性值判断从该节点向下的分支，在决策树的叶节点得到结论。主要的决策树算法有 ID3、C4.5、CART、PUBLIC、SLIQ 和 SPRINT 等。

2. 贝叶斯

朴素贝叶斯（NB，Naive Bayes）分类算法是一类利用概率统计知识进行分类的算法，主要利用 Bayes 定理预测一个未知类别的样本属于各个类别的可能性，选择其中可能性最大的一个类别作为该样本的最终类别。由于贝叶斯定理的成立本身需要一个很强的条件独立性假设前提，而此假设在实际情况中经常是不成立的，因而其分类准确性就会下降。为此就出现了许多降低独立性假设的贝叶斯分类算法，如 TAN（Tree Augmented Naive Bayes）算法，它是在贝叶斯网络结构的基础上增加属性对之间的关联来实现的。

3. 人工神经网络

人工神经网络（ANN，Artificial Neural Networks）是一种应用类似于大脑神经突触连接的结构进行信息处理的数学模型。在这种模型中，大量的节点（或称"神经元"或"单元"）之间相互连接构成网络，即神经网络，以达到处理信息的目的。神经网络通常需要进行训练，训练的过程就是网络进行学习的过程。训练改变了网络节点的连接权值，经过训练的网络就可用于对象的识别。

目前，神经网络已有上百种不同的模型，常见的有 BP 网络、径向基 RBF 网络、Hopfield 网络、随机神经网络（Boltzmann 机）、竞争神经网络（Hamming 网络，自组织映射网络）等。但是当前的神经网络仍普遍存在收敛速度慢、计算量大、训练时间长和不可解释等缺点。

4. k - 近邻

k - 近邻（kNN，k-Nearest Neighbors）算法是一种基于实例的分类方法。该方法就是找出与未知样本 x 距离最近的 k 个训练样本，看这 k 个样本中多数属于哪一类，就把 x 归为那一类。k - 近邻方法是一种懒惰学习方法，它存放样本，直到需要分类时才进行分类，如果样本集比较复杂，可能会导致很大的计算开销，因此无法应用到实时性很强的场合。

5. 支持向量机

支持向量机（SVM，Support Vector Machine）是 Vapnik 根据统计学习理论提出的一种新的学习方法，它的最大特点是根据结构风险最小化准则，以最大化分类间隔构造最优分类超平面来提高学习机的泛化能力，较好地解决了非线性、高维数、局部极小点等问题。对于分类问题，支持向量机算法根据区域中的样本计算该区域的决策曲面，由此确定该区域中未知样本的类别。

6. 基于关联规则的分类

关联规则挖掘是数据挖掘中一个重要的研究领域。近年来，对于如何将关联规则挖掘用于分类问题，学者们进行了广泛的研究。关联分类方法挖掘形如 condset→C 的规则，其中 condset 是项（或属性－值对）的集合，而 C 是类标号，这种形式的规则称为类关联规则（Class Association Rules，CARS）。关联分类方法一般由两步组成：第一步用关联规则挖掘算法从训练数据集中挖掘出所有满足指定支持度和置信度的类关联规则；第二步使用启发式方法从挖掘出的类关联规则中挑选出一组高质量的规则用于分类。属于关联分类的算法主要包括 CBA、ADT、CMAR 等。

7. 集成学习（Ensemble Learning）

实际应用的复杂性和数据的多样性往往使单一的分类方法不够有效。因此，学者们对多种分类方法的融合即集成学习进行了广泛的研究。集成学习已成为国际机器学习界的研究热点，并被称为当前机器学习四个主要研究方向之一。

集成学习是一种机器学习范式，它试图通过连续调用单个的学习算法，获得不同的基学习器，然后根据规则组合这些学习器来解决同一个问题，可以显著地提高学习系统的泛化能力。组合多个基学习器主要采用（加权）投票的方法，常见的算法有装袋（Bagging）、提升/推进（Boosting）等。有关分类器的集成学习由于采用了投票平均的方法组合多个分类器，所以有可能减少单个分类器的误差，获得对问题空间模型更加准确的表示，从而提高分类器的分类准确度。

以上简单介绍了各种主要的分类方法，应该说其都有各自不同的特点及优缺点。用来比较和评估分类方法的标准主要有：①预测的准确率，即模型正确地预测新样本的类标号的能力；②计算速度，包括构造模型以及使用模型进行分类的时间；③强壮性，模型对噪声数据或空缺值数据正确预测的能力；④可伸缩性，对于数据量很大的数据集，有效构造模型的能力；⑤模型描述的简洁性和可解释性，模型描述愈简洁、愈容易理解，则愈受欢迎。

（三）关联分析

1. 关联分析概述

关联分析又称为关联挖掘，主要用于发现大规模数据集中隐含的有意义的联系，这些联系可以用关联规则或频繁项集进行表示。我们使用从事务数据集中发现频繁项集并推出关联规则的过程来描述关联规则挖掘的过程。

关联规则通常使用支持度和置信度来度量其强度，其中支持度（support）是指包含的事务占全体事务的百分比，置信度（confidence）是指包含项集 X 的事务中也包含项集 Y 的事务所占的百分比。

关联规则发现：对于给定的事务集合 T，定义相应的支持度和置信度阈值分别为 minsup 和 minconf，则关联规则发现是指找出支持度大于等于 minsup 且置信度大于等于 minconf 的所有规则。关联规则发现可以分解为两个主要的主任务，即频繁项集的产生和规则的产生。①频繁项集的产生：发现满足最小支持度阈值的所有项集，这些项集称为频繁项集。②规则的产生：从所产生的频繁项集中找出满足置信度的规则，这些规则称为强规则。

2. 常用算法

（1）Apriori 算法

①原理：基于如下先验原理，即如果一个项集是频繁的，则它的所

有子集一定也是频繁的；同样的，如果一个项集是非频繁的，则它的所有超集一定也是非频繁的。

②频繁项集的产生

> Step1. 对事务集中每个单项进行支持度计数
> Step2. 根据设定的支持度阈值确定单项中的频繁项，并定义为频繁项集
> Step3. 根据项集的反向单调性，从频繁项集中产生新的候选集
> Step4. 扫描事务集合，计算新的候选集中每个候选项集的支持度
> Step5. 根据设定的支持度阈值，若有新的频繁项集产生则转到 step3 中循环计算，若无新的频繁项集产生，则停止

③规则的产生

> Step1. 枚举每个频繁项集 f 中的所有非空子集 s
> Step2. 若，则输出规则 s（f－s）
> Step3. 对于任意的 s′，如果（f－s），则所有（f－s′）的规则都成立，利用该对偶性质，生成所有规则

（2）AprioriTid 算法

AprioriTid 算法是 Apriori 算法的一种改进，避免了 Apriori 算法在频繁项集很多或者最小支持度很低的情况下，代价很高的问题，二者采用了相同的候选集生成过程，但是 AprioriTid 算法在第一次遍历之后计算支持度时不再使用原本的事务集合，而是使用新的数据集合，该数据集合中的每一个元素定义为 <TID, {ID}> 的形式，其中 TID 是事务的标识符，每个 ID 是事务 TID 中的一个潜在频繁 k－项集。

（3）FP 增长算法

该算法采用完全不同于 Apriori 算法的频繁项集产生方法，通过紧凑的 FP 树数据结构来组织数据，然后从该结构中直接产生频繁项集。可将算法简单描述如下：

> Step1. 扫描事务数据集，计算每个单项的支持度计数，找出频繁项，并按照支持度递减排序
> Step2. 再次扫描数据集，构建 FP 树
> Step3. 从 FP 树中挖掘频繁项集，这一步骤采用自底向上、分治策略进行，主要分为两步：
> ①从 FP 树中提取出以单项结尾的路径，用于发现以单项结尾的频繁项集，然后将各单项结尾的路径向上组合提取出不同的路径
> ②构建相应的条件 FP 树，产生频繁项集

（四）机器学习框架

1. Spark Mllib

MLlib 构建在 Apache Spark 框架上，是通用的、快速的机器学习，主要用于推荐算法的开发。

2. Mahout

Mahout 是分布式机器学习算法库。Mahout 把运行于单机上的经典算法，转化成 MapReduce 模型，提升了算法的可扩展性。主要用于公共数字文化资源聚类和用户聚类的实现。

3. R 语言

统计分析的语言和操作环境，用于公共数字文化资源访问统计和预测的分析实验。

4. TensorFlow

机器学习和深度神经网络方面算法库，用于公共数字文化资源访问量的深度学习预测算法的实现。

三　公共数字文化数据分析算法

（一）基于资源访问热度的分析

根据互联网公共文化资源的情况，本著作进行数据分析，找出当前

的文化热点及其影响领域。

1. 算法思路

本著作使用公共数字文化共享服务平台对用户行为数据和资源访问数据进行了分析，根据分析结果进一步统计分析全国各个省份的资源访问热度情况，确定当前的文化热点，并找到文化热点之间的相关联系和文化热点的形成规律。抽象算法设计如下所示。

Step 1. 使用 k-means 等聚类分析算法确定当前的文化热点的数量

Step 2. 利用 Step1 确定的文化热点数量，结合 KNN 分类方法，进行监督学习，确定文化热点涉及的范围

Step 3. 使用关联分析方法，找出文化热点间的关系

Step 4. 进行时间序列分析，找寻文化热点形成的规律

---

2. 数据统计

资源访问热度数据分析模型如图 2-9 所示，模型包括三部分。

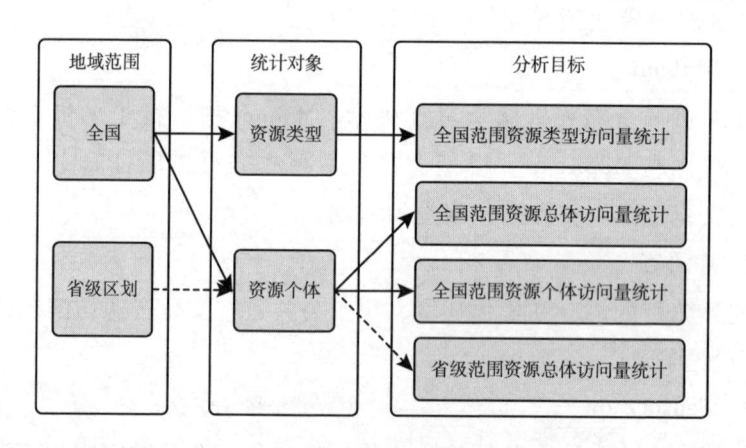

图 2-9　资源访问热度数据分析模型

（1）地域范围：全国范围和省级区划范围。

（2）统计对象：对资源的访问量分析按照资源类型分类统计和资源个体统计量。

（3）分析目标：全国范围资源类型访问量统计分析、全国范围资源总体访问量统计分析、全国范围资源个体访问量统计分析、省级范围

资源总体访问量统计分析。

统计资源热度的关系代数表达式：

①统计全国各个省份的资源访问量

$\pi_{location,ctLocation}(\sigma_{T_1<time<T_2}(\gamma_{location,COUNT(location)\to ctLocation}(visit)))$

②统计所有资源类型的访问量

$\pi_{resourceType,ctResourceType}(\sigma_{T_1<time<T_2}(\gamma_{resourceType,COUNT(resourceType)\to ctResourceType}(visit\ resource)))$

③统计 TopN 个热门资源及其访问量

$\pi_{title,ctTitle}(\sigma_{T_1<time<T_2}(\gamma_{title,COUNT(title)\to ctTitle}(\tau_{ctTitle}(visit\ resource))))$

④统计 TopN 个热门标签词汇

$\pi_{tag,ctTag}(\sigma_{T_1<time<T_2}(\gamma_{tag,COUNT(tag)\to ctTag}(\tau_{ctTag}(visit\ resToTag\ idTag))))$

（二）基于地区的资源访问类型分析

1. 算法思路

根据特定地区用户对公共文化资源的访问数据，挖掘出该地区的资源访问类型的规律，探索用户对公共文化产品类型的喜好，比如文化类网站、新闻网站、博客等，以及地区性的文化热点。以此为依据，为特定地区的用户提供更好的公共文化服务。

本著作将采集到的数据按照地区和资源类型进行分类统计，找出每个地区用户访问量最大的 Top3 或者 Top5 的资源类型。这样，就可以对每个地区提供有针对性类型的公共文化资源。

2. 统计方法

基于地区访问类型分析的数据分析模型如图 2-10 所示，模型包括三部分。

（1）地域范围：省级区划。

（2）统计对象：对资源的访问量分析按照资源类型分类统计和资源个体统计量。

（3）分析目标：省级地区的资源类型访问量统计分析、省级地区的资源总体访问量统计分析、省级地区的资源个体访问量统计分析。

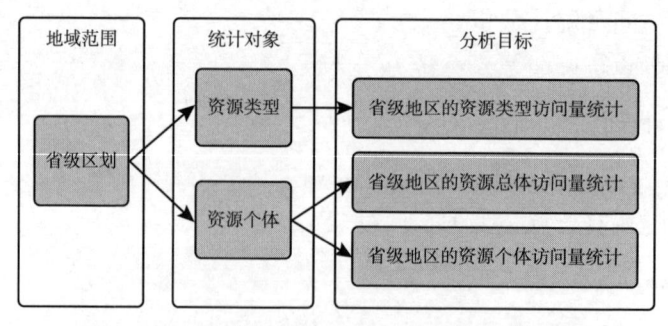

图 2-10 基于地区访问类型分析的数据分析模型

统计分析的关系代数表达式：

① 统计所有资源类型的访问量

$$\pi_{resourceType, ctResourceType}(\sigma_{T_1 < time < T_2 \wedge location = X}(\gamma_{resourceType, COUNT(resourceType) \to ctResourceType}(visit\ resource)))$$

② 统计 TopN 个热门资源及其访问量

$$\pi_{title, ctTitle}(\sigma_{T_1 < time < T_2 \wedge location = X}(\gamma_{title, COUNT(title) \to ctTitle}(\tau_{ctTitle}(visit\ resource))))$$

③ 统计 TopN 个热门标签词汇

$$\pi_{tag, ctTag}(\sigma_{T_1 < time < T_2 \wedge location = X}(\gamma_{tag, COUNT(tag) \to ctTag}(\tau_{ctTag}(visit\ resTotag\ idTag))))$$

（三）基于时间段的资源访问分析

1. 算法思路

对公共文化资源访问的时间序列数据进行分析，找寻用户对公共文化资源访问的时间规律，建立公共文化资源的时间访问模型。

本著作采用时段分析的方法，分为 n 个时段，时段的单位可以是"天"或者"小时"，对每个时段访问的公共文化资源进行统计，得出用户访问量变化趋势。另外，针对每个时间段按照资源类型进行分类统计，并得出各个时间段内的 Top3 的资源类型，有助于公共文化资源的有效更新。基于时间段的资源访问分析流程如图 2-11 所示。

2. 统计方法

基于时间段的资源访问分析模型如图 2-12 所示，包括三部分。

（1）时间范围：分为不同粒度的时间单位：年、月、日、时等。

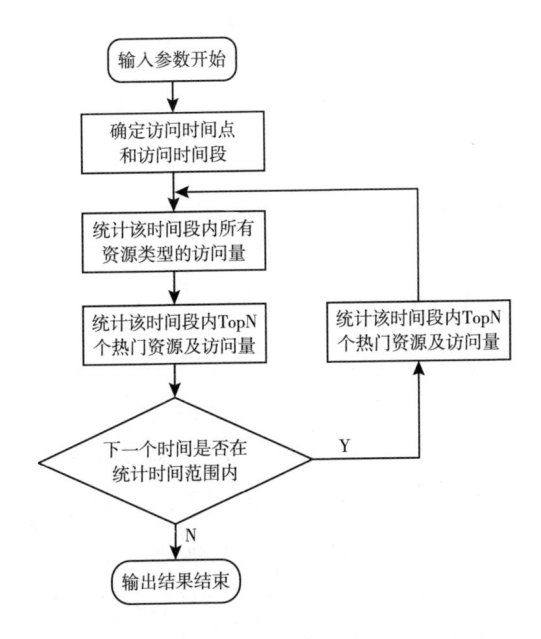

图 2–11　基于时间段的资源访问分析流程

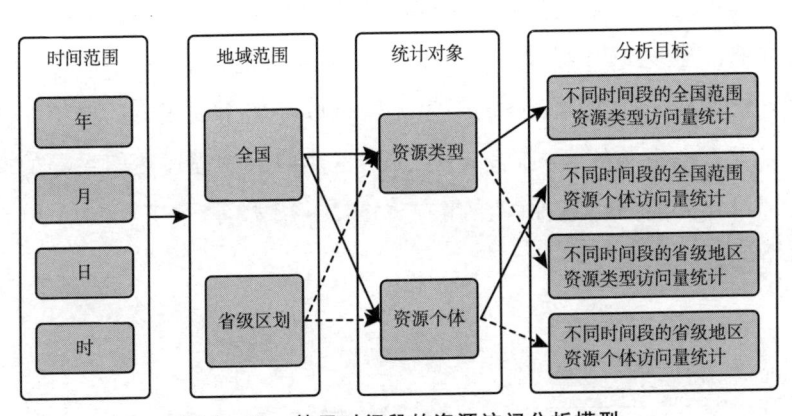

图 2–12　基于时间段的资源访问分析模型

（2）地域范围：包括全国范围和省级区划范围。

（3）统计对象：对资源的访问量分析按照资源类型分类统计和资源个体统计量。

（4）分析目标：不同时间段的全国范围资源类型访问量统计分析、不同时间段的全国范围资源个体访问量统计分析、不同时间段的省级地区资源类型访问量统计分析、不同时间段的省级地区资源个体访问量统计分析。

基于时间段的资源访问统计方法的关系代数表达式：

①统计所有资源类型的访问量

$\pi_{resourceType,ctResourceType}(\sigma_{T_1<time<T_2}($
$\gamma_{resourceType,COUNT(resourceType)\rightarrow ctResourceType}(visit\ resource)))$

②统计 TopN 个热门资源及其访问量

$\pi_{title,ctTitle}(\sigma_{T_1<time<T_2}(\gamma_{title,COUNT(title)\rightarrow ctTitle}(\tau_{ctTitle}(visit\ resource))))$

（四）公共文化内容的热点主题分析

公共文化数据包含的内容来源丰富，比如网页等，表现形式多种多样，包括文本、音频、视频等格式，但还是以文本格式的描述性信息为主。因此，通过分析信息的主题，发现当前公共文化的热点，进而对用户进行热点内容的推荐。主要的方法是主题模型分析法，最常用的主题建模方法是 LDA（Latent Dirichlet Allocation）模型。

通常将网页文件或者电子文档文件等含有文本描述性内容的文件定义为文档，通过 LDA 模型，可以计算出文档所包含的一个或多个主题，通过比较文档之间主题表述的信息，就可以找出主题相近的文档，同一主题或者近似主题的文档越多，该主题越热门。而描述热门主题的文档信息即可作为热门信息推荐给用户。图 2-13 展示了基于 LDA 模型的热点主题文档聚类分析。

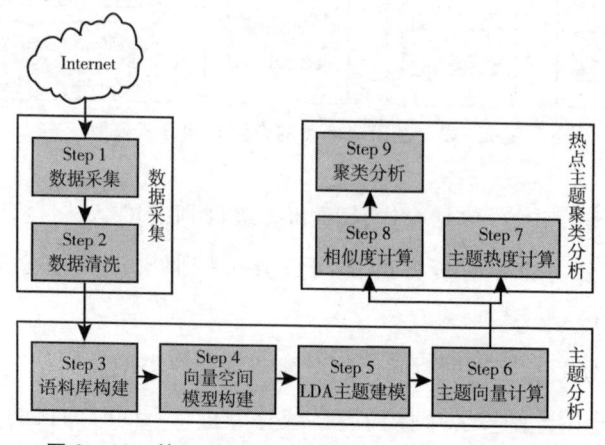

图 2-13 基于 LDA 模型的热点主题文档聚类分析

Step 1. 数据采集：从各数据源采集公共文化数据

Step 2. 进行数据清洗等预处理工作

Step 3. 语料库构建：选择合适的文档，通过中文分词等技术从文档中提取单词信息，并进行统计

Step 4. 通过上一步得到的单词统计信息，得到词频矩阵，构建向量空间模型

Step 5. 根据向量空间模型构建 LDA 主题模型

Step 6. 使用 Gibbs Sampling 模拟算法对 LDA 主题模型进行计算，得到文档向量，以及主题向量

Step 7. 计算热点主题

Step 8. 通过文档向量之间的距离计算，确定文档之间主题的相似度

Step 9. 根据相似度进行热点主题的聚类分析

LDA 模型解释：Step 1 至 Step 3 属于数据采集和预处理，本著作前述报告已经做出了阐述；Step 4 建立向量空间模型本质上就是建立词频矩阵的过程，如图 2-14 所示，其中，f_{nm} 代表单词 n 在文档 m 中出现的次数；Step 5 建立 LDA 主题模型，LDA 模型是一种包含文档、主题、单词三层结构的贝叶斯模型，其中的一个重要概念就是狄利克雷分布，公式表达如下：

$$Dir(\mu \mid \alpha) = \frac{\Gamma(\sum_k \alpha_1, \alpha_2 \cdots \alpha_k)}{\Gamma(\alpha_1)\Gamma(\alpha_2)\cdots\Gamma(\alpha_k)} \prod_{k=1}^{k} \mu_k^{\alpha_1 - 1}$$

$$单词\begin{pmatrix} f_{11} & \cdots & f_{1m} \\ \vdots & & \vdots \\ f_{n1} & \cdots & f_{nm} \end{pmatrix}^{\text{文档}}$$

图 2-14　词频矩阵

狄利克雷分布是多项式分布的共轭先验分布，描述分布之上的分布，经常作为贝叶斯模型的先验分布使用，因此，实际分布＝多项式分布×狄利克雷分布。

LDA 的基本思想：文档以一定概率包含某主题，该主题以一定概率包含某些单词。在这种情况下，一篇文档中出现某一个单词的概率为：

$$P(单词 | 文档) = \sum_{主题} P(词语 | 主题) \cdot P(主题 | 文档)$$

使用矩阵表达如图 2－15 所示：

图 2－15　LDA 矩阵表达

文档包含主题的概率以及主题包含单词的概率都服从多项式分布，因此为了构建完整的贝叶斯模型，加入狄利克雷分布作为先验概率，这样，就可以根据文档中的单词计算出该文档所包含的主题。

LDA 的图模型表示如图 2－16 所示：

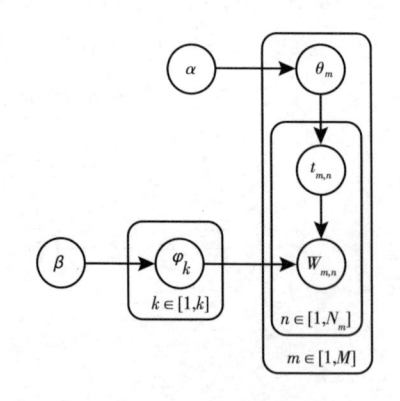

图 2－16　LDA 图模型表示

其中，

k：主题数量

t：主题

M：文档数量

N：一个文档的单词数量

W：单词

α, β：狄利克雷分布的参数，经验值是 $\alpha = 50/K$，$\beta = 0.5$

θ：文档 m 包含主题 t 的概率，服从狄利克雷分布

ϕ：主题 k 包含单词 n 的概率，服从狄利克雷分布

LDA 的数学模型由 2 个分布构成：文档 – 主题分布以及主题 – 单词分布，其数学表达式如下：

文档 – 主题分布：

狄利克雷分布

$$p(\theta|\alpha) = \prod_{m=1}^{D}\left(\frac{\Gamma(\sum_{k=1}^{K}\alpha_k)}{\prod_{k=1}^{K}\Gamma(\alpha_k)}\prod_{k=1}^{K}\theta_{m,k}^{\alpha_k-1}\right)$$

多项式分布

$$p(t|\theta) = \prod_{m=1}^{D}\prod_{k=1}^{K}\theta_{m,k}^{n_{m,k}}$$

主题 – 单词分布：

狄利克雷分布

$$p(\phi|\beta) = \prod_{k=1}^{K}\left(\frac{\Gamma(\sum_{v=1}^{V}\beta_v)}{\prod_{v=1}^{V}\Gamma(\beta_v)}\prod_{v=1}^{V}\phi_{k,v}^{\beta_v-1}\right)$$

多项式分布

$$p(w|t,\phi) = \prod_{k=1}^{K}\prod_{v=1}^{V}\phi_{k,v}^{n_{k,v}}$$

LDA 模型建立好之后，通常使用困惑度（Perplexity）对其进行评估

$$perplexity(D_{test}) = \exp\left\{-\frac{\sum_{d=1}^{M}\log p(w_d)}{\sum_{d=1}^{M}N_d}\right\}$$

困惑度的主要作用在于对 LDA 模型的主要参数的设定值进行评估：狄利克雷分布的参数 α、β，以及主题数量 K。困惑度数值越小，说明模型的泛化能力越强，即越能够适应不同的数据状况。

Step 6 使用 Gibbs Sampling 计算 LDA 模型，Gibbs Sampling 是一种马尔科夫蒙特卡洛模拟方法，使用 Gibbs Sampling 能够计算出 LDA 的结果向量，计算方法是：每次选定多维向量中的一个维度进行计算，其他维度的向量使用抽样值，这样不断迭代，直到收敛为止。计算结果是两组向量：

文档 – 主题向量

$$\hat{\theta}_{mk} = \frac{n_{m,\neg i}^{(k)} + \alpha_k}{\sum_{k=1}^{K}(n_{m,\neg i}^{(t)} + \alpha_k)}$$

主题 – 单词向量

$$\hat{\varphi}_{kt} = \frac{n_{k,\neg i}^{(t)} + \beta_t}{\sum_{t=1}^{V}(n_{k,\neg i}^{(t)} + \beta_t)}$$

Step 7 根据计算出的主题和时间因素，可以进行主题热度的计算，主要考虑两个因素：时间因子和主题来源权重。

Step 8 使用 Kullback-Leibler 距离（KL 距离）进行文档 – 主题向量的相似度计算。KL 距离的数学表达如下：

$$Sensitivity(P(z \mid r)) = H(z \mid r) = -\sum_{k=1}^{K} P(z = k \mid r) \times \log(P(z = k \mid r))$$

在 KL 距离的帮助下，可以计算出两个文档之间的相似度。

Step 9 使用 OPTICS 进行文档聚类。这样，与主题相近文档会被聚类成为一个簇。包含热门主题的簇中的文档即热门主题文档。

这样，就可以找出当前的公共文化热点主题，并通过后续介绍的推荐系统将描述热点主题的内容精准地推荐给用户。

四　公共数字文化数据分析算法计算框架

（一）内存计算框架的研究

Apache Spark 是基于 Hadoop 平台的内存计算框架，它把算法运算的中间数据存放在内存中，减少磁盘 I/O 操作，极大提高了计算的速度。Apache Spark 框架适用于数据量不大但是对计算速度要求高的情况。Spark 框架提供了一系列的组件，包括 Spark Streaming 流计算技术、Spark GraphX 图计算技术等。

（二）公共文化数据分析算法的并行编程模型实现方法

根据研究出的公共文化数据分析算法模型，构建适应大规模数据分析的并行算法模型。使用 Hadoop MapReduce 或者 Apache Spark 作为并行计算框架。

（三）公共文化网络拓扑分析的图计算框架

根据研究出的公共文化数据的基于网络拓扑分析的算法模型，构建适应大数据分析的图计算模型。本著作使用 Spark GraphX 作为图计算框架。

GraphX 是基于 Spark 的图处理和图并行计算 API，是构建与 Spark 上的图技术模型，利用 Spark 框架提供的内存缓冲 RDD、DAG 和基于数据依赖的容错等特性，实现高效健壮的图计算框架。GraphX 同样基于 GAS 模型，该模型将顶点分配给集群中每个节点进行存储，增大并行度，并解决真实环境中常会遇到的高出度顶点的情况，GraphX 模型也是以边为中心，对点进行切割的。

GraphX 将图计算和数据计算集成到一个系统中，数据不仅可以被当作图来进行操作，而且可以被当作表进行操作。它支持大量图计算的基本操作，如 subgraph、MapReduceTriplets 等操作，也支持数据并行计算的基本操作，如 map、reduce、filter、join 等。通过对上述这些操作的组合，GraphX 可以实现一些通用图计算的数据模型，如 Pregel 等。经过优化，GraphX 在保持数据操作灵活性的同时，可以达到或接近专用图处理框架的性能。

另外，MLlib 是 Spark 实现一些常见的机器学习算法和实用程序，包括分类、回归、聚类、协同过滤、降维，以及底层优化。

五 公共数字文化数据平台资源优化模型

本部分主要对平台资源优化的模型、性能管理、资源分配、智能放置等模块进行具体介绍。

（一）公共文化服务大数据平台性能管理方法

公共文化服务大数据平台性能管理主要是对公共文化服务大数据平台的平均响应时间和吞吐量进行监控并在性能出现严重不足的时候进行节点的水平扩展，增强性能，在性能出现大幅度过剩的时候，减少节点，降低成本。性能监控主要用于发现问题，为了能够解决问题，还需要对公共文化服务大数据平台的硬件资源，包括虚拟硬件资源进行监控。借助于监控信息，可以找到导致性能问题的根本原因。公共文化服务大数据平台资源主要包括 CPU 利用率、磁盘 I/O、网络 I/O 等指标。实时监控功能需要使用流计算框架技术来实现。

本著作使用预测性分析（Predictive Analysis）的方法来对平台资源使用的历史时间序列数据进行分析，找出规律，并进行趋势预测。这样，能够在大数据平台资源出现短缺之前，增加资源，防止出现性能下降；也可以在性能过剩的时候减少资源浪费。预测性分析分为短期性预测和长期性预测，分别以小时和天为单位。

短期性预测采用自回归积分滑动平均模型（Autoregressive Integrated Moving Average Model，ARIMA），在传统的 ARMA 模型的基础上增加了差分处理，以此将时间序列数据进行平稳化。ARIMA 模型的基本思路是：将历史时间序列数据作为一个随机序列，使用数学模型来描述，然后利用该数学模型计算未来的数据。ARIMA 模型表达式为：

$$ARIMA(p,d,q)$$

其中，p 是自回归项，d 是使时间序列平稳化的差分次数，q 是移动平均项。使用 ARIAM 模型可以预测未来几个小时内特定的系统资源情况，比如网络 I/O、吞吐量等。

长期性预测采用指数平滑法（Exponential Smoothing，ES），其基本思路是：预测值是历史数据的加权和，而且不同的数据拥有不同的权值，新数据的权值较大，旧数据的权值较小。ES 模型的基本表达式为：

$$S_t = a \cdot y_t + (1-a) \cdot S_{t-1}$$

其中，S_t 代表时间 t 的平滑值；y_t 代表时间 t 的实际值；S_{t-1} 代表时间 $t-1$ 的平滑值；a 代表平滑常数，其取值范围为 [0, 1]。如果时间序列没有明显趋势的话，使用一次指数平滑法即可。如果时间序列具有明显的趋势，则在一次指数平滑的基础上再平滑，即二次指数平滑法。通过 ES 方法，可以进行以天为单位的大数据平台资源趋势预测。

（二）公共文化服务大数据平台资源分配模型及算法

公共文化服务大数据平台的性能通过节点的水平扩展来进行增强，因此，何时进行扩展，如何来扩展，就是本著作研究的重点。本著作构建一个资源分配模型，从网络资源、计算资源和存储资源三个方面进行扩展。在发现资源短缺之后，本著作需要根据具体的资源类型研究负载均衡机制，以最优的方式进行水平扩展。公共文化服务大数据平台的系统资源通过两个抽象算法来优化。

算法 1：根据规律找出时间点对应的短缺资源类型：计算资源、网络资源或者存储资源。

> Step 1. 建立系统性能变化的时间序列 P 和系统各类资源使用情况的时间序列集 S = {S_1, …, S_n}
> Step 2. P 和 S 中的时间序列分别进行相关性分析（Correlation Analysis）
> Step 3. 分析系统性能下降的时间段 Tx，时间段以一天的每个小时为单位，在 S 中找出与 P 相关性最高的时间序列 Sy，并建立映射关系 Map（Tx, y），该映射表示，在一天的第 x 小时内系统性能下降，引起该问题的原因是资源 y 短缺
> Step 4. 分析全部系统性能下降的时间段 T =（T_1, …, T_n），并建立完整映射表

算法 2：对平台资源进行合理的分配。

> Step 1. 侦测到或者预测到（可能的）平台性能下降
> Step 2. 根据算法 1 制定的映射表来确定可能短缺的资源：计算资源、网络资源或者存储资源
> Step 3. 增加相应的资源

本著作分析资源访问数据，找出规律，为资源在不同级别存储系统之间的合理调度提出优化建议。对于单一数据中心内部的资源访问数据，统计该数据中心的资源访问情况，根据其分析结果计算出数据中心的公共文化资源访问优先级别，从而确定资源的调度级别以及资源的副本数量，为数字文化共享服务平台提供资源调度及平台优化的建议。资源分配及优化流程如图 2 – 17 所示。

算法 3：资源优先级判定算法

本算法由时间驱动或者任务驱动运行，减少资源的消耗。本算法的时间复杂度为 $O(Nrq)$，Nrq 为分级数。算法运行时间复杂度和空间复杂度都较低，能够适应算法运行频繁的环境。

本算法通过不同级别之间进行资源的交换分配和相互比较的操作，经过多次执行算法，分级会逐渐收敛，最终达到一个稳定而有效的分级。当进行分级比较时，如果高一级的资源平均任务访问次数比低一级的多，则

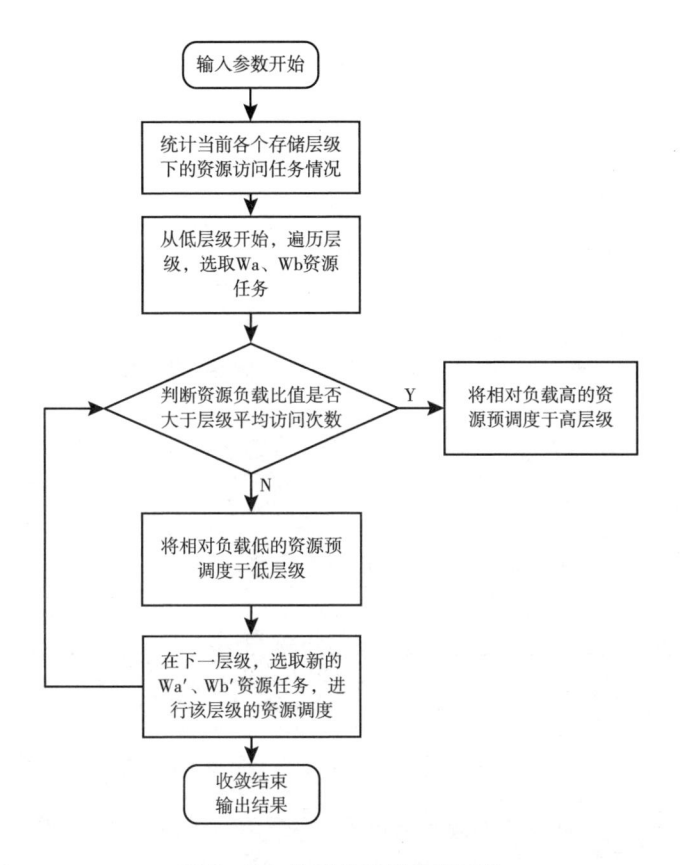

图 2-17 资源分配及优化流程

进行交换操作。级别间资源访问任务的比较只在相邻的级别之间，这是为了减少时间复杂度。每一个级别只比较两个随机的资源访问任务，这是为了减少时间复杂度。算法同时把每个等级的资源任务数量限制在 $TotalVm/Nrq$ 之内，改善在实验过程中出现的大量资源聚集在一个等级的情况。如果出现大量的聚集，随机选择级别时，会对选择的工作节点平均性能有负面的影响，而且这样的设计可以加快分级的稳定。具体算法如图 2-18 所示。

（三）全国公共文化服务大数据平台智能放置方法

根据访问的频度来确定数据是否常用，然后根据数据常用性选择合适的存储介质，进行智能放置，有效地利用资源。

```
Begin
  //L_i :存储层级，其中 L_0:机械硬盘层级， L_1:SSD 层级， L_2: cache 层级
  N_rq ← TotalLevels   //设置层级数目
  Pre N ← -1
  TotalVm ← TotalTasks   //设置资源访问任务总数量
  For i ← 0 to N_rq
    If Pre N >= 0 Then
      Romdom select W_a from L_PreN  //从 L_PreN 随机选取一个资源访问任务 Wa;
      Romdom select W_b from L_i     //从 L_i 中随机选取一个资源访问任务 Wb;
      If W_b not exists Then
          Continue;
      Endif
      If T_a !=0 and T_b != 0 Then       // T_a, T_b←W_a, W_b 的任务请求次数;
          If T_a > T_b Then
              Swap lacation of W_a and W_b  //交换 W_a 和 W_b 所在的等级位置;
          Endif
      Endif
    Endif

    Romdom select W_a from L_i
    If W_a exists Then
        Pre N ← i;
    Endif
    Romdom select W_b from L_i    // W_b 不同于 W_a;
    If W_b not exists Then
        Contine;
    Endif

    If T_a !=0 and T_b != 0 Then        // T_a, T_b←W_a, W_b 的任务请求次数;
        If T_a >= T_b Then
            If T_a / T_b > (1+1/N_rq) Then
                If i ==0 Then
                    If Tasks(L_{i+1}) < TotalVm/ Nrq Then  //L_{i+1} 的资源访问任务数量少于 TotalVm/ Nrq
                        put W_a in L_{i+1}  //把 W_a 升级到 i+1 级;
                    Endif
                Else
                    If Tasks(L_{i-1}) < TotalVm/ Nrq Then
                        put W_b in L_{i-1}  //把 Wa 降级到 i-1 级;
                    Endif
                Endif
            Endif

            Elseif T_b / T_a > (1+1/Nrq) Then
                If i == 0 Then
                    If Tasks(L_{i+1}) < TotalVm/Nrq
                    Then put W_b in L_{i+1};
                    Endif
                Else
                    If Tasks(L_{i-1}) < TotalVm/Nrq Then
                        put W_a in L_{i-1};
                    Endif
                Endif
            Endif
        Endif
    Endif
  Endfor
End
```

图 2-18　资源优先级判定算法

全国公共文化服务大数据平台智能放置方法通过如下过程实现，如图 2-19 所示。

Step 1. 通过数据采集模块采集平台数据，包括用户行为数据、平台运行日志以及其他相关数据

Step 2. 对采集到的数据进行平台资源访问热度分析和预测，以及系统性能分析和预测

Step 3. 根据数据访问的热度对数据进行分类：高热数据（访问率高）、热数据（访问率中等）以及冷数据（访问率低）

Step 4. 根据上述的数据类别分别放置到不同性能的数据存储介质上

（1）高热数据：放置在内存或者固态硬盘等 Flash 设备上，以期获得更快的速度；同时，构建大量副本，满足大量用户并发访问

（2）热数据：放置在高端存储节点上，可以获得比较高的访问速度；同时构建多个副本，满足用户中等规模的并发访问

（3）冷数据：放置在低端存储节点上；并且构建少许副本，满足少量用户并发访问

通过平台资源的智能预测与放置，可以消除访问速度的瓶颈，同时针对不同用户并发访问量进行动态和灵活的配置，达到平台资源利用率的最大化。

（四）全国公共文化服务大数据平台优化系统

全国公共文化服务大数据平台优化系统是对平台优化模型的实现，如图 2-20 所示。该系统采集平台运行日志和用户行为数据并进行原始数据的处理和存储。然后，通过数据分析模块对处理过的数据进行分析，比如平台性能故障根本原因分析、基于时间段的资源访问分析、平台性能变化趋势预测、平台资源使用率预测分析等。得到分析数据后，平台性能优化可以借助平台性能优化模块进行，比如根据平台资源使用

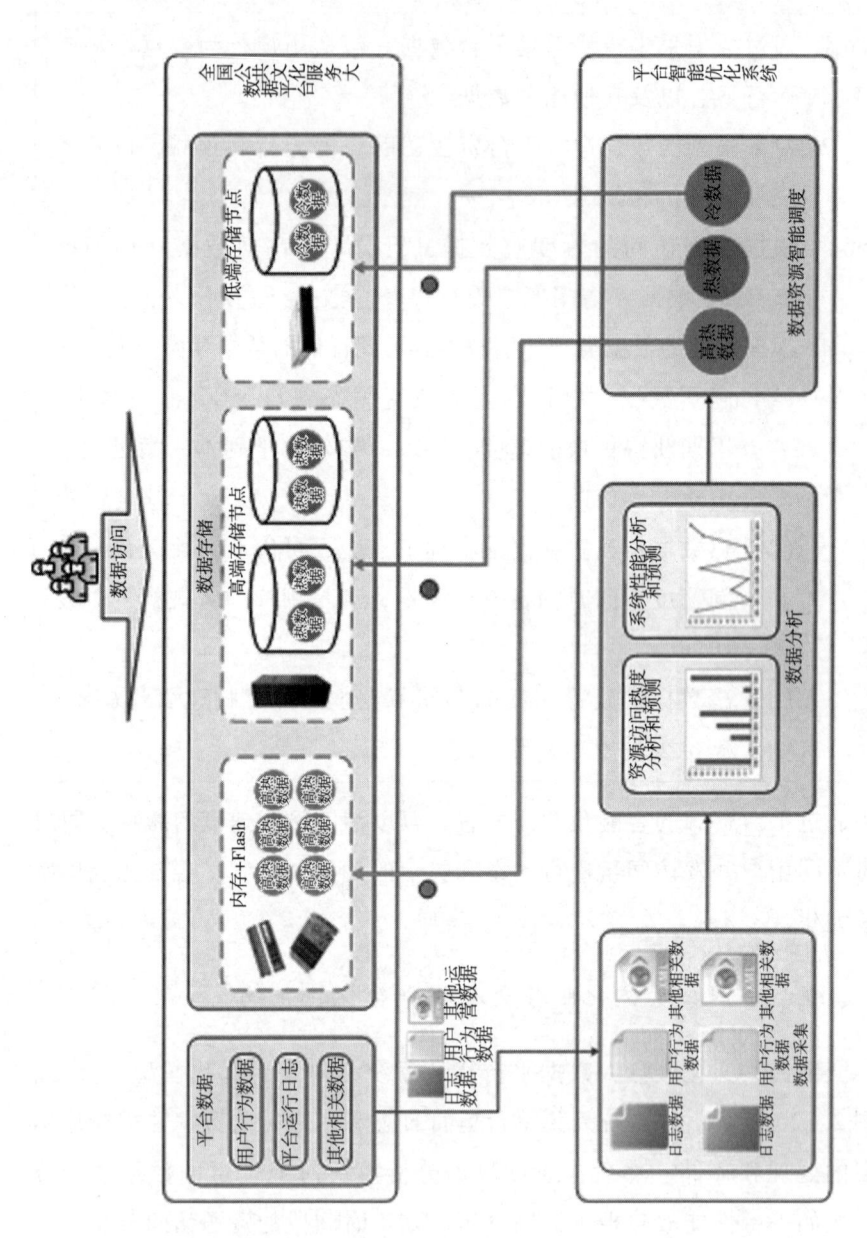

图 2-19　全国公共文化服务大数据平台智能放置方法

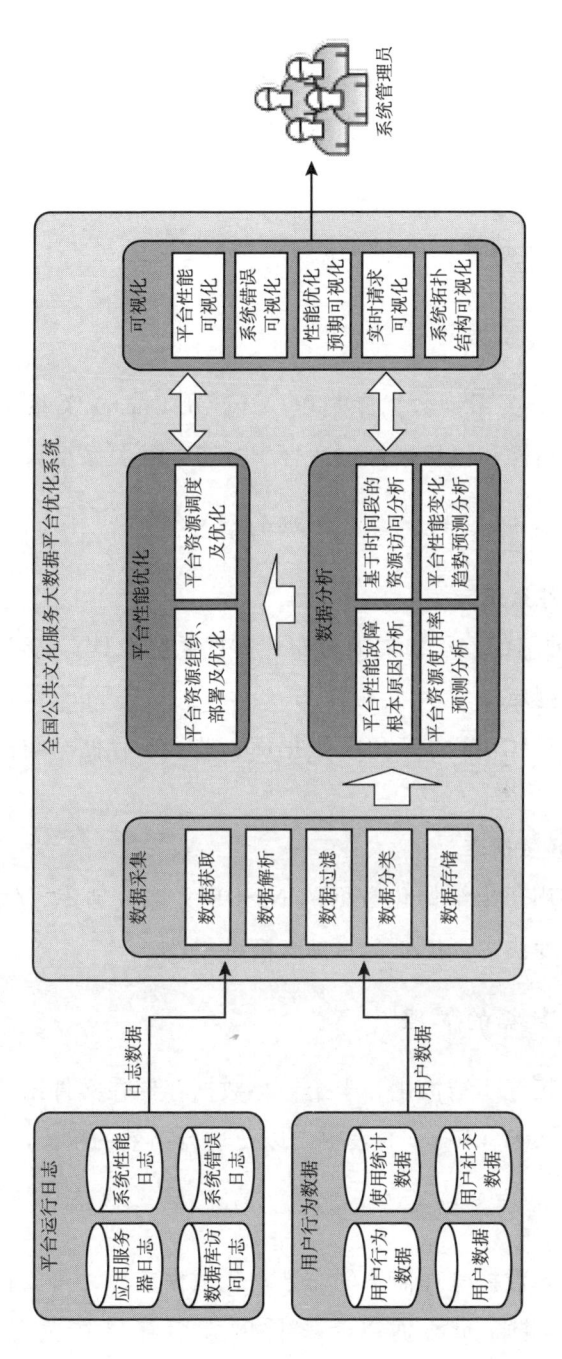

图 2-20　全国公共文化服务大数据平台优化系统

率预测分析的结果，进行平台资源智能放置。数据分析的结果和过程都可以通过可视化模块进行数据可视化，实时直观地反映给用户。同理，平台性能优化的方法和过程也可以通过可视化的形式展现给用户，并通过人机交互的方式，允许用户动态地对优化方法进行调整，以期获得更好的平台资源优化结果。

六　数据管理技术

（一）结构化数据的管理

MySQL Cluster 关系型数据库集群：MySQL Cluster 关系型数据库集群技术具有高可用性和可扩展性，适合于分布式的关系型数据管理。

（二）非结构化和半结构化数据的管理

1. HDFS 文件系统

HDFS 是可伸缩的、可扩展的分布式文件系统，具有高可用性。

2. HBase 数据库

HBase 是基于 HDFS 的 NoSQL 数据库，适合于存储半结构化和非结构化数据。

3. MongoDB 数据库

MongoDB 是用于半结构化数据的 NoSQL 文档数据库，优点是写入速度快、查询速度快、可扩展，并具有高可用性。

（三）索引数据的管理

采集到的视频等非结构化和半结构化数据存储在文件系统中，数据的索引存储在 MySQL Cluster 的表中，以便进行高效的检索。

（四）元数据的管理

对于一些有元数据管理需求的非结构化数据文件，可以将文件存储在文件系统中，并将元数据以及文件的索引存储在关系型数据库 MySQL Cluster 中。

第三章 公共数字文化资源共享服务模式

第一节 公共数字文化资源共享服务模式设计

一 理论思考

近年来，全国文化信息资源共享工程、数字图书馆推广工程和以公共电子阅览室建设计划为重点的公共数字文化工程的实施，开创了中国特色的公共数字文化服务体系建设的新局面。尤其在全国文化信息资源共享工程自2002年启动实施及持续建设的助力下，公共数字文化的数据应用经历了从无到有、从粗到细的建设过程。2012年下半年，全国公共文化发展中心提出建设国家公共文化数字支撑平台项目，利用云计算、大数据等最新信息技术发挥互联网，特别是移动互联网的优势。发展中心和省级分中心在硬件系统、基础软件系统、特色应用系统等方面的建设，为公共文化建设提供了共建共享的公共服务平台，实现各级数字资源和各类公共文化应用的标准统一、互联互通、网络化管理和多终端服务。

目前，各地都建立了很多文化站点，但文化资源分布广泛但不集中。从目前公共数字文化建设现状来看，数字图书馆之间，数字图书馆与数字博物馆、文化馆之间的依存度和关联性不高，图书馆与其他信息机构分别自立门户，建立本系统的数字化服务平台和渠道的现象比较普遍。部分省级分中心网站与其他重要网站（如国家数字文化网、省图书馆网站、当地政府网站等）互联互通不足，导致存在信息孤岛和资源共享程度低、不易被百度等重要搜索引擎发现或排在搜索引擎搜索结果前列等问题。与公共数搜索引擎、传输不畅，使用不便，由于缺乏统一的技术平台及多元的信息传递机制、传播管道，以及云计算、大数据等技术应用的滞后性，大量数据被封闭在信息孤岛中，未能进入流通领域充分发挥其数据价值。

总而言之，在当下的公共数字文化共享的服务实践中，普遍存在海量资源难以统筹、平台搭建无章可循、用户使用障碍重重的问题。公共数字文化共享服务涉及多学科的交叉和部门业务的创新，以往公共数字文化突出资源的建设，并未形成统一标准，因此，现有的数字文化资源呈现多层级、多元化，且不可互通互动的特点。另外，已有的资源利用和服务情况没有数据反馈，要进行资源结构的合理化配置并无依据。因此，在技术可实现性和产品可操作性的基础上，如何实现用户体验的多元多样，形成示范效应，并提出创新的公共数字文化共享服务模式，是本模式研究的难点。

二　初步探索

要想设计出良好的共享服务模式，需要厘清在公共数字文化共享服务平台主导下的公共数字文化共享服务过程中有哪些主体对象，各有什么特点和需求，相互之间资源和价值的交换关系。为此，根据前期的调查和研究，结合模式研究的任务和目标，仔细分析了本项目设计的公共数字文化共享服务平台下的每类主体对象，特对每类主体对象进行了定义，方便对其进行分析和后续模式研究，具体如下。

第一方：文化资源消费用户，指直接享受公共文化资源、产品或服务的主体对象，包括公民、公共文化机构、文化企业和其他组织等，这些对象借助公共数字文化共享服务平台可享受全国范围内的文化资源和文化服务，并在使用过程中为文化资源提供主体和共享服务平台创造价值和社会效益。

第二方：本项目涉及的公共数字文化共享服务平台体系建设方，包括多层级的服务平台示范点以及协作单位。

第三方：直接将文化资源或者文化资源的元数据上传到第二方的共享服务平台管理系统中，借助第二方为第一方提供文化资源或文化服务的主体对象，可以是公民，也可以是机构、企业等文化单位。

第四方：不愿意将自己的文化资源上传到第二方的公共数字文化共享服务平台管理系统中，但仍希望能和第二方进行合作，共同为第一方提供文化资源或文化服务的主体对象，以社会文化企业为主要代表。

三　框架设计

在传统公共数字文化共享服务过程中，我们很容易就分析出文化资源提供主体是政府部门或文化机构等公共文化服务部门，文化资源消费主体是公众用户，服务平台是文化服务部门建设的各类公共文化服务平台。但是随着我国经济发展水平不断上升，人们生活水平不断提高，传统的公共文化服务已经不能满足人们日益增长的精神文化需求，尤其伴随着互联网、大数据等技术的进步与创新，公共数字文化共享服务工程必须拓宽供给主体，完善服务平台，推动公共文化共享服务不断向广度和深度进军，实现更完备的资源和价值流通体系，这样才能实现更大范围和更高效率的公共文化资源的流通和利用。

有了主体对象的划分和定义后，为了更好地描述和概括不同资源提供主体下的资源供给和价值流通的过程，充分考虑当前公共数字文化共享服务的现状，抽象化设计了图3-1所示的总框架结构，包括文化资源提供主体、服务平台、文化资源消费主体以及资源/价值的流通，这里的服务平台是一个抽象概念，根据资源提供主体的不同有具体的定义，其功能的实现由第二方完成，这也体现了公共数字文化共享服务平台的核心地位和纽带作用。

在传统的公共数字文化共享服务模式下，直接由公共文化机构及其服务平台为公众提供公共文化服务，此时资源提供主体为公共文化机构。在本项目中，将传统模式下公共文化机构直接作为资源提供主体为公众提供公共文化服务的方式，定义为第二方服务模式。

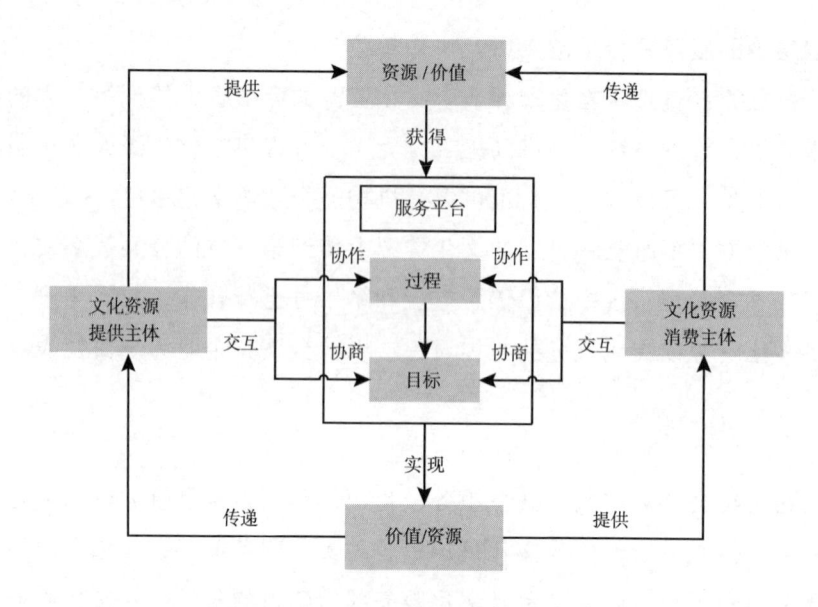

图 3-1　公共数字文化服务模式框架结构流程

在传统服务模式的基础上，我们需要拓宽文化资源提供主体的范围，尤其是那些拥有很多原创文化资源的个人用户和一些社会文化机构，这些对象拥有文化资源，但却没有一个可与其他用户进行文化资源共享的服务平台，此时可将他们的文化资源上传到公共数字文化共享服务平台中，由公共数字文化共享服务平台完成他们与用户之间的文化共享服务过程，这种服务方式我们称为第三方服务模式。

在第三方之外，存在很多的第四方主体，他们不愿意将文化资源上传到第二方的数据库中，但仍希望可以与其进行合作，对自己的服务和产品进行宣传推广，并在合作中获得价值和利益，这种第四方借助第二方的服务方式称为第四方服务模式。

随着公共文化服务内涵的丰富，直接加工好的文化资源已经不能全方位满足文化资源消费主体的需求，有很多文化企业更希望获得的是原始的文化资源数据，通过自己的方式进行加工，获得自己需要的价值，这种由公共数字文化共享服务平台建设主体直接将文化资源数据提供给文化企业，允许他们进行二次加工处理的服务平台称为 S2B2C 服务模式，其中 S 为文化资源数据，B 为平台服务商，这里指服务平台，C 为文化资源消费用户。

四 模式设计

针对前期的探索和框架设计，考虑不同服务模式涉及的主体对象不同，需要满足的服务需求和技术需求都是不同的，所以根据不同的服务模式，我们有针对性地提出了不同的资源供给模式、技术支撑模式和数据应用模式，并以本项目建设的平台为基础进行了实践应用。

表 3-1 公共数字文化共享服务模式设计

		第二方服务模式（第二方服务第一方）
资源供给模式（第二方自身如何获取并丰富所拥有的文化资源）	自建模式	①存量资源导入：文化发展中心已有的文化资源导入本项目平台 ②元数据收割：收割共享服务平台体系下的地区级示范点的文化资源数据，这种方式的好处是利于平台体系的发展和壮大，有助于实现平台体系内的文化资源在全国范围内共建共享，目前已经建成一个国家级示范点和两个地区级示范点 ③行为数据采集：采集共享服务平台的运行数据、线上平台的用户行为数据、线下设备中的用户行为数据，这类数据区别于传统定义的文化资源数据，主要用于大数据分析、改进用户体验，或者开放给社会企业实现二次开发
	网络爬取模式	爬取一些没有版权问题的基础文化信息和文化资讯，丰富平台的文化内容和文化资源类型
技术支撑模式（服务过程中需要的支撑技术）	资源聚合和管理技术	①编目技术 ②资源调度技术
	个性化推荐技术	用户行为数据分析，推荐其感兴趣的文化信息
	群体推荐技术	在线下场馆中应用，为群体用户推荐文化信息
	深度检索技术	提高用户资源检索的效率而且，丰富体验，包括文本搜索、图片搜索和视频搜索
数据应用模式（如何为第一方提供数据应用，提升他们的服务体验，吸引第一方）	用户服务模式	用户推荐：分为普适性推荐和个性化推荐两种 群体推荐：关注如何为具有共同需求的群体性用户推荐类似的文化资源和信息

续表

		第三方服务模式（第三方借助第二方服务第一方）
资源供给模式（关注第二方如何获取第三方的文化资源）	会员上传模式	个人用户实名注册，借助平台开放共享的水印技术给自己的文化资源嵌入水印，然后上传文化资源，平台审核无误后开放共享个人用户可获得积分奖励，这些积分可以用来下载一些文化资源，也可以兑换一些文化活动入场券，或者使用一些开放的学习视频教程（如戏曲学习视频、专家教学视频）
	机构导入模式	由平台服务方和各类文化机构进行合作协商，机构通过平台批量导入自己的文化资源，平台为其提供宣传、文化源数据等方面的协助
技术支撑模式（服务过程中需要的支撑技术）	版权保护技术	将水印程序放到共享服务平台界面中，任何个人和单位都可以免费使用
	大数据分析技术	基于海量文化行为数据的分析，实现决策参考模式和社会评价模式
数据应用模式（关注的是如何为第三方提供良好的数据应用服务，从而吸引第三方，使其愿意加入整个服务体系中）	决策参考模式	分为三个板块，文化热点、地区动态、文化年鉴 ①文化热点：可以按天、周、月、年展示文化热点关键词或者图，帮助文化部门了解最新的文化热点，绘制关键词云图 ②地区动态：分析出不同地区、不同人群的兴趣热点等信息，利用线状图、柱状图等形式表示出来 ③文化年鉴：通过全年采集的用户行为数据、开展的问卷调查等，以文化年鉴的方式展示本年度的文化事业成就、总结文化发展经验、探索文化发展规律等
	社会评价模式	①活动评价：爬取大型文化类活动的网络舆情数据（通过微博、微信、各大新闻网站、论坛等），分析出人们对该文化活动的评价，网民都说了什么，公众对该活动的看法，由此对其他文化单位开展类似的文化活动有一个评价型的参考 ②专题报告：不定期地出一些文化类的专题报告，如"一带一路"文化
		第四方服务模式（第四方借助第二方服务第一方）
资源供给模式（关注第二方如何获取第四方的文化资源）	接口接入模式	目前阶段通过远程数据库访问的方式接入其他文化企业的文化资源，公众用户可以通过共享服务平台界面搜索并浏览接入的文化资源
技术支撑模式（服务过程中需要的支撑技术）	通用接口技术	企业与共享服务平台协商、签订协议后，通过 Web Service 技术，平台为企业提供一个独立操作的后台，企业将自己文化资源远程开放给平台访问，平台对资源审核无问题后进行开放

续表

数据应用模式（如何吸引第四方加入和资源共建）	平台优化模式	①精准服务：主要针对有自己服务平台的文化企业，但没有大数据分析挖掘的平台，或者是用户行为数据太少，分析结果不理想的情况，公共数字文化共享服务平台根据自己采集并分析得到的用户行为分析、用户喜好、用户画像等内容，共享给其他的文化企业，提高他们服务的精准性 ②平台优化：展示平台资源组织部署及优化、资源调度及优化、资源访问热度分析、地区资源访问类型分析、基于时间段资源访问分析，这些分析结果有助于其他平台优化自己的资源管理和调度等
资源供给模式（第二方为其他方提供文化资源数据，可供其根据自己个性化需求进行自主加工）	S2B2C 服务模式（第二方提供文化资源数据给其他方）	
	资源开放模式	①完全免费 ②资源交换 ③公益使用：主要针对公益性的文化机构 ④二次开发：可提供平台采集的用户行为数据给其他文化企业，提高他们数据分析和挖掘的准确性

第二节 公共数字文化资源供给模式

一 行政主导型

行政主导型供给模式的供给主体是政府，供给什么、供给多少、怎么供给、供给给谁以及供给政策、决策管理主要由政府决定。这是一种单向性供给模式，由于决策和管理权高度集中、效率低下、资金严重不足，这是一种低水平的公共文化服务供给。

表现出如下特性：其一，它基本呈单向性，即基本上只有政府对文化服务的安排和包揽，而没有社区公众对政府服务的选择机制；其二，政府既是公共文化服务的提供者又是生产者，或者政府以购买服务的方式将文化资源提供给公众；其三，除政府以外的社会组织为政府所支配、所管制，没有独自承担服务的能力，无法成长为独立主体力量。供给模式具体分为以下几类。

1. 国家层面文化供给模式

国家层面文化供给指的是国家文化单位的公共文化供给。主要单位有：中国国家图书馆、故宫博物院、中国国家京剧院、中国国家话剧院、中国歌剧舞剧院、中国交响乐团、中国儿童艺术剧院、中央歌剧院、中央民族乐团、中央芭蕾舞团、中国美术馆、中国国家画院等。

供给模式是各文化单位落实工作经费，安排工作人员，负责将本单位文字信息、图片、音频、视频、应用等上传到平台；并负责用户参与平台交互所产生的内容。两类内容都需要遵循平台制定的规范和要求进行编辑、发布或上传。

国家文化主管部门结合国家文化云平台实际业务运营经验制定行政管理结构和相关层级使用单位的工作要求、工作规范、工作考评、排名机制和考核机制等，确保各公共文化单位工作的有序开展、有效运转、有效监督，保障平台的良性运营，产生预期服务效能。

2. 省级层面文化供给模式

省级层面文化供给指省级文化单位的公共文化供给。主要单位有省级图书馆、博物馆、艺术馆、文化馆、纪念馆、大剧院、演艺中心等。

供给模式是各文化单位落实工作经费，安排工作人员，负责将本单位文字信息、图片、音频、视频、应用等上传到平台；并负责用户参与平台交互所产生的内容。两类内容都需要遵循平台制定的规范和要求进行编辑、发布或上传。

省级文化主管部门结合国家文化云平台实际业务运营经验制定行政管理结构和相关层级使用单位的工作要求、工作规范、工作考评、排名机制和考核机制等，确保各公共文化单位工作的有序开展、有效运转、有效监督，保障平台的良性运营，产生预期服务效能。

3. 地市层面文化供给模式

地市层面文化供给指地市级文化单位的公共文化供给。主要单位有地市级图书馆、博物馆、艺术馆、文化馆、纪念馆、剧场等。

供给模式是各文化单位落实工作经费，安排工作人员，负责将本单位文字信息、图片、音频、视频、应用等上传到平台；并负责用户参与平台交互所产生的内容。两类内容都需要遵循平台制定的规范和要求进行编辑、发布或上传。

地市级文化主管部门结合国家文化云平台实际业务运营经验制定行政管理结构和相关层级使用单位的工作要求、工作规范、工作考评、排名机制和考核机制等，确保各公共文化单位工作的有序开展、有效运转、有效监督，保障平台的良性运营，产生预期服务效能。

4. 街镇层面文化供给模式

街镇层面文化供给指街镇级文化单位的公共文化供给。主要单位是街镇的社区文化活动中心、文化站。

供给模式是各文化单位落实工作经费，安排工作人员，负责将本单位文字信息、图片、音频、视频、应用等上传到平台；并负责用户参与平台交互所产生的内容。两类内容都需要遵循平台制定的规范和要求进行编辑、发布或上传。

总体来说，这种行政主导型供给模式难以保障公共文化服务的充分供给，具体表现为：①公共文化服务供给严重不足；②公共文化服务所需资金匮乏；③公共文化服务提供效率不高；④供给模式中居民参与度不高；⑤公共文化服务缺乏人力支持。因此亟须构建一种多元化的公共服务供给模式。

二 市场驱动型

市场驱动型文化供给指随着市场经济的发展，市场在资源配置中的基础性作用得到了充分发挥，为更好地满足公众对于公共文化需求的层次性和多样性，公共文化产品采用市场供给的商业化方式提供，市场成为公共文化产品不可或缺的供给主体。企业作为市场的基本单元，成为公共文化产品供给主体的一员。具体供给模式主要分为以下几种。

1. 国家层面文化供给模式

国家层面文化供给指国家大型文化企业单位的文化供给。主要企业单位有中国文化传媒集团有限公司、中国东方演艺集团有限公司、中国对外文化集团公司以及在国家相关部门登记注册的大型文化企业等。

供给模式是各文化企业落实工作经费，安排工作人员，负责将本单位文字信息、图片、音频、视频、应用等上传到平台；并负责用户参与平台交互所产生的内容。两类内容都需要遵循平台制定的规范和要求进行编辑、发布或上传。

各文化企业还要遵循国家文化主管部门制定的工作要求、工作规范、工作考评、排名机制和考核机制，确保平台的良性运转。

2. 省级层面文化供给模式

省级层面文化供给指国家大型文化企业单位的文化供给。主要企业单位有省级电影集团公司、省级文化广播影视集团等以及在省级相关部门登记注册的大型文化企业，如传媒公司、创意公司、演艺公司等。

供给模式是各文化企业落实工作经费，安排工作人员，负责将本单位文字信息、图片、音频、视频、应用等上传到平台；并负责用户参与平台交互所产生的内容。两类内容都需要遵循平台制定的规范和要求进行编辑、发布或上传。

各文化企业还要遵循省级文化主管部门制定的工作要求、工作规范、工作考评、排名机制和考核机制，确保平台的良性运转。

3. 地市层面文化供给模式

地市层面文化供给指地市级文化企业单位的文化供给。主要企业是在地市级相关部门登记注册的文化传媒公司、创意公司等。

供给模式是各文化企业落实工作经费，安排工作人员，负责将本单位文字信息、图片、音频、视频、应用等上传到平台；并负责用户参与平台交互所产生的内容。两类内容都需要遵循平台制定的规范和要求进行编辑、发布或上传。

各文化企业还要遵循地市级文化主管部门制定的工作要求、工作规范、工作考评、排名机制和考核机制，确保平台的良性运转。

4. 街镇层面文化供给模式

街镇层面文化供给指街镇级文化企业单位的文化供给。主要企业是在街镇登记注册的文化传媒公司、创意公司、演艺公司等。但随着经济体制的改革，部分地区的街镇企业管理权限被地市收回，街镇层面的市场驱动型文化供给总体上较少。

供给模式是各文化企业安排工作人员，负责将本单位文字信息、图片、音频、视频、应用等上传到平台；并负责用户参与平台交互所产生的内容。两类内容都需要遵循平台制定的规范和要求进行编辑、发布或上传。同时，各文化企业还要遵循地市级文化主管部门制定的工作要求、工作规范、工作考评、排名机制和考核机制，确保平台的良性运转。

市场驱动型供给模式的优点有以下两方面。一是丰富公共文化供给。企业存在的目的是最大限度地追求经济利润，其盈利性决定其必须"想方设法"地提高产品质量以满足群众需求，从而实现创收。企业的自主性、多元性、竞争性使其引用新的管理技术和方法参与供给，将会改变政府僵直、呆板的供给方式。二是提高公共文化服务效能。竞争机制的引入将改善供给效率低下、公共文化可控资源不足的问题，政府可以利用企业的竞争性提高公共文化产品质量、优化供给机制。

三 利益共享型

利益共享型资源供给指公众用户或合作单位用户自主、自动、自愿上传文化资源到平台，他们不仅可以通过数字终端设备实时获取平台提供的文化资源与服务，而且可以实现上传个人制作的文字、图片、视频、音频等内容，经过审核后可通过文化信息服务平台进行发布，发布后用户可获得流量、话费、优惠券、折扣券等。

在此种供给模式中，公众不再是单纯地消费和享受公共文化服务，而是逐渐参与供给，激发了公众参与公共文化创作与传播的积极性，促进了文化的繁荣发展；变原来单项的文化供给为双向、交互的文化供给，丰富了平台的公共文化供给；增加了平台的吸粉能力，是扩大平台吸引力和影响力的有效举措；弥补了政府和市场供给的不足，彰显了社会公平。

四 自发创意型

自发创意型资源供给指公众用户或合作单位用户根据自己或单位的兴趣、爱好、特点制作的有创意、有新意、有文化内涵的文字、图片、视频、音频等内容，经过审核后可通过文化信息服务平台进行发布。

此种供给模式与利益共享型文化供给类似，公众不再是单纯地消费和享受公共文化服务，而是逐渐参与供给中，激发了公众参与公共文化创作与传播的积极性，促进了文化的繁荣发展；变原来单项的文化供给为双向、交互的文化供给，丰富了平台的公共文化供给；增加了平台的吸粉能力，是扩大平台吸引力和影响力的有效举措；弥补了政府和市场供给的不足，彰显了社会公平。

第三节 公共数字文化资源技术支撑模式

资源技术支撑平台是一个面向全国公共文化传播的应用广泛、涉及面宽的基础能力平台。它将公共文化多媒体信息展现的基本需求、安全机制、数据存储层与应用层有机地结合在一起，使公共文化传播的各种应用与其底层的数据结构和存储方式无关。各应用系统与资源技术支撑平台的后台系统相连，通过资源技术支撑平台来实现数据共享和路由。这种连接方式实现了数据的无缝交换和共享访问，保证了各业务系统的有效协同，同时又能保证各应用系统的相互独立性和低耦合性，从整体上提高了系统运作效率和安全性。

资源技术支撑平台旨在将各种公共数字文化信息化系统应用中孤立存在的数据与能力资源由领域内封闭转变为跨领域开放、由各种自有技术转变为标准化规范并通过将分散的、小范围的信息化数据能力资源汇聚成为共性服务资源群，继而形成统一的共性服务公共支撑体系为公共文化传播实现全面支撑。

资源技术支撑平台体系架构为：将各公共文化服务机构已有数字

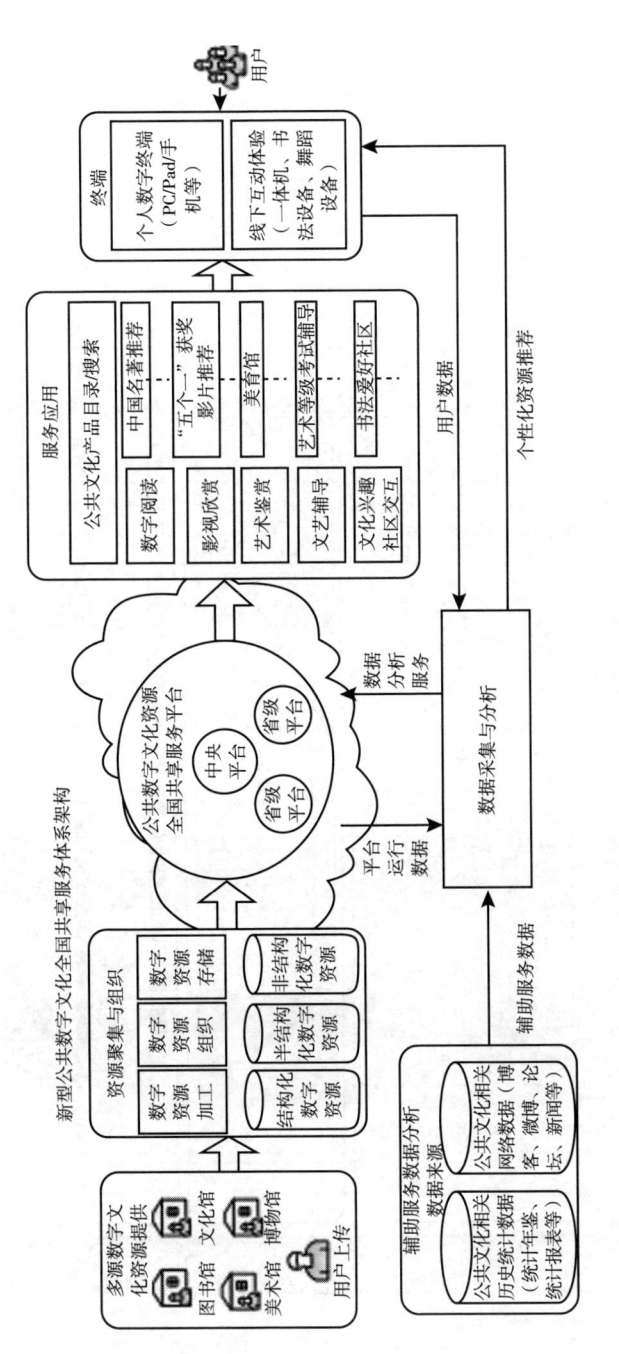

图 3-2 资源技术支撑平台体系模式架构

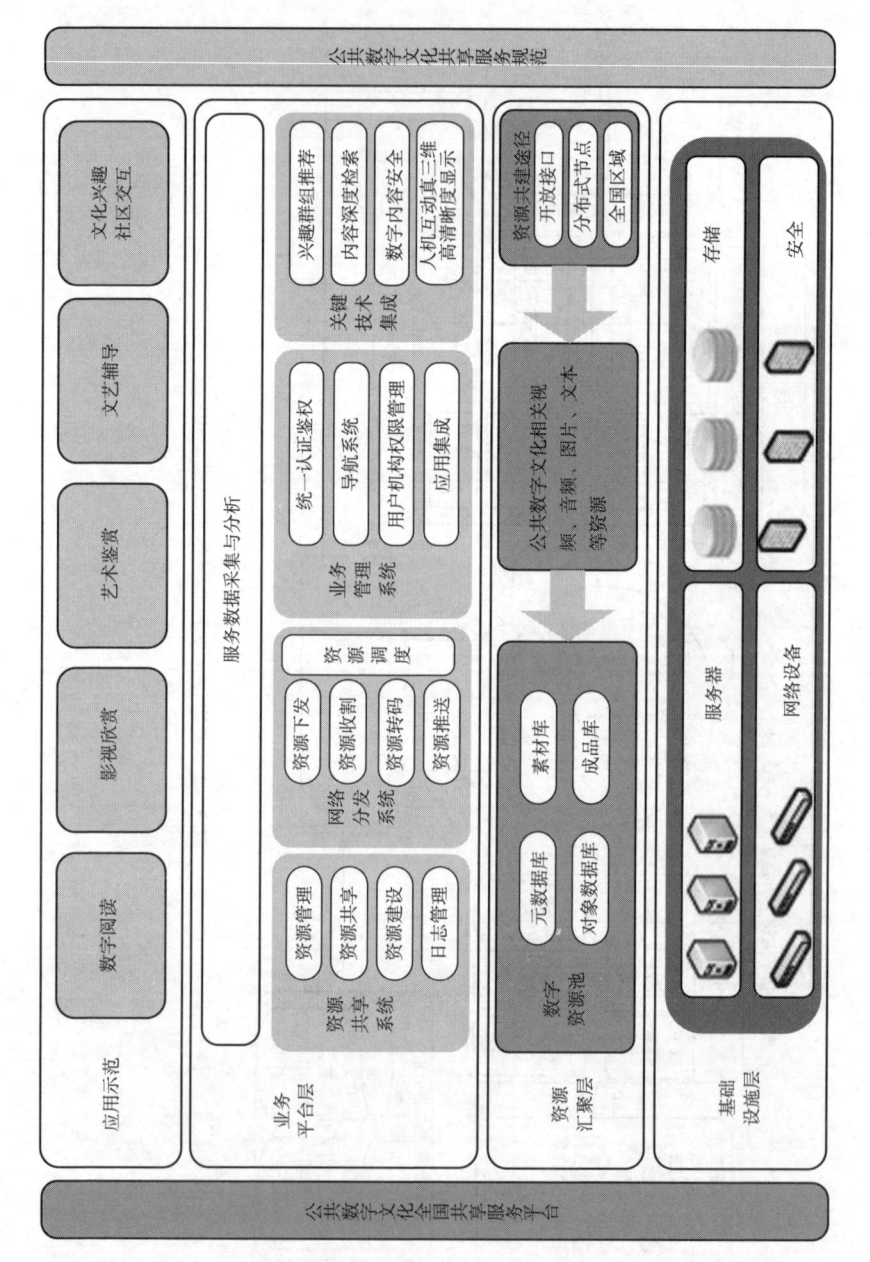

图 3-3 资源技术支撑平台功能框架

文化资源和用户上传的内容进行聚合、梳理；同时通过编目工具进行统一编目、存储至资源技术支撑平台，各类应用调用资源技术支撑平台资源，用户通过多类型终端进行应用访问，从而实现公共数字文化资源共建共享。

同时，用户的行为数据会被反馈到资源技术支撑平台进行分析，为实现资源的重新整合和优化创造可能，进而实现个性化资源推荐。这个模式能够实现完整的信息传播过程，即实现传者和受者的双向交流互动，为资源的再开发和获取提供可能。

首先，资源技术支撑平台加快公共数字文化共享服务的发展，提高文化资源的利用率，各文化机构之间可以充分加大信息和资源的共享。我们能够获得一个宣传和展示公共数字文化信息的统一平台；同时各个数字文化资源的所有者以及各个数字文化共享平台之间能够进行数字文化资源共享；政府机构、文化企事业单位等也能够在这个权威数据统计平台上汇集多方信息。

其次，技术支撑平台可以节省后续开发成本。公共数字文化服务的基础是数字文化资源，如何高效地收集、传输、管理和共享数字文化资源，一直是公共数字文化体系研究的主题。目前，各文化机构对于文化资源技术支撑的需求有着较大的相似度，而各文化机构的整体规模及技术水平却参差不齐。对于那些规模小而同样有着技术支撑需求的文化机构，开发自己的技术支撑体系显得有些捉襟见肘；那些规模实力雄厚的文化机构如果都开发属于自己的技术支撑体系又是一种对技术资源的浪费，在这种形势下，公共数字文化共享技术支撑模式的建设显得尤为重要，这不仅能大大节省各文化机构的开发、运维成本，而且对小型文化机构文化事业的发展将起到很好的推进作用。

第四节　公共数字文化资源数据应用模式

公共数字文化数据资源应用模式研究的目的是利用大数据的优势，借助共享平台的数据采集、共享、分析能力为政府部门、文化机构、社会企业探索工作模式，开展文化活动，发布资源内容等工作提供数据支撑，从而更加科学地指导其工作。此应用模式有如下服务优势。

首先，有助于提高公共文化服务效能，建立需求导向机制。在公共文化服务领域，不论是文化机构，还是社会文化企业，都需要一套大数据分析系统，通过收集、分析民众的文化需求，进行有针对性的服务推荐并进行效果追踪，从而建立需求导向机制，这将大大提高公共文化的服务效能和群众满意度。其次，有助于改变政府公共文化决策方式。大数据时代，利用共享公共文化数据、结合高效的数据分析技术可以提供更多的决策支撑，帮助文化部门循"数"管理，增强服务针对性、提高管理科学性，从而提高公共文化服务效率。

第四章 公共数字文化数据平台建设方案

第一节 研究目标

一 研究公共数字文化大数据分析平台架构的总体思路

1. 功能规划

满足公共文化服务数据的采集、共享、分析功能。

2. 性能规划

支持多分析应用系统、多租户模式以及高数据吞吐量。

二 研究公共数字文化大数据分析平台架构的设计原则

1. 安全性原则

平台架构应该符合数据存储安全、数据传输安全、数据访问安全的原则，应该具有授权认证以及数据访问控制的能力。

2. 可靠性原则

平台应该具备容错、冗余设计、故障恢复的能力。

3. 可扩展性原则

平台的计算能力和存储能力能够根据需要灵活调整，通过水平扩展的方式来实现其扩展性。

三 研究公共数字文化大数据分析平台的架构设计方案

设计适用于公共文化共享和分析的大数据平台，符合功能和性能规划，以及设计原则。

第二节 研究领域

一 云计算三层架构研究

按照云计算的标准三层架构——IaaS、PaaS、SaaS 来设计公共文化服务大数据分析平台的架构。

二 Hadoop 大数据平台研究

基于 Hadoop 生态系统的公共文化服务大数据分析平台的研究主要集中在如下几个方面：HDFS 分布式文件系统、MapReduce 并行编程模型、HBase 数据库、Apache Spark 计算框架研究、分布式日志采集技术。

三 大数据安全策略研究

公共文化服务大数据分析平台的安全技术研究主要集中在如下方面：基于角色的访问控制技术、数据安全传输技术 SSL、授权认证技术 Kerberos、网络防火墙技术。

四 Hadoop 生态系统安全模块的研究

公共文化服务大数据分析平台的 Hadoop 平台安全技术研究主要集中在如下两点：Apache Knox Gateway、Apache Sentry。

第三节 关键技术

1. 大规模多源异构公共文化服务大数据的集成和管理
2. 面向公共文化服务大数据的 Hadoop 的计算框架技术
3. 公共文化服务大数据的安全管理技术

第四节　公共文化服务大数据分析平台建设方案

一　公共文化服务大数据分析平台逻辑架构

公共文化服务大数据分析平台的架构采用标准的云计算三层架构设计方案，如图4-1所示。

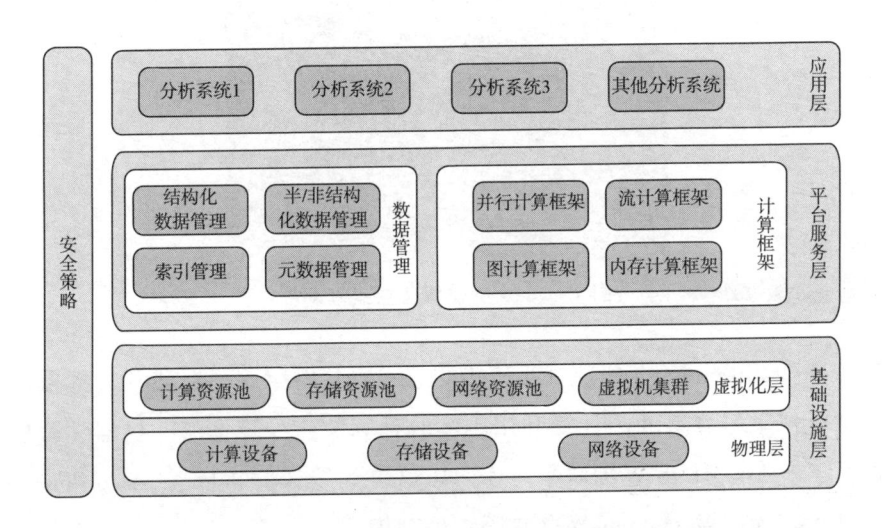

图4-1　公共文化服务大数据分析平台总体逻辑架构

1. 基础设施层（IaaS）：使用虚拟化技术，创建虚拟资源，包括计算资源池、存储资源池、网络资源池，并在此基础上构建并管理虚拟计算机集群。本著作在研究过程中建设了用于著作研发实验的服务器设备（如图4-2所示），包括计算设备（刀片服务器）、存储设备（磁盘阵列）、网络设备（交换机）等。

2. 平台服务层（PaaS）：提供数据管理和计算的基本功能。数据管理层管理存储在关系型数据库中的用户行为数据等结构化数据、存储在HDFS和HBase文件系统中的网页数据等半结构化和非结构化数据、存储在关系型数据库中的半结构化和非结构化数据的索引以及存储在关系型数据库中的数字文化资源元数据等元数据信息。计算层提供了

图 4-2 大数据服务器实验设备

Hadoop MapReduce 批处理计算模型以及 Spark 内存计算框架及其提供的支撑机器学习算法的图计算和用于实时计算的流计算框架。机器学习层提供了 Spark MLlib 等机器学习库、R 语言等统计分析库、Tensorflow 等深度学习库以及 Mahout 等自然语言处理库。

3. 应用层（SaaS）：用于部署其他系统。应用层由本著作进行研发，其基本的数据管理和智能计算由服务层的相关数据管理、计算和机器学习模块提供支撑。应用层包括分析层和决策层。分析层包括公共数字文化相关数据采集系统、公共数字文化共享服务用户行为数据挖掘系统；决策层借助于分析层的分析能力进行最终的决策，包括公共数字文化资源个性化推荐系统和公共数字文化共享数据分析和服务系统。

二　公共文化服务大数据分析平台技术架构

在公共文化服务大数据分析平台逻辑架构的基础上，我们设计了公共文化服务大数据分析平台技术架构，如图 4-3 所示。其中应用到的关键技术将在后续的章节中详细讲解。

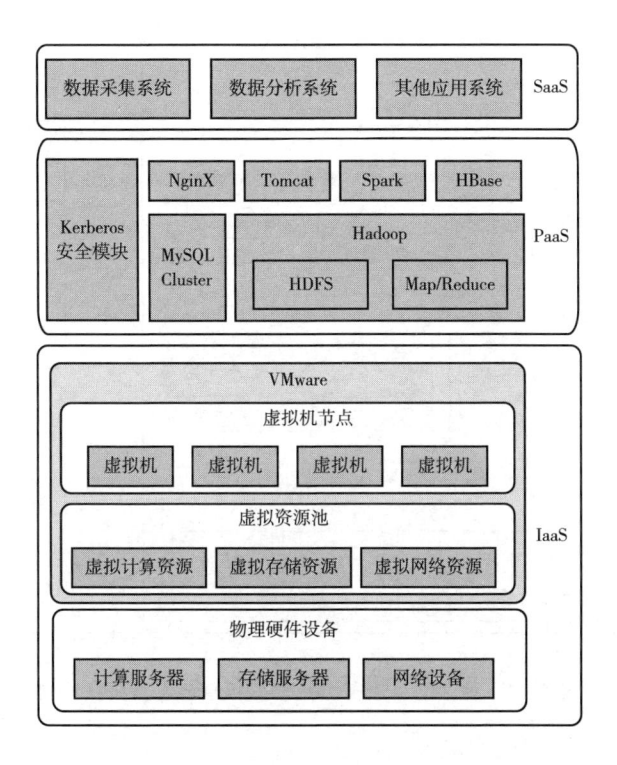

图 4-3　公共文化服务大数据分析平台技术架构

公共文化服务大数据平台的逻辑拓扑结构如图 4-4 所示。由 NginX 进行反向代理，各种应用系统，包括数据采集系统、数据分析系统等部在 Tomcat 应用服务器上。应用系统根据各自的需求使用 MapReduce 并行计算模型或者 Apache Spark 内存计算框架及其提供的各种计算技术。同时根据需要访问关系型和 NoSQL 数据库。为了满足平台的安全原则，本项目建立了安全管理服务器，进行授权认证管理。为了对系统资源进行有效的优化，本项目建设日志采集分析服务器来采集平台的日志数据并进行分析。建立资源监控服务器对平台资源进行实时的监测和优化。其中的关键技术将在后续的章节中详细讲解。

三　硬件虚拟化技术

IaaS 层主要对硬件进行虚拟化资源的创建和管理，本项目使用开源的虚拟化技术和平台，组件全虚拟化的计算机集群。

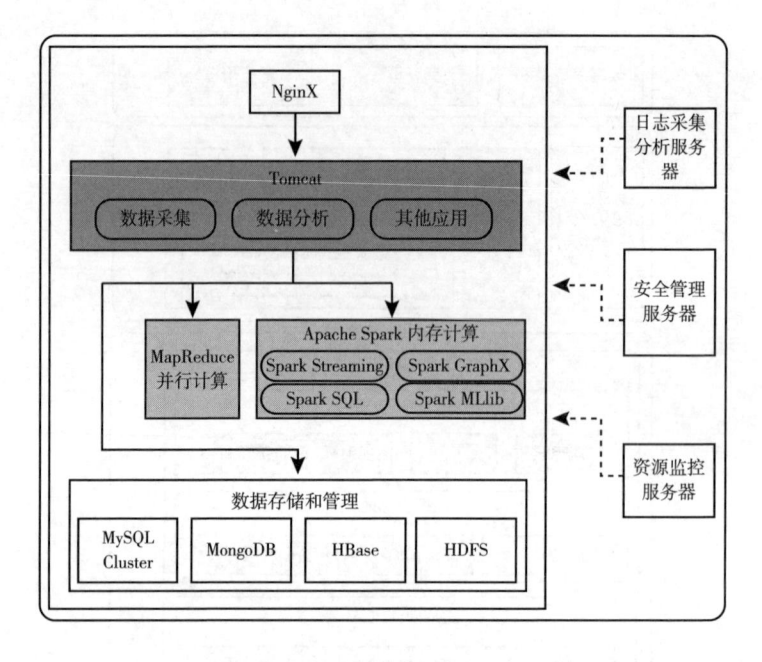

图 4-4　公共文化服务大数据分析平台逻辑拓扑结构

1. 开源硬件虚拟化平台

OpenStack 是目前应用最广泛的开源基础硬件虚拟化技术，能够有效地将硬件资源虚拟化并进行管理。

2. 虚拟计算机集群建设

计算机集群（Computer Cluster）是计算机分布式计算的高级技术，能够将多台普通计算机通过网络连接起来，当作一台高性能计算机，用来完成高性能的分布式存储和计算。计算机集群中的电脑被称为节点，是集群的基本组成单位，计算机集群的负载均衡、水平扩展、故障恢复等技术，都是基于节点来实现的。

虚拟计算机集群就是利用虚拟化技术，创建出虚拟机作为计算机节点，用来构成完整的虚拟化计算机集群。通过集群的大量节点，可以在不升级硬件的情况下，进行分布式并行计算和存储，提高硬件的工作效率。同时，虚拟计算机集群在资源管理方面比物理集群有更高的灵活性。

四　大规模多源异构数据集成技术

制定平台组件间的数据交换规范，设计符合 RESTful API 规范的统一数据访问接口，满足平台组件之间松耦合性的要求。

五　基于 Hadoop 的计算框架技术

1. 内存计算框架的研究

Apache Spark 框架：Apache Spark 是基于 Hadoop 平台的内存计算框架，它将算法运算的中间数据，存放在内存中，减少磁盘 I/O 操作，极大地提高了计算的速度；适用于数据量不大，但是对计算速度要求高的情况；提供了一系列的组件，包括 Spark Streaming 流计算技术、Spark GraphX 图计算技术、Spark MLlib 机器学习算法库，以及 Spark SQL 基于 SQL 的查询技术。

2. 并行编程模型

MapReduce 是 Hadoop 平台提供的并行编程模型，支持很高的数据吞吐量，很适合进行大规模数据的并行计算，具有运算效率。

3. 流计算技术

Spark Streaming 是 Spark 框架提供的流计算技术，可以将连续的数据离散化成 RDD（弹性分布式数据集），然后对指定时间区间（通常是以秒为单位）内的 RDD 进行批处理，实现流计算。Spark Streaming 能够达到"秒"级别的计算速度，适合用于需要实时计算的场景，比如实时统计计算。

4. 图计算技术

（1）Titan 图数据库技术

Titan 是开源的分布式图数据库，后端数据存储采用 HBase 或者 Cassandra 数据库，并提供统一的数据操作接口。

（2）Spark GraphX 图计算技术

Spark GraphX 是基于 Spark 内存计算框架的分布式图计算技术，适合进行迭代计算，以及用于基于图论的机器学习算法，比如

PageRank、Connected components、Label propagation、SVD ++ 、Strongly connected components、Triangle count 等算法；能够从 HBase 等数据库中读取数据，并将数据从"表"形式转换成"图"形式，以便进行计算；编程模型继承自 BSP 模型（Bulk Synchronous Parallel，整体同步并行计算模型），一种迭代编程模型。与 MapReduce 不同，BSP 将中间计算结果保存在内存中，减少了大量的磁盘 I/O 操作，极大地提高了迭代计算的速度。

六 平台安全管理

1. 数据加密技术

数据在外部用户和公共文化服务大数据分析平台之间的数据传输，以及平台内部节点之间的数据传输必须得到安全保障，以防止数据在传输过程中被截取和破坏。SSL（Secure Sockets Layer，安全套接层）是一种网络传输安全协议，使用数字证书技术对用户和服务器进行认证，确保数据发送到正确的机器。SSL 使用非对称的公钥加密算法对数据加密，防止数据在网络传输过程中被人窃取；还有数据完整性的验证机制，保证接收到的数据与发送的数据一致。SSL 安全协议的数据加密传输流程（如图 4-5 所示）：①客户端向服务器发送本次数据加密的相关信息，比如加密算法、密钥长度等；②服务器将包含公钥信息的数字证书回复至客户端；③客户端使用公钥将密钥加密，并传送至服务器；④服务器解密得到密钥，并回复确认消息至客户端；⑤客户端与服务器之间开始传输使用密钥加密的数据。服务器得到数据后通过密钥解密，得到真正的数据内容。

2. 授权认证技术

Kerberos 认证协议能够对计算机集群的节点进行授权，有授权的节点才能访问数据和各种服务。对于虚拟主机之间对文件的安全访问，本项目使用了 Kerberos 安全认证协议，做到机器级别的安全防护，没有经过认证的主机无法访问数据，防止有人利用集群外的计算节点伪装成集群的虚拟主机，窃取和破坏数据。Kerberos 协议主要用于计算机网络的

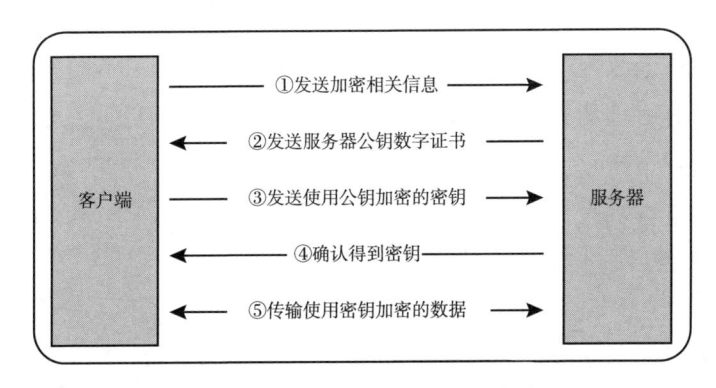

图 4-5　SSL 安全协议的数据加密传输流程

身份鉴别，用户只需输入一次身份验证信息就可以凭借通过验证获得的 ticket 访问多个主机，即单点登录。由于在每个节点和 Kerberos 服务器之间建立了共享密钥，所以该协议安全性很强，过程如图 4-6 所示：①客户端在请求访问数据服务器之前，必须先向 KDC 服务器请求 ticket；②客户端得到 ticket；③客户端向数据服务器发起请求，同时将 ticket 发送过去，数据服务器现对 ticket 进行验证；④如果验证通过，数据服务器将数据发送给客户端。

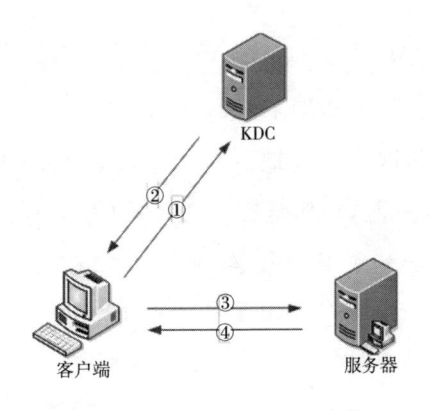

图 4-6　Kerberos 安全协议过程

3. 访问控制技术

在公共文化服务大数据分析平台系统中不同的用户会有不同的数据

访问权限，平台采用基于角色的访问控制（RBAC），对不同的角色分配不同的访问权限。如图 4 - 7 所示，系统首先定义了不同的角色，每种角色拥有自己的数据访问权限和程序执行权限，然后，为用户分配角色，保证每个用户会扮演一个角色。这样，通过用户分配的角色，就可以对用户进行授权。

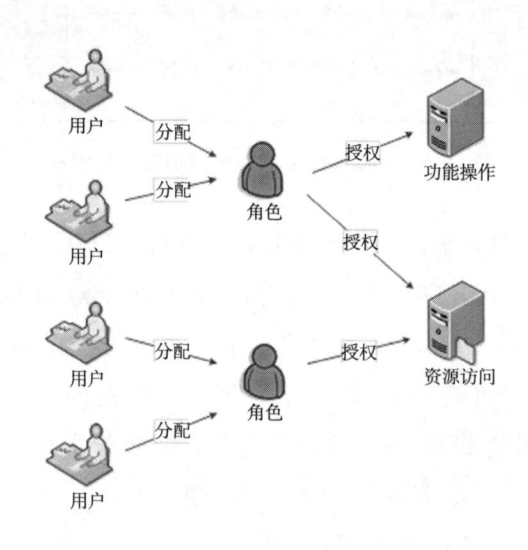

图 4 - 7　基于角色的访问控制技术

4. 网络防火墙技术

为将公共文化服务大数据平台与外界网络隔离开，本项目使用反向代理服务器技术作为网络防火墙。应用接口是 PaaS 层提供给外界的统一接口，用于使用各种分析服务以及数据访问。公共文化服务大数据分析平台的应用系统是基于 B/S 结构的框架实现的，前端用户通过浏览器对系统进行访问。如果将应用服务器的 IP 地址暴露出来，应用服务器就很容易被人直接攻击。因此，如图 4 - 8 所示，本项目部署了反向代理服务器，将平台和外界网络隔离开来，隐藏了应用服务器的真正 IP 地址。当用户请求访问云服务平台的应用系统时，反向代理服务器会将用户请求转发给应用服务器。由于反向代理服务器并没有存放重要数据，因此即使被攻击而崩溃，造成的损失也很有限。系统维护人员在发现反向代理服务器遭到攻击的第一时间,就会采取措施,避免对计算机集群的进一步攻击。

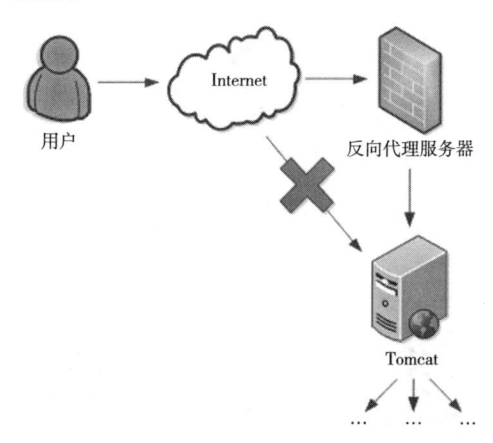

图 4-8　Nginx 反向代理服务器

七　Hadoop 生态圈安全技术研究

1. Apache Knox Gateway

本项目应用 Apache Knox Gateway 来提供单点安全访问控制模式,对 Hadoop 集群的访问请求进行控制(如图 4-9 所示)。Knox 通过 REST API 为客户端提供 Hadoop 访问的接口,并且为 Hadoop 集群构建了防火墙。

2. Apache Sentry

Cloudera 公司提供了安全管理模块 Sentry,Sentry 提供了细粒度的基于角色的安全访问控制,以及多租户权限管理模式等,具体功能如下。①细粒度访问控制:Sentry 提供细粒度的访问控制,针对服务器、数据库、表和视图等提供了不同特权级别的访问控制。②基于角色的权限管理:Sentry 通过基于角色的授权来简化管理,Sentry 可以对多个用户或者用户组授予不同权限。③多租户管理:Sentry 能够为不同管理员所管理的数据集设置权限。④统一平台:Sentry 提供了统一平台,使用 Kerberos 协议实现机器级别的安全认证。

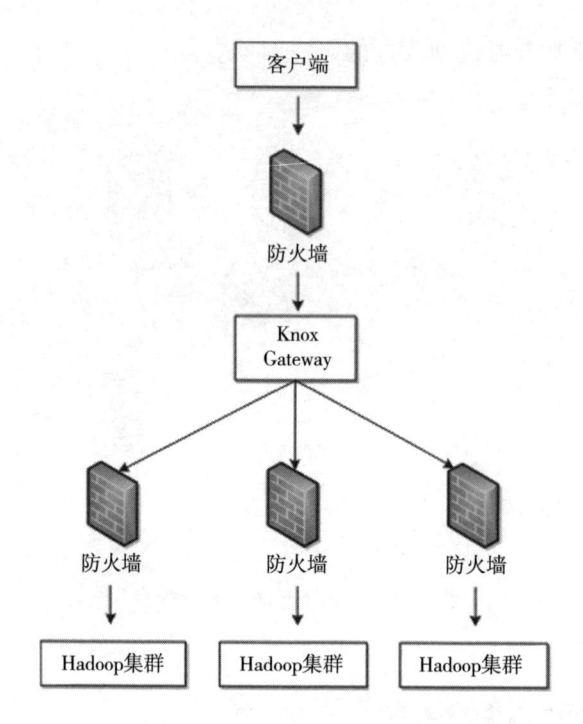

图 4-9 Apache Knox Gateway 安全技术

第五章 公共数字文化资源共享框架与标准规范

第一节 共享平台框架

一 共享平台总框架

图 5-1 展示了公共数字文化资源共享的技术支撑平台总架构。

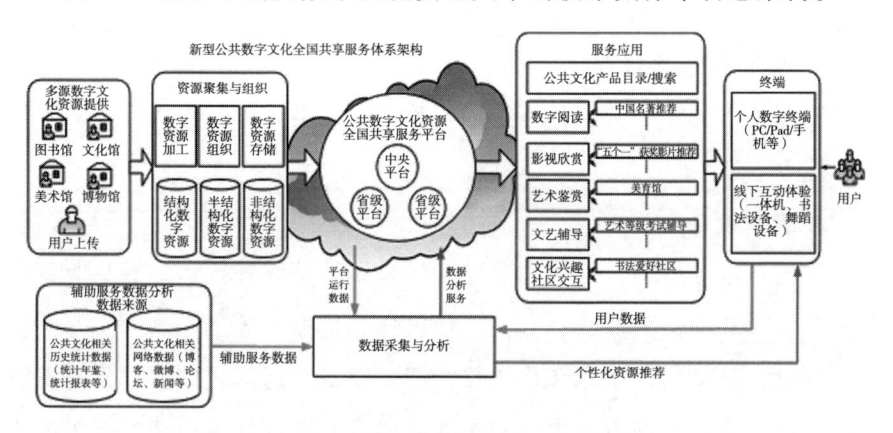

图 5-1 资源技术支撑平台总架构

二 硬件平台框架

资源技术支撑平台基础设施层是基于云计算平台进行设计的,包括服务器/云主机、云存储设备、网络设备及安全设备。基础设施层为平台的运营提供数据处理、存储、网络和安全环境。资源技术支撑平台可以通过自建云平台或以购买服务的方式获得云基础设施,构造组成如图 5-2 所示。

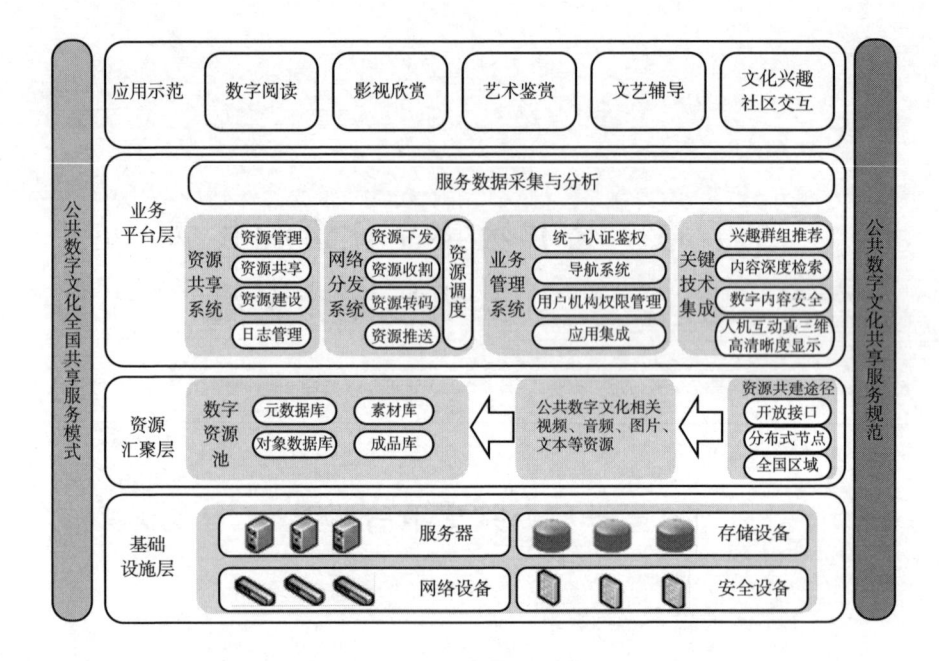

图 5-2 资源技术支撑平台框架

1. 服务器/云主机

资源技术支撑平台的分析挖掘是数据密集型计算，需要巨大的并行计算能力。

2. 存储设备

资源技术支撑平台计算和存储设施采用云计算等技术，满足业务高并发需求，并确保数据的一致性、稳定性和可靠性等。

同时，数据的海量化和快增长特征，以及数据格式的多样化是资源技术支撑平台对存储技术提出的挑战，要求底层硬件架构和文件系统为公共数字文化资源的各类平台和上层应用提供动态、可扩展的信息处理基础设施和运行环境。

3. 网络设备

资源技术支撑平台传输网络包括公众网和专用网，是公共数字文化资源传输的基础设施，实现信息上传、下发以及各实体之间的信息交互，负责整个资源技术支撑平台的跨网互通。

4. 安全设备

资源技术支撑平台采用核心软件硬件化的策略防止不良模块注入，并通过对重要系统调用挂钩的方法监控调用参数和调用行为，将这些参数和行为汇总到安全监控模块，并通过大数据模块的分析产生常见调用行为和罕见调用行为的分析报表。

资源技术支撑平台同时也采用安装过滤型驱动的方法监控网络流量。例如，基于 winpcap 方式堆叠在 NIC 驱动之上，在链路层即开始监控网络流量信息，绕过 NDIS、TCP/IP 协议驱动和 AFD。一般来说，过滤得越底层，防入侵级别和安全性越高。这些大量的流量信息，包括源端和目的端、报文长度等细节，可以作为重要数据源汇聚到大数据模块，及流量分析、网络异常监控的主要依据。同时，技术支撑平台的重要之处在于以下两方面。①针对公共数字文化共享服务，资源技术支撑平台提供对应的安全防御是非常重要的。安全防御包括网络安全、Web 安全、防入侵、防注入、重要信息加密、权限管理等策略；②针对重要核心信息采用加密存储和传输的策略，并且规划合理的分层级权限管理策略，尤其是针对流媒体、文件媒体等资源，需要经过认证才能申请。

三 软件平台搭建

资源汇聚层提供资源采集、资源开放引擎，主要包括资源采集平台、能力封装平台模块。

汇聚层的主要工作为：根据业务实际运营情况，将各平台主要与业务能力层各业务平台间进行对接，为公共数字文化资源提供端到端的保障。具体而言，各省通过所建的资源技术支撑平台，将数字资源最终同步到全国统一目录中，经国家中心审核后，供全国使用。

（一）资源采集平台

资源采集平台实现公共数字文化资源采集，平台的公共数字文化资源数据收割方法基于国际元数据标准收割协议（OAI-PMH），为公共数字文化资源全面共享和统一化管理提出了对象数据的实际互操作方法。

多样化数据采集能力：资源采集平台支持对表、文件、消息等多种数据的实时增量数据采集（使用 flume、消息队列、OGG 等技术）和批量数据分布式采集等能力（SQOOP、FTP VOER HDFS），比基于传统 ETL 性能有量级上的提升。

可视化快速配置能力：资源采集平台提供图形化的开发和维护界面，支持图形化拖拽式开发，免代码编写，降低采集难度，每配置一个数据接口耗时很短，以降低人工成本。

统一调度管控能力：资源采集平台能实现采集任务的统一调度，可支持 Hadoop 的多种技术组件（如 MapReduce、Spark、HIVE）、关系型数据库存储过程、shell 脚本等，支持多种调度策略（时间、接口通知、手工）。

（二）能力封装平台

能力封装平台是指资源技术支撑平台通过内部各平台的接口，经封装后对外提供统一、开放的服务能力。能力封装平台通过 Web Service、HTTP URL、HTML 标签等技术对外提供一致性的接口，同时还负责此类接口被调用时的安全性、可靠性的验证。

主要接口包括以下三种。①资源推送接口：支持资源在节点之间的推送，支持从国家中心向省级分中心（边缘服务器）推送对象资源。②网络监测接口：监测分发各种实时网络状态。③资源网络分布接口：实时掌握资源在平台网络的分布状况。

（三）业务平台层

资源技术支撑平台业务平台层主要包含资源共享系统、网络分发系统、业务管理系统三个系统。

（四）资源共享系统

资源共享系统包括资源管理、资源共享、资源建设、日志管理四个部分。

1. 资源管理

资源管理基于国际数字对象交换与重用标准协议（OAI-ORE），全面提升公共数字文化资源对象数据的定位与收割能力，推动公共数字文化资源语义相关呈现的发展。资源管理主要包括内容元数据管理、内容采编管理。①内容元数据管理：完成各种多媒体内容的模型和标签定义等功能，实现元数据库等数据库的管理、录入、导出。②内容采编管理：完成内容提供商提供内容的编辑、审核、关联等功能。

资源管理能够实现公共数字文化资源著录、审核、同步。国家中心节点的资源共享系统对省级节点资源共享系统提交的元数据进行审核，形成统一的元数据库，并在此基础上，形成统一目录。完成数字资源的分布式存储、统一著录、统一审核，形成规范的元数据库及统一目录库，规范数字资源的建设和管理，打破各地"文化孤岛"，实现资源的共建共享。

2. 资源共享

资源共享系统需要通过统一的接口，向网络分发系统、业务管理系统提供双向的交互，实现资源的合理调配、检索、使用统计，提升公共数字文化资源服务的质量。主要接口如下所示。

（1）著录任务接口。国家中心通过此接口下发著录任务给各省级中心。

（2）元数据上传接口。省级中心元数据可以上传到国家统一目录系统，接口采用 Web Service 形式。

（3）元数据审核接口。上传到国家中心的元数据需要审核，审核后，通过本接口将审核情况反馈通知省级中心。

（4）元数据的导入、导出接口。此接口专为资源著录工具使用，通过此接口可以导入著录工具生成的元数据描述 XML 文件，也可以导出文件给著录工具用。

（5）资源的导入接口。通过此接口可以从媒资系统里导入资源到资源库里。媒资系统导出的资源，除了资源实体文件外，还要按照本接口定义提供一个 XML 文件来描述资源。导入接口可以提供多种导入方案，如中间文件包形式、Web Service 接口形式等，以适应各地不同的资源系统。

（6）分发任务发布接口。资源共享系统形成的数字资源下发表单，指导网络分发系统的资源下发行为。

（7）鉴权认证接口。资源共享系统向业务管理系统中鉴权认证模块的工作人员接口，实现单点登录功能。

（8）统一目录服务接口。给应用导航、特色应用、定制应用（如手机 APP）以及共享应用提供资源访问服务，接口采用 Web Service 形式。

（9）资源使用统计接口。资源共享系统日志模块具备资源使用记录能力，即设计相应字段对使用情况进行记录。

（10）规范表单接口。此接口为实现全国共享的规范表单变更时，可做全网自动更新同步。

3. 资源建设

资源建设包括资源著录、资源发布、资源辅助加工等流程。各省通过所建的资源技术支撑平台，将数字资源最终同步到全国统一目录中，经审核后，供全国使用。

4. 日志管理

日志管理为资源技术支撑平台运营中相关平台提供的监测和管理，提供有效的业务监测、故障检测和定位手段，保障共享业务的顺利运营；业务质量监测主要应用于资源技术支撑平台质量的评估、质量问题的预警、故障的快速诊断和质量管理。

（五）内容分发系统

内容分发系统通过多媒体内容分发网络完成媒体内容在全国范围的

视频、音频、图片内容分发，采用分层、分布式部署的架构，包括核心节点、骨干节点、边缘节点三层架构，具体部署可按照用户规模，灵活选择。视频内容分发网络主要完成内容分发、媒体管理、内容路由、网络管理四个功能。①内容分发：负责整个资源技术支撑平台多媒体内容的调度分发。通过多种分发策略，保证绝大多数用户访问的内容都在多媒体内容分发网络的就近边缘节点；②媒体管理：负责对整个资源技术支撑平台的内容管理，通过注入、分发、删除流程，结合内容分发策略，保证用户关心的高热度内容尽可能地靠近用户；③内容路由：负责整个资源技术支撑平台的内容路由，通过负载均衡系统实现用户的就近性；④网络管理：负责整个资源技术支撑平台的流媒体播放和公共数字文化资源的传输控制。

为避开互联网上有可能影响数据传输速度和稳定性的瓶颈和环节，网络分发系统研发通过资源调度请求或资源调度策略，以及内容加速技术将全国各地分布式存储的数字资源进行统一、合理、高效的调度；通过对资源调配过程进行监控、统计，实现资源传输过程的质量控制；通过系统对外接口，实现网络分发系统软件与资源技术支撑平台其他软件的互相调用、协同工作，实现资源的跨地域、跨网络智能化快速传输，为各类网络终端用户和各类公共文化服务机构对数字资源的共享访问提供支持，建立便捷、高效的数字资源传输渠道。

（六）业务管理系统

业务管理系统包含的功能模块主要有：CP（内容提供商）管理、EPG 制作及管理、内容打包管理、内容发布管理、内容结算及运营统计分析等功能，其具体功能定义如下。

①CP（内容提供商）管理模块完成不同内容方的信息注册、管理、权限分配等功能；

②内容打包管理模块将 CP 提供的内容打包为服务，并可对多个 CP 提供的服务进行二次打包，对于服务的结算策略定义等进行管理；

③内容发布管理模块完成在本平台内已审核内容、服务等的发布、

上下线控制等，分发基于国际元数据标准收割协议（OAI-PMH），可推动公共数字文化资源全面共享和统一化管理；

④EPG 制作及管理模块完成 EPG 制作和管理，将节目的 EPG 模板和元数据下发至业务运营平台进行业务的展现；

⑤内容结算模块在本平台内进行内容交易的 CP 间的结算关系管理；

⑥运营统计分析模块根据资源技术支撑平台、业务运营平台提供的业务订购关系及访问记录进行业务运营数据的统计分析。实现对辅助服务数据、公共资源技术支撑平台的运行数据及用户数据的采集。将采集所得的数据存储到搭建好的大数据分析平台，由该平台完成对这些数据的存储、分析与处理等工作。然后，通过该大数据分析平台实现对资源技术支撑平台的评估优化（资源组织与优化和资源调度与优化等）与各种应用分析及决策（基于资源访问热度的分析统计、基于地区的资源访问类型分析统计、基于时间段的资源访问分析统计及其他各种分析应用等）工作。最后，资源技术支撑平台通过公共数字文化资源个性化推荐系统，通过对用户行为的分析，可以根据用户的兴趣等来实现个性化推荐。

（七）应用示范层

本项目应用示范产品展现的形式表现为网站、应用 APP/APK 等，充分展示了公共数字文化的辐射力和影响力。

第一，资源技术支撑平台充分利用新媒体技术，实现了"随时、随地、随身"的数字阅读服务，以手机、电脑、Pad 等终端为载体，24 小时提供海量信息和数字文化服务，同时用户通过智能终端也同步实现数字文化内容的共享。

第二，资源技术支撑平台提供的服务形式多样化，形成了融汇知识服务、艺术欣赏、文化传播、交流互动为一体，涵盖数字阅读、影视欣赏、艺术鉴赏、文艺辅导、文化兴趣、社区交互、资源展示、场馆虚拟、数据共享、活动预告等数字文化服务版块。

第三，资源技术支撑平台以移动互联网为重点，充分利用传统的门户网站、论坛、社区、微博、微信、QQ群、短信等渠道进行线上推广，实现数字资源的整合汇聚与统一服务，有效拓展了公共数字文化的传播空间，提高了公共数字文化的辐射力与影响力。

第二节　共享服务标准规范

公共文化服务的均等化、标准化，受地方经济发展平衡性、政府重视程度、财政支持力度、公众文化参与度等因素影响，并遵循最低标准原则、附加性原则、多样性原则、需求导向原则和可行性原则。同时，很多地区在公共数字文化服务过程中存在重视硬件忽视软件、重视设施建设忽视数据建设、重视新建忽视原有设备利用率的状况。本著作以受众的需求为导向，通过对相关技术的突破和创新，建立起满足公共数字文化服务需求的技术平台，实现公共数字文化共享服务的目标。地域、文化、经济等的差异会对公共文化机构之间的服务协作和资源共享造成影响，并且由于目前全国在公共数字文化服务方面尚无体系化的标准规范，各地的公共数字文化建设标准不一，服务效率不高，亟须通过建立统一的标准规范，来保证社会公众能够均等地享受公共文化服务。

一　资源组织标准规范

制定规范是为了实现资源共享，解决不同角色、不同层面、不同数据间的互操作问题，在此过程中，我们研究了相关的数据挖掘交互协议、认证授权机制等互操作交互机制，并建立相应的互操作接口协议和规范，从而搭建起不同的平台体系架构和技术支撑需求，实现系统的有效互动，改善服务系统的兼容性、扩展性和协同性。同时，解决好海量资源的广泛分发对资源的组织管理（如线上与线下的资源分类、版权期限管理等）、审核发布等提出的最新要求以及针对应用系统制定鉴权与认证规范，规避因规范的缺失而可能导致的问题，提升用户的服务体验。

本著作研究形成了公共数字文化服务标准规范体系,涉及数字资源、大数据、技术平台、管理服务几个层面,能够很好地涵盖数字文化馆建设中需要规范的内容和范畴。

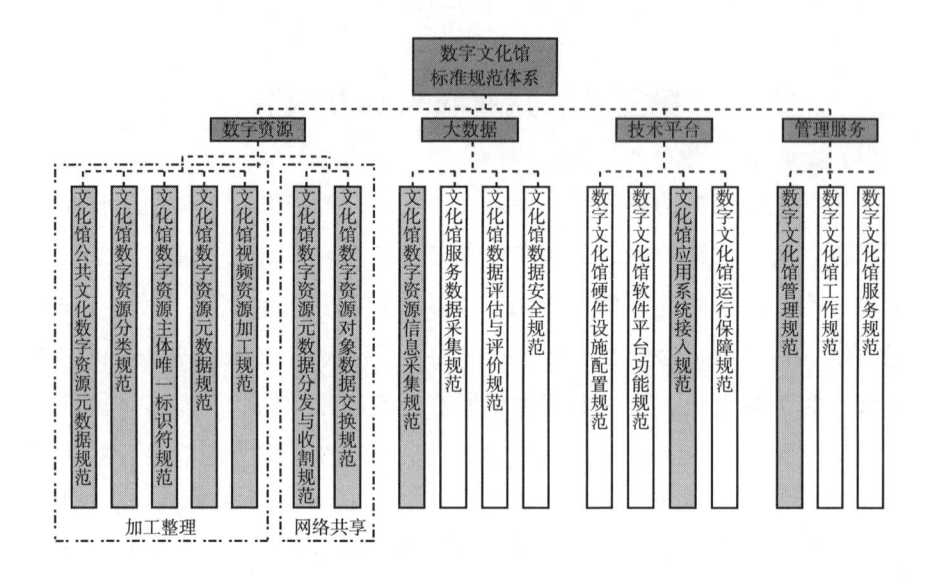

图 5-3 公共数字文化服务标准规范体系

本项目同时编制公共数字文化相关 10 项标准规范草案,主要包括:《文化馆公共文化数字资源元数据规范》《文化馆数字资源分类规范》《文化馆数字资源主体唯一标识符规范》《文化馆数字资源元数据规范》《文化馆视频资源加工规范》《文化馆数字资源元数据分发与收割规范》《文化馆数字资源对象数据交换规范》《文化馆数字资源信息采集规范》《文化馆应用系统接入规范》《数字文化馆管理规范》。

二 资源加工标准规范

(一) 视频数据标准

视频资源是文化馆数字资源的重要组成。在新兴网络技术和新媒体技术快速发展的背景下,规范文化馆视频资源加工格式和流程,可以保证将有限的存储空间用于高质量资源，节省 IT 设备开支，有助于各文化馆之间视频资源的互换，提高整个文化馆体系的资源利用率，提升整体服务能力。

国外针对公共文化数字资源整合开展的研究范围较广泛全面，包括资源建设、组织、获取、保存、服务及数字资源生命周期管理，但在视频资源加工规范方面缺乏行业或国家标准。我国图书馆行业的数字资源规范体系已经比较完备，对图书馆视频数据加工和操作有明确的规范要求。但针对文化馆行业特点及资源应用特点的视频资源加工格式及操作过程尚没有建立标准规范。

针对本项任务，通过调研，明确界定研究的问题域，包括数字资源类型（重点是视频资源）、用户类型、终端类型，结合国际国内标准，制订数字资源的加工标准规范，规定了文化馆视频资源的级别划分原则、加工流程约束、格式约束及命名规则。主要适用于各级文化馆模拟视频及数字视频的采集、编码转换、编辑以及发布，也可供从事相关业务的单位参考使用。

（二）线性标准

1. 编辑保存级

编辑保存级的数字视频资源主要用于编辑和长期保存，也可作为格式转换和复制的母本，具有互操作性强、使用广泛、质量高的特点，因此推荐采用 MXF 封装的 JPEG2000 无损压缩编码作为一级标准，也可在存储和应用成本有限的情况下使用 MP4 封装的 H. 264 编码作为二级替代标准。根据不同存储和应用成本推荐的规格参数，如表 5-1 和表 5-2 所示。

表 5-1 编辑保存级视频资源一级加工标准和格式体系

存储与应用级别	主要编码参数			
	视频分辨率	视频帧速(fps)	视频编码	封装格式	音频编码
一级	与视频源保持一致	与视频源保持一致	JPEG 2000（整数 5/3 小波变换）	MXF(OP1a)	LPCM

表 5–2　编辑保存级视频资料二级加工标准和格式体系

存储与应用级别	主要编码参数							音频编码
	视频分辨率	视频帧速（fps）	视频比特率（kbps）	音频比特率（kbps）	视频编码	封装格式	
二级	720×576（PAL）	25/30	3000	384	H.264（Hi422P@Level3.1 gop=25, ref=8, crf=188 比特量化）	MP4	AAC, 立体声, 48kHz, 16bit 量化
	1920×1080（HDTV）		15000		H.264（Hi422P@Level4.2 gop=25, ref=8, crf=188 比特量化）		

注：若视频源参数不同于表中所列，则应保持其各项参数不变，以避免上下变换、重采样等影响编辑保存级资源的质量，从而做到最大限度地无损转换与编码压缩，同时视音频比特率也应相应变化，在存储与应用成本允许的情况下就高不就低；推荐使用 x264 编码器进行 H.264 的视频编码。

2. 发布服务级

根据视频源质量将原始资源分为两类，第一类为高清视频资源，这类视频资源的画面宽高比一般为 16∶9，多由广播级高清摄像机拍摄形成，介质多为存储卡、数字视频光盘和高清磁带；第二类为非高清视频资源，这类视频资源的画面宽高比一般为 4∶3，来源和介质多种多样。

发布服务级的数字视频资源主要用于检索、浏览、下载等服务，根据具体用途和使用对象的不同又可分为以下 3 个级别。①高级：多用于投影仪、计算机、移动播放器、共享机、非编设备以及电子政务外网（或硬盘方式）下发。②中级：多用于局域网、卫星广播及投包、卫星播发以及政务外网（或硬盘方式）下发。③低级：多用于互联网访问。

综上，根据不同视频源质量、使用目的和应用场景推荐的规格参数，如表 5–3 所示。

表5–3　发布服务级视频资源加工标准和格式体系

画面宽高比	应用级别	视频分辨率	视频帧速(fps)	视频比特率(kbps)	音频比特率(kbps)	封装格式	视频编码	音频编码
16:9	高级	1280×720(720P)	25/30	3200	256	MP4或F4V	H.264（HiP @ Level3.1, gop = 25, ref = 5, 8 比特量化, 4:2:0 取样结构）	AAC, 48kHz, 立体声, 16bit 量化
16:9	中级	854×480(FWVGA)	25/30	1400	128	MP4或F4V	H.264（HiP @ Level3, gop = 25, ref = 3, 8 比特量化, 4:2:0 取样结构）	AAC, 44.1kHz, 立体声, 16bit 量化
16:9	低级	640×360(nHD)	25/30	800	128	MP4或F4V	H.264（HiP @ Level3, gop = 25, ref = 3, 8 比特量化, 4:2:0 取样结构）	AAC, 44.1kHz, 立体声, 16bit 量化
4:3	高级	720×576(PAL)	25/30	1500	128	MP4或F4V	H.264（HiP @ Level3.1, gop = 25, ref = 5, 8 比特量化, 4:2:0 取样结构）	AAC, 48kHz, 立体声, 16bit 量化
4:3	中级	640×480(VGA)	25/30	1000	128	MP4或F4V	H.264（HiP @ Level3, gop = 25, ref = 3, 8 比特量化, 4:2:0 取样结构）	AAC, 44.1kHz, 立体声, 16bit 量化
4:3	低级	640×480(VGA)	25/30	1000	128	MP4或F4V	H.264（HiP @ Level3, gop = 25, ref = 3, 8 比特量化, 4:2:0 取样结构）	AAC, 44.1kHz, 立体声, 16bit 量化

注：帧速以视频源帧速为上限，并且以忠于视频源帧速为最优；若资料源音频为单声道，则不必加工为立体声；若非高清视频源的分辨率低于 VGA 级别，则以其原分辨率作为各应用级别的分辨率；建议根据视频源内容决定使用可变码率或固定码率；本表所推荐的加工标准与格式体系同样适用于移动设备访问；推荐使用 x264 编码器进行 H.264 的视频编码。

（三）讲座数据标准

表5–4　H.264 音频编解码要求

参数项目	参数值	备注
音频编码 codec	MPEG – 1 Layer2	
	MPEG – 1 Layer3	
	MPEG – 2 LC AAC	

续表

参数项目	参数值	备注
采样频率范围	32KHz,44.1KHz,48KHz	
	96KHz	
支持音频编码速率范围	32Kbps～384Kbps	
声道数	支持 1/2	
多音轨	支持	如果存在中文音轨,第一路必须是中文音轨编码。
封装格式	MP3 WMV	

(四) 文本数据标准

文章标题:(宋体(方正小标宋),二号,加粗,单倍行距,居中)。

一级标题:2号字,加粗,固定值26P。

二级标题:3号字,固定值26P。

三级标题:3号字,固定值26P。

四级标题:3号字,固定值26P。

五级标题:3号字,固定值26P。

正文:3号字体,固定值25P。

正文:(表格内文字)小4号,固定值15P。

Word 格式。

(五) 图片数据标准

平台提交的各种静态图片格式应为 PNG 或 JPG 格式。

对于静态图片,原则上应在保持较高的图形细节基础上尽量减少图片文件大小。考虑到用户流畅浏览的要求,如无特殊需要,静态图片直接在页面展示时分辨率应小于等于 1024×768,图片文件大小应小于 1M(1024K)字节。JPG 格式图片的压缩比应为 85 左右,最高不应超过 95。PNG 格式图片应为 8bit 带 alpha 通道格式。

三　资源交换标准规范

文化馆数字化资源建设对于消除数字鸿沟、满足人民群众不断增长的精神文化需求、提高全民族文明素质、构建社会主义核心价值体系具有重要意义。当前，国外已经有通过对元数据类型的标准描述来达到工具和知识库之间的数据共享。而国内也有一些标准规范用以描述在对象分析和设计领域中的元数据互操作，但是，当下国内外均未对文化馆相关数字资源对象数据交换进行有关规范。鉴于文化馆相关数字资源对象数据的特异性，需要制定相关数字资源对象数据的交换规范，以规范馆与馆之间的对象数据传输。

本标准的制定主要是为了在分布式异构环境中，将互联网上的音视频及图文资源进行统一定义、管理，并最终为用户提供检索、浏览、在线播放等服务，使应用程序开发生存周期工具之间的对象数据易于交换，从而促进公共文化资源的开放式共享。标准主要对文化馆数字化建设中对象数据资源交换的基本方法和准则进行规范，以便于文化馆数字化建设中馆间对对象数据资源进行交换。

四　资源管理标准规范

在"互联网+"时代，文化馆亟须融入公共数字文化服务体系，应用数字化技术与手段，构建文化馆数字化服务渠道与模式，提升文化馆全民艺术普及服务效能。加强数字文化馆管理，可以为各级数字文化馆建设与使用提供准则与指导，为数字文化馆的高效运转提供保障，提高数字文化馆建设及使用的投入产出率，是文化馆有序推动数字化建设、提高数字文化服务能力的客观需要。

在西方发达国家，各文化馆（文化艺术中心）主要由社会力量组织建设，服务范围及模式的差异性较大。与图书馆、博物馆等公共文化机构相比，文化馆（文化艺术中心）缺少如图书馆协会、博物馆协会等约束性组织的指导，缺乏规范化管理措施和手段，各文化馆（文化艺术中心）的数字化建设及服务水平参差不齐，影响了文化馆（文化艺术中心）公共文化服务的均等性。鉴于我国数字文化馆的管理体系尚不完善，各试点数字文化馆的服务能力存在一定差距。

标准主要规定了各级数字文化馆职责，以及数字文化馆数字资源管理、数字服务管理、人员配置、IT基础设施管理、志愿服务管理和安全管理的基本方法和准则。标准适用于县及县级以上文化馆的管理，街道（乡镇）综合文化服务中心、社区（村）文化中心等也可参照使用，对公共数字文化服务体系的服务能力配置、整体服务效能优化等能够产生积极影响，对我国数字文化馆管理体系也能够形成有益补充，会推动我国文化馆数字文化服务能力的有序提升。

第六章　公共数字文化资源共享关键技术

基于已制定的标准规范，本著作实现了不同公共文化主体的、不同类型资源的采集、聚合、组织和制作，在资源管理与使用上实现了资源的统一协调、组织与应用，形成了新的公共数字资源共享服务机制。

资源聚合方面，梳理整合了文化共享工程、图书馆、文化馆、美术馆、博物馆等公共文化机构以及互联网个人用户的资源，构建了资源仓储。

资源加工转换方面，通过平台系统接口对接、离线和在线编目等手段，解决了资源码流转码、资源元数据编目加工以及异构元数据的转换互通加载，打破了资源共享壁垒，形成了全国资源统一目录库。

资源调度方面，针对全国资源统一目录库，通过资源应用场景、来源、内容等多个维度进行资源分类组织呈现，并整合了目录库文字查询以及图片、视频等高级检索功能。

网络分发方面，通过资源应用细粒度分类进行资源服务，通过用户行为数据分析进行群体推荐和个性推荐，从而优化了资源服务效能。

第一节　资源采集关键技术

资源采集平台实现公共数字文化资源采集，平台的公共数字文化资源元数据收割方法基于国际元数据标准收割协议（OAI – PMH），为公共数字文化资源全面共享和统一化管理提出了对象数据的实际互操作方法。

资源采集平台提供多样化数据采集能力：支持对表、文件、消息等多种数据的实时增量数据采集（使用 flume、消息队列、OGG 等技术）；和批量数据分布式采集等（SQOOP、FTP VOER HDFS），比基于传统 ETL 性能有量级上的提升。

资源采集平台采用可视化快速配置能力：提供图形化的开发和维护界面，支持图形化拖拽式开发，免代码编写，降低采集难度，每配置一个数据接口耗时很短，以降低人工成本。

资源采集平台具备统一调度管控能力：实现采集任务的统一调度，可支持 Hadoop 的多种技术组件（如 MapReduce、Spark、HIVE）、关系型数据库存储过程、shell 脚本等，支持多种调度策略（时间/接口通知/手工）。

第二节　资源聚合关键技术

资源聚合即资源收割，中心收割地方，收割的对象是已经在分中心审核通过的资源。收割的条件可以是多个地区和时间段的组合收割。收割的目的是实现建立全国统一的云目录库，在资源管理列表可查与阅览。

任务要求进行公共数字文化资源聚合、组织和制作，这就需要将来自全国分散的、孤立的数字文化建设、公共文化机构的文化资源，利用现代信息技术连点成线、连线成网，形成纵横交错、脉络贯通的公共文化服务网络，建立资源的有效建设和便捷管理系统，形成全国公共文化数字资源的统一目录，提供统一导航，打通数字资源的共享通道，从而实现公共数字文化资源的智能调控及传输控制。具体而言，就是对公共数字文化共享资源进行聚合、整理和制作，梳理加载文本、图片、视频、音频、多媒体资源库等各类数字文化资源。同时对已有

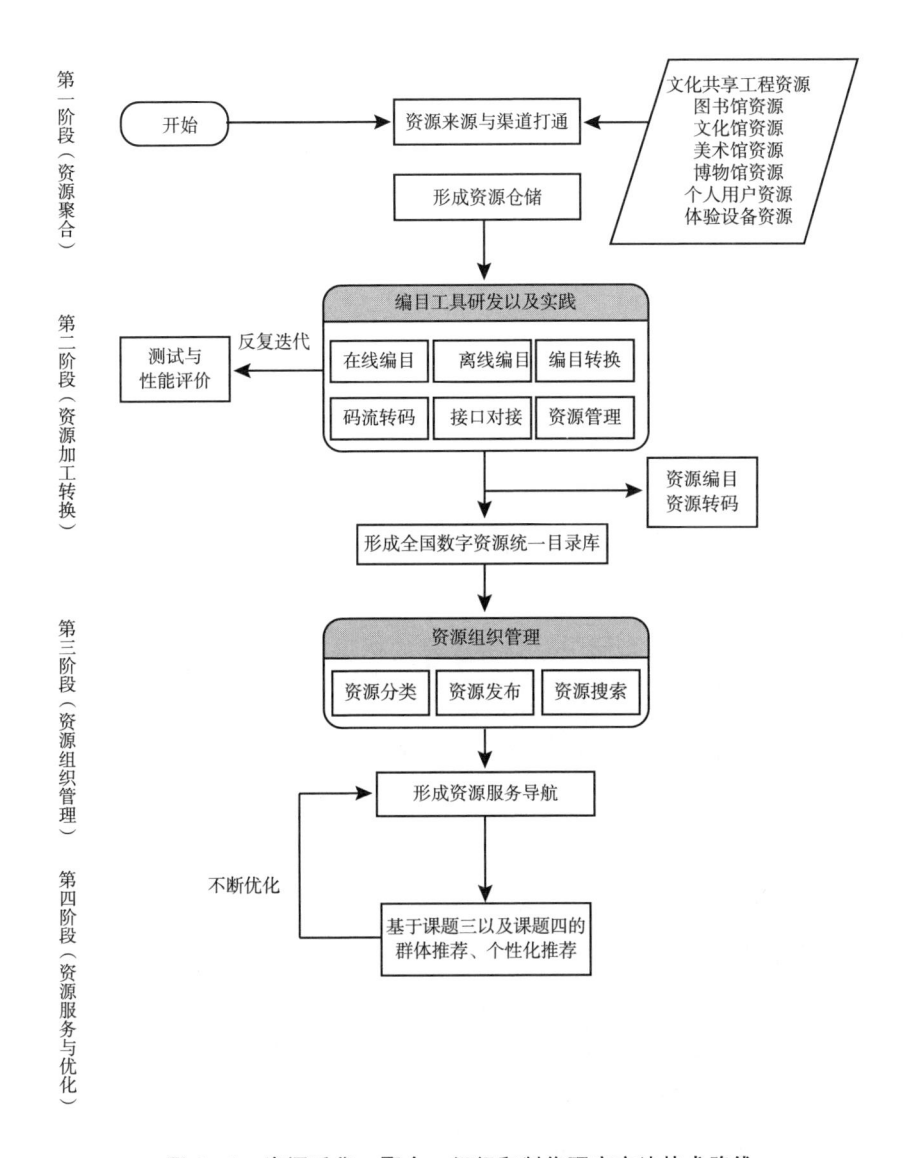

图 6-1　资源采集、聚合、组织和制作研究方法技术路线

海量的公共数字文化资源进行聚合、组织，根据数据整合和互操作标准体系和规范，对资源进行科学梳理、规范、编目、转码和分类归档，并制作专门的编目工具进行资源的组织整合，并开发符合公共数字文化资源标准的互动专题资源，保证资源的互联互动，以实现充分有效利用。

平台采用集中控制的方式来进行资源传输，所有资源传输请求都是通过分发系统来实现的。资源传输支持断点续传、多线程下载特性。资源的聚合采用都柏林核心数据集 OAI 协议。

（1）OAI–PMH 请求

OAI–PMH 架构在 HTTP 协议之上，每一个 OAI 请求都必须包括一个名为 verb ="OAI 命令"的参数。OAI–PMH 协议规定总共有六个命令。

①GetRecord

得到一个单独的记录/元数据。

②Identify

得到关于仓储的信息，包括管理、标识、社团的专门信息。

③ListIdentifiers

要求得到可以从仓储中查到的记录的标识符。

④ListMetadataFormats

查询仓储或一条特定记录支持的元数据格式。

⑤ListRecords

从仓储得到记录。

⑥ListSets

得到仓储的集结构。

（2）元数据集 XSD 基本格式定义

＜schema xmlns ="http://www.w3.org/2000/10/XMLSchema"

xmlns：gx ="http://ip/gx/elements/1.1/"

targetNamespace ="http://ip/gx/elements/1.1/"

elementFormDefault ="qualified"

attributeFormDefault ="unqualified"＞

＜annotation＞

＜documentation＞

Schema for 资源元数据格式

＜/documentation＞

</annotation >

< element name = "dc" type = "gx：ziyuangongxiangType" / >

< complexType name = "ziyuangongxiangType" >

< choice minOccurs = "0" maxOccurs = "unbounded" >

< element name = "题名" type = "string" / >

< element name = "作者" type = "string" / >

<……其他元素参照元数据 XML 格式…. >

< /choice >

< /complexType >

< /schema >

（3）资源收割程序开发

本系统采用联机计算机图书馆中心（OCLC）推出的资源收割开发框架。

①OAICat

OAICat 是一个 Java Servlet Web 应用，提供了符合 OAI – PMH2.0 协议的仓储框架。

②OAIHarvester2

OAIHarvester2 是一个 Java 应用，提供了符合 OAI – PMH1.0 和 OAI – PMH2.0 协议的资源收割框架。

（4）资源收割策略

通过批处理，系统在夜间 3 点（暂定），收割前一天 24 小时内审核通过的分中心数据。

元数据收割与分发是实现资源整合、跨库检索、学科信息门户建立、个性化服务等领域的核心技术。

OAI – PMH（Open Archives Initiative Protocol for Metadata Harvesting）协议是实现元数据收割与分发的国际标准协议，起源于学术期刊的互操作需求，在国外已经有了广泛的应用。比如美国 NDLTD［网络博硕士学位论文数字图书馆］，在 OAI – PMH 协议基础之上，建立旨在支持全球范围内电子论文的创作、标引、存储、传播与检索的数字图书馆，目前在 NDLTD 联盟中共有 190 余个大学节点和 20 余个研究机构，共 220 个正式成员。在国内，清华大学、北京大学联合上海交通大学，利用 OAI–PMH 协议，集成了三家异构分布的数字图书馆元数据，构建了基于因特网的中华古文化数字图书馆，是国内利用 OAI 构建分布式数字图书馆的首次成功尝试。

第三节　资源调度关键技术

资源调度即资源分发，中心节点能够按照即时或延时两种策略进行资源分发，并能查看到任务的状态、执行的方式和分发的资源列表。资源分发能够按照关键字或时间进行检索。

其核心点为负责对 GSLB/SLB（全局负载均衡/区域负载均衡）调度信息进行管理，调度信息包含调度策略、内容分布、节点负载等。主要包括资源请求、资源收割、资源访问调度、资源调度策略制定、资源推送等核心业务功能，同时也包含了资源就近导航、负载均衡等基础功能。

资源调度必须保证一个原则：实体资源到，资源分布目录更新。内容分发需进行次数检测，流程如下。

推送完成后需更新各节点的资源分布目录，本系统的资源目录入口 WebService 接口如下：https：//ip/addSynResourceDistribute. asmx？wsdl。

（1）定义

Public booleanaddSynResourceDistribute（String nodeCode, List < ResourceDistribute > resourceDisList）；

（2）参数

参数	说明
nodeCode	网络分发系统分发任务发起者节点 Code，用于认证
resourceDisList	网络分发系统新增资源分布目录集

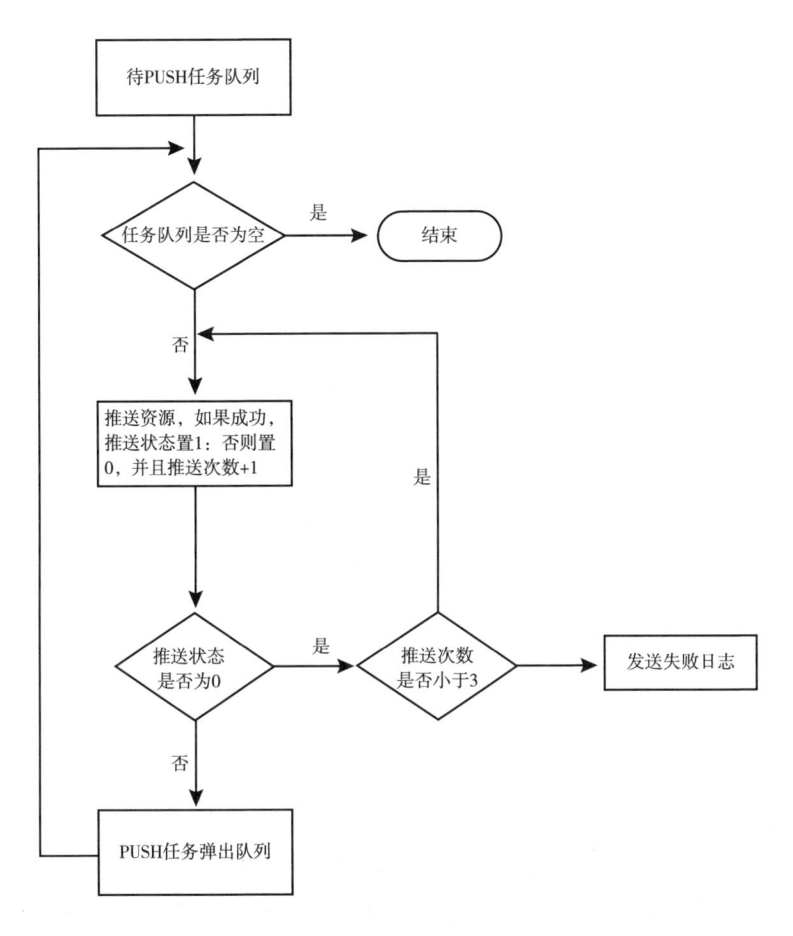

图 6-2　资源调度流程

（3）返回值

true：表示执行成功。false：表示执行失败。

如若细化录入失败缘由，可修改本接口返回类型，并规范定义返回值含义。

（4）接口业务原则

因资源分布目录的调整需递归向上级更新，且需保证数据的一致性，故必须实现基于 WebService 接口的事务处理。在调用本接口时，必须先同步资源目录。

第四节　网络分发关键技术

文化资源类型丰富，有大量的音视频数据，为避开互联网上有可能影响数据传输速度和稳定性的瓶颈和环节，网络分发系统研发将通过资源调度请求或资源调度策略，以及内容加速技术将全国各地分布式存储的数字资源进行统一、合理、高效的调度；通过对资源调配过程进行监控、统计，实现资源传输过程的质量控制；通过系统对外接口，实现网络分发系统软件与公共文化数字支撑平台其他软件的互相调用、协同工作。实现资源的跨地域、跨网络智能化快速传输，为各类网络终端用户和各类公共文化服务机构对数字资源的共享访问提供支持，建立便捷、高效的数字资源传输渠道。

第五节　线上线下应用关键技术

公共数字文化的线下体验是我国现代公共文化服务与传播的重要环节，也是极具吸引力和创新力的公共数字文化共享服务。其中，基于人机交互的真三维体验技术是需要重点进行突破的关键技术。不同功能体验样机的研制是将该技术由抽象到具象的转换载体，利用体感捕捉和三维扫描获得人机交互的三维模型，将体验者的三维模型实时地嵌入体验环节中。

资源技术支撑平台已研制多套舞蹈体验样机，舞蹈体验样机支持舞蹈演示、教学、创作、虚拟演出，虚拟舞美场景不少于 10 款，舞蹈动作三维骨骼建模仿真度不小于 80%，体感跟随响应速度不大于 0.1 秒，动作抓取响应速度不大于 0.1 秒。

资源技术支撑平台也研制了多套书法体验样机，书法体验样机支持磨墨、铺纸、蘸墨、书写步骤，支持书法内容的输入、保存、美化、共享、发送、打印，名家作品数据库不少于 5 个，字体数据库不少于 7

种,书写响应速度不大于 0.02 秒,采样率不小于 60PT/S,90% 的触摸区域内触摸精度不大于 2 毫米。

第六节 资源共享成果展示

本项目与图书馆、文化馆、博物馆、美术馆(图文博美)等公共文化机构取得联系,协调完成了各类资源的分类、梳理与聚合(见表 6-1)。公共数字文化资源采集主要从文化共享工程、图文博美等公共文化机构以及用户上传三个渠道进行。目前从文化共享工程采集资源 3061 条,从文化馆、图书馆、博物馆、美术馆等公共文化机构采集资源 7740 条,用户上传资源共 534 条,总计 11335 条资源、共 8.2TB。其中图片有 6392 张、文本 240 本、音频 424 条、视频 4275 个、多媒体资源库 4 个,资源涵盖非遗、歌舞、电影、戏曲等 40 余项分类。资源加工转换共 11335 条,资源服务呈现共 11335 条。

表 6-1 公共数字文化资源加载情况一览

序号	类型	提供单位	资源类型	资源数量(条)	资源容量(GB)	资源内容
1	图书馆	国家图书馆	图片	2005	0.45	国家图书馆收藏的民国老照片,资源记录了过去的社会事件、历史人物、城乡面貌、名胜古迹和建筑服饰等
		国家图书馆	文本	232	3.74	国家图书馆收藏的图书资源库,民国文献资料,集中反映了中国近代的政治、经济、文化、教育、社会、历史概况,军事文献、民国抗日将领和其他民国人物的文献等
		首都图书馆	视频	332	717.51	北京特色的文化历史、文物、养生、育儿等视频资料
		南京图书馆	视频	302	75.10	江苏省重点不可移动文物的视频资料
		南京图书馆	多媒体资源库	1	91.23	江苏省不可移动文物的视频资料
	小计	—	—	2872	888.02	—

续表

序号	类型	提供单位	资源类型	资源数量（条）	资源容量（GB）	资源内容
2	文化馆	苏州文化馆	视频	336	82.45	苏州地方文化特色展演，昆曲、越剧、锡剧、舞蹈等视频
		重庆北碚文化馆	图片	430	1.76	重庆北碚区非遗图典、烙画、雕刻剪纸、儿童线描画等图片
			视频	116	131.00	重庆北碚区两江艺术团演出、北碚区文艺汇演、北碚区非遗、少儿舞蹈、广场舞的视频资料
			文本	8	0.46	重庆北碚区物质文化遗产名录、北碚区文化馆《民众艺苑》、北泉歌声等文献
			音频	7	0.05	重庆北碚区地方特色歌曲，其中包括《北碚美》《北碚情》《北碚传奇》等音频资料
		马鞍山文化馆	视频	106	154.00	马鞍山地区文化会演，其中包括《群英汇·马鞍山专场》《六一调演》《江南之花》《浣江八市小品大赛》等视频资料
	小计	—	—	1003	369.73	
3	美术馆	中国美术馆	图片	1127	6.24	中国美术馆馆藏的近现代名家的绘画、书法、篆刻、雕塑、工艺美术、民间美术、摄影、现代装置等图片
		苏州美术馆	视频	25	8.05	江苏省及苏州当地特色的昆剧、昆曲曲目视频，如《牡丹亭》《长生殿》等
	小计	—	—	1152	14.29	—
4	博物馆	国家博物馆	图片	500	0.25	国家博物馆馆藏的中国文物瓷器、骨角、考古发掘、钱币、铜器、玉器等文物图片资料
		江苏省文物局	图片	2213	0.71	江苏地区1840年鸦片战争到1949年新中国成立这段时期的图片资料
	小计	—	—	2713	0.97	—
5	个人上传	个人上传	图片	117	0.16	全国各地区群众书法、绘画、摄影作品照片
			音频	417	1.13	全国各地区人民群众歌曲作品
	小计	—	—	534	1.29	—

续表

序号	类型	提供单位	资源类型	资源数量（条）	资源容量（GB）	资源内容
6	文化共享工程	发展中心	视频	713	1533.00	绘画、音乐、舞蹈、戏曲、手工艺、课辅等普适性文化视频资源
			多媒体资源库	3	538.28	大众美育馆、心声音频馆、社区文化生活馆
		北京分中心	视频	1028	2210.00	北京地区地方特色文化资源
		江苏分中心	视频	202	449.02	江苏地区地方特色文化资源
		福建分中心	视频	665	1430.00	福建地区地方特色文化资源
		重庆分中心	视频	450	967.00	重庆地区地方特色文化资源
	小计	—	—	3061	7127.30	
合计		—	—	11335	8401.60	

其中，文化共享工程资源从发展中心本级采集资源716条，主要是绘画、音乐、舞蹈、戏曲、手工艺、课辅等普适性文化视频资源以及大众美育馆、心声音频馆、社区文化生活馆；从北京、江苏、福建、重庆四个文化共享工程省级分中心采集资源2345条，主要内容为相应地区地方特色文化资源。

从文图博美等公共文化机构采集的资源（见表6-2），包括国家图书馆资源2237条，主要内容为纪实摄影、老照片、人文社科图书、历史读物等；首都图书馆资源332条，主要是北京特色的文化历史、文物、养生、育儿等视频资源；南京图书馆资源303条，主要是江苏省重点不可移动文物的视频资源；苏州市文化馆资源336条，主要是苏州地方文化特色展演，昆曲、越剧、锡剧、舞蹈等视频资源；重庆市北碚文化馆资源561条，主要是重庆北碚区非遗图典、烙画、雕刻剪纸、儿童线描画等图片资源，以及两江艺术团演出、北碚区文艺汇演、北碚区非遗、少儿舞蹈、广场舞的视频资源，北碚区物质文化遗产名录、北碚区文化馆《民众艺苑》、北泉歌声等文献资源，以及北碚区地方特色歌曲，其中包换《北碚美》《北碚情》《北碚传奇》等音频资源；马鞍山文化馆资源106条，主要内容为马鞍山地区文化会演，其中包括《群英汇·马鞍山专场》《六一调演》《江南之花》《浣江八市小品大赛》等视频资源；中国美术馆资源1127条，主要是中国美术馆馆藏的近现代名家的绘画、书法、篆刻、雕塑、工艺美术、民间美术、摄影、现代装置等图片资源；苏州美术馆资源25条，主要是江苏省及苏州当地特色的昆剧、昆曲曲目视频如《牡丹亭》《长生殿》等视频资源；国家博物馆资源500条，主要是国家博物馆馆藏的中国文物瓷器、骨角、考古发掘、钱币、铜器、玉器等文物图片资料；江苏省文物局资源2213条，主要是江苏地区1840年鸦片战争到1949年新中国成立这段时期的图片资料。

表6-2 公共文化机构资源加载类型统计

序号	机构	提供单位	内容类别	资源数量(条)
1	图书馆	南京图书馆	江苏不可移动文物	302
		国家图书馆	人文社科	222
			历史读物	10
			纪实摄影	879
			老照片	1126
	小　计	—	—	2539
2	文化馆	重庆北碚文化馆	非遗文化	6
			歌舞表演	7
			艺术作品	6
			文艺演出	11
			民间舞蹈	14
			魅力重庆	28
			小荷风采	15
			儿童线描画	141
			北泉歌声	5
			民众艺苑	2
			摄影作品	79
			非遗图典	135
			烙画图	16
			其他	59

续表

序号	机构	提供单位	内容类别	资源数量(条)
		苏州文化馆	电影天地	33
			昆剧	12
			评弹	22
			戏剧	6
			苏博论坛	16
			苏州大讲坛	24
			广场舞	9
			明显舞台	72
			少儿艺术节	28
			吴地非遗	5
			舞蹈	6
			小品	1
	小计	—	—	758
3	美术馆	苏州美术馆	繁星奖	25
		中国美术馆	纪实摄影	1127
	小计	—		1152
4	博物馆	中国博物馆	骨角	21
			金属	27
			彩釉	30
			钱币	211
			铜器	50
			玉器	50
			瓷器	51
			其他	60
		江苏省文物局	近代图库	2000
			少儿作品	213
	小计	—	—	2713
合计		—	—	7162

个人上传资源则主要是全国各地区群众书法、绘画、摄影作品等图片资源以及歌曲作品等音频资源。

同时，制作了书法、舞蹈互动资源 Flash 网页，适用于电脑、手机、一体机等体验设备，可供用户在各种平台上进行无障碍体验和浏览学习。

第七章　公共数字文化资源服务关键技术

第一节　资源检索关键技术

资源技术支撑平台能针对视频数据结构化、全局/局部/运动特征提取、局部特征的视觉单词量化、相似度匹配、特征融合及特征降维、视频片段匹配、高维索引、相关反馈，并结合用户反馈的语义信息库自动生成，以及结合文本和底层视觉特征的图像检索等技术相关的最新文献进行查阅，从而提供更为高效的算法，来提高检索的准确率和检索速度。

（1）资源技术支撑平台采用的图像/视频检索高维索引支持基于欧式距离和街区距离相似度匹配查询，针对典型图像/视频库的主要标准特征集，要求街区距离查询时的平均特征访问数目不大于总特征数目的5%，欧氏距离查询时的平均特征访问数目不大于总特征数目的15%。

（2）资源技术支撑平台搭建基于内容的图像/视频检索系统，该系统主要由三大部分组成。①构建底层视觉特征库：对原始图像/视频库进行全局/局部视觉特征以及视频运动特征提取，形成底层特征库。②用户查询检索：用户进行查询输入，检索系统对输入的查询进行判断，若输入的是文本描述信息，提取该文本描述信息中的关键字，进行基于文本的图像/视频检索；若输入的是查询示例图像（或视频），提取该查询图像的全局或局部视觉特征（或对视频进行结构化分析，提取该镜头关键帧的全局或局部静态视觉特征以及视频运动特征），进行特征融合及降维，再借助高维索引技术进行底层特征的相似度匹配检索；并将检索结果返回给用户；用户可对检索结果进行反馈交互，通过相关反馈技术，再次进行检索，提高检索精度；该反馈过程可多次进行。③形成语义信息库：系统对用户的相关反馈信息、输入的文本描述信息以及底层视觉特征进行学习，自动构建语义信息库，该语义信息库随着检索系统的不断使用，逐步得到更新和完善。

一　技术思路

本项目构建了公共文化知识图谱，用于支撑个性化推荐系统。公共文化知识图谱的数据以百度百科为基础，使用机器学习方法抽取知识和补全知识图谱。公共文化知识图谱由公共文化实体、实体属性、公共文化实体关系构成。公共文化知识图谱的文化实体数量达到6000余项。

二　核心算法

公共文化知识图谱模块通过分析和挖掘辅助服务数据中的百度百科数据中文化类词条的结构化数据进行构建，即 Infobox 中的数据，因为该类数据比半结构化和非结构化数据干净、可信度高且易于处理。公共文化知识图谱构建流程如图 7-1 所示，读取百科数据，通过与本著作预先构建的停用词表进行匹配，进行数据清洗，消除与公共文化不相关的数据。

本项目的公共文化领域专家和知识工程师构建的公共文化知识模板包括一组公共文化本体模型。公共文化本体模型定义了知识图谱数据模型及用以描述公共文化领域的词汇体系，规范结构化数据的表达。公共文化本体模型包含公共文化概念模型，用于定义公共文化领域的抽象概念；概念层次关系模型定义了公共文化概念之间的层次关系。

公共文化知识图谱的基本元素是公共文化实体、实体属性和实体关系。公共文化知识抽取包括公共文化实体识别、文化实体属性抽取和文化实体关系抽取。公共文化实体以百度百科的词条为主，实体属性即词条的结构化属性数据、实体之间的关系以词条属性中的实体链接来确定。在此基础上，根据公共文化本体对公共文化实体进行文化概念的归类和

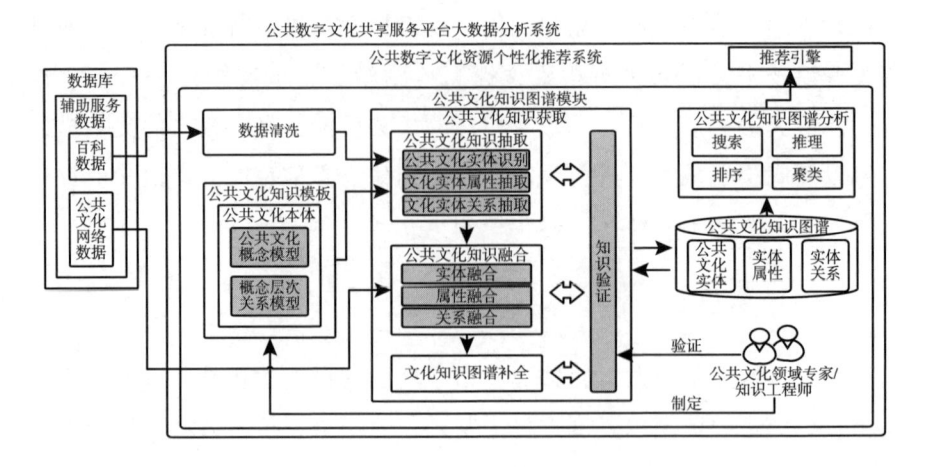

图 7-1 公共文化知识图谱构建流程

分层，形成文化实体的层次关系。一方面本项目使用《同义词词林》扩展版进行同义词匹配，通过同义词消重，进行相同或者相似的文化实体融合、实体属性融合以及实体关系融合。另一方面，本项目结合 Word2Vec 算法发现文化实体之间隐藏的关系，进行同义词表中无定义单词的消重和融合。Word2Vec 是基于深度学习语言模型的分布式词向量模型，能够把高维的数据映射到相对低维度的空间中。本项目通过基于辅助服务数据中的公共文化网络数据，如文化新闻等，构建大规模语料库。之后，使用语料库数据，通过随机梯度下降方法，训练 Word2Vec 的 CBOW（Continuous Bag of Words）模型，经过多轮迭代，直至收敛，把每个单词表示为向量值。本著作使用皮尔逊相关系数计算词向量，得到词之间的相关性，根据预定义的阀值，判断两个实体是否一致需要融合。

本项目使用百科数据自动生成公共文化知识图谱基本结构，在此基础上使用 TransE 算法把向量表示方法与图结构相结合，为每个图结构的节点和关系计算出向量表示。利用此思路，本项目为公共文化知识图谱的文化实体和实体关系计算了向量表示。TransE 算法定义了三元组（$head$，$relation$，$tail$）来表示图节点及其关系，head 和 tail 表示实体，relation 表示两者之间的关系。以向量的运算关系 $v_{head} + v_{relation} = v_{tail}$ 为目标，定义了损失函数，即向量 v_{head}、$v_{relation}$ 和 v_{tail} 的 L_2 距离：

$$L = \sum_{(head,relation,tail) \in S} \sum_{(head',relation',tail') \in S-} \max(0, J_{relation}(head,tail) + \gamma - J_{relation'}(head',tail'))$$

通过随机梯度下降方法训练模型，逐渐优化参数，直至到达收敛，获得实体和关系的向量表示，训练算法如图 7-2 所示。

```
输入：训练集 S = {(head, relation, tail)}，输入间隔 γ，学习速度 λ
初始化：对每个 relation r ← uniform(-6/√k, 6/√k)
         对每个 l, r ← l/‖l‖₂
         对每个实体 e ← uniform(-6/√j, 6/√k)
FOR
    对每个实体 e ← e/‖e‖
    S_batch ← sample(S, b)  //每批大小为 b 的样本数据
    T_batch ← ∅  //对子集初始化
    FOR (head, relation, tail) ∈ S_batch
        (head', relation', tail') ← sample(S'(head, relation, tail))  //负三元组样本
        T_batch ← T_batch ∪ {((head, relation, tail), (head', relation', tail'))}
    END FOR
    根据 ∑_{T_batch} ∇[γ + ‖head + relation - tail‖₂² - ‖head' + relation' - tail'‖₂²]₊ 更新向量
END FOR
```

图 7-2 文化实体和实体关系的训练算法

在文化知识图谱构建过程中，对于生成的知识，包括实体、属性和关系，需要一定程度的人工校验，特别是使用机器学习算法自动补全的实体关系。本著作的公共文化领域专家和知识工程师对自动补全的部分进行知识验证。通过验证的公共文化知识，即可作为可信知识，用于对公共数字文化资源个性化推荐系统提供支撑。本著作构建的公共文化知识图谱，以文化实体和实体关系的方式存储在图数据库中，并且提供搜索、推理、排序和聚类等知识图谱分析功能。

第二节　大规模公共文化用户画像自动构建关键技术

一　群体推荐系统

随着公共文化从共享到共建概念的演进，"公众"的内涵也在拓宽，"公众"既指作为公共文化服务对象（参观、消费）的公众，又指作为公共文化服务主体（参与、共建）的公众。因此我们必须要考虑这两个层次公众的需要和贡献。因为当用户的文化体验好了之后，必然会产生持续参观和分享的源动力；用户行为数据本身、用户分享的内容等又会进一步刺激公众加入公共数字文化，这样就可以形成公共数字文化的良性循环。

如图7-3显示，面向公众的数据应用模式指通过大数据推荐等技术来提升平台和场馆的公共文化服务水平，从而吸引公众，刺激公众反馈，加强与平台、场馆与公众的互动，提升用户体验，当用户的文化体验好了之后，必然会产生持续性参观和分享的源动力；用户行为数据本身、用户分享的内容等又会进一步刺激公众加入公共数字文化直至形成互动良好的公共数字文化公众共商、共建、共享的有机循环。

公共数字文化服务平台是面向全国用户的统一文化服务平台，各地用户都将接入该平台获取文化资源。平台除了针对个人用户进行个性化推荐，还需要针对处在同一地区的用户群体进行推荐，使用户能够及时

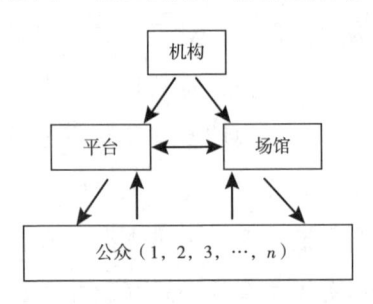

图7-3　面向公众的数据应用模式

发现自己感兴趣的文化资源，促进平台和文化资源的推广。与此同时，在示范展示区域中，身处同一展厅或使用同一体验设备的用户群也需要方便地找到自己感兴趣的资源，因此平台需要提供具备基于群体兴趣的推荐服务，使文化内容准确地送达用户群。

　　从技术角度，文化场馆可以依托公共数字文化服务平台，利用数据挖掘、算法优化等策略来提升群体及个性化推荐的效果。基于群体兴趣的公共数字文化资源推荐技术，通过将兴趣偏好相似的用户划分为一个群体，然后分析群体成员公共的兴趣偏好，最后筛选出符合公共兴趣偏好的物品或文化资源给该群体中的所有用户。群体推荐算法需要综合考虑一个群体内所有用户的喜好，为群体用户提供一个推荐列表，致力于消耗较少的计算量和网络流量获得群体用户较为满意的公共数字文化资源推荐效果。基于用户模型合并（Aggregating Profiles，AP）的群体推荐算法是用来解决群体推荐问题最有效的方案。用户模型合并算法首先需要对不同的用户按兴趣进行聚类划分，然后再分析提取聚类后群体用户的兴趣偏好，用以合并生成一个虚拟用户。随后再使用个性化推荐算法来为该虚拟用户进行个性化推荐，此时的虚拟用户可以用来代表该群体的所有用户成员。事实上，个性化推荐算法产生的推荐结果最终将会传送给该群体中的所有用户。

　　服务于应用场景的群体推荐系统主要由以下5个模块构成，系统结构如图7-4所示。

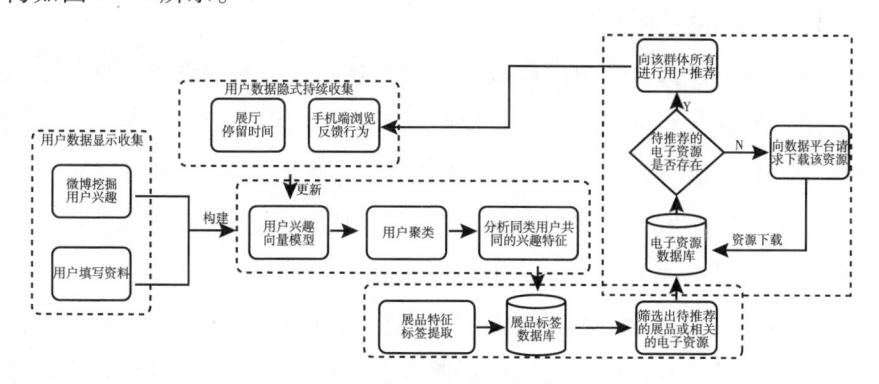

图7-4　群体推荐系统

该系统首先通过用户数据显示收集模块让旅行团用户填写个人兴趣选项，根据该数据构造初始的用户兴趣向量。由于通过一次显示收集所获取的数据量有限，该用户兴趣向量模型对于用户兴趣特征的刻画可能不会非常全面与准确，所以在用户后续的浏览过程中我们还会使用用户数据隐式收集模块不断地隐式收集他们的参展行为数据以及客户端的浏览行为数据，然后将这些数据转换为用户对展品的"间接评分"，根据这些"间接评分"数据我们可以不断地更新用户兴趣向量，即更新和修正对用户兴趣的认识。

根据上述两个模块构建的用户兴趣向量，用户聚类模块会将兴趣偏好相似的用户聚为一类，然后为该类群体构建一个虚拟用户，该虚拟用户的"兴趣"可以反映出该类群体中大部分用户的兴趣特征。

推荐模块可以为每个虚拟用户推荐满足其兴趣偏好的展品以及相关的文化资源。资源管理模块用于管理用户数据以及相关电子文化资源，并且根据用户请求向该用户传送相关电子文化资源。

由于用户数据隐式收集模块在用户参展过程中可以持续地收集用户的行为数据，所以推荐系统可以不断地分析出用户最新的兴趣偏好并产生相应的推荐结果，即提供"适应性推荐"，这样的推荐结果可以更加贴近用户兴趣。

二　公共数字文化共享服务平台用户画像技术研究

1. 技术思路

用户画像是真实用户的虚拟代表，是建立在一系列真实数据之上的目标用户模型。简言之，用户画像就是用户信息标签化。本著作把公共数字文化共享服务平台的用户画像定义为三类标签：①用户元数据标签，如用户所在地等；②用户社交标签，如用户社交关系等；③用户兴趣标签，如用户的文化资源兴趣。

公共数字文化共享服务平台用户画像的基本构建流程如图7-5所示。首先，通过分析用户的相关数据得到元数据；然后，分析行为权重和用户行为加权；之后，进行自动的用户兴趣标签分配，计算出用户的前 N 个最有代表性的兴趣标签；之后，使用社交分析方法提取用户的社交特征。最后，把用户的兴趣标签集、元数据标签集和社交标签集集成起来，为每位用户构建用户画像模型。

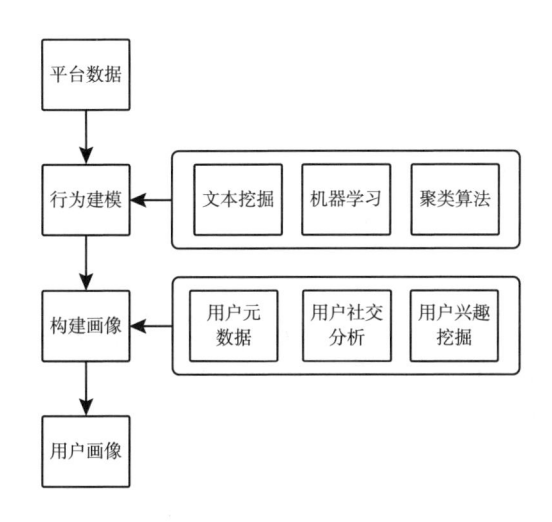

7-5　公共数字文化共享服务平台用户画像基本构建流程

2. 核心算法

（1）行为数据预处理

行为数据抽取：按照用户行为类型统计访问、搜索、浏览、打分、点评、收藏、期待列表等数据。行为数据排序：把用户行为数据按照行为产生的时间顺序进行排序。行为数据标准化模块用于把行为数据量化在与定义的实数数值区间内。行为数据标准化即对布尔型数据，如浏览/未浏览、收藏/取消等行为，标准化行为值为整数"0"或者"1"。对于数值型数据，如评分数据，标准化行为值定义为值域为[1，2]的实数。对于文本型数据，如用户留言、点评。本模块以此类行为内容的文字数量为指标，定义为值域为[1，2]的实数，字数与数值成正比。

（2）行为权重评估

计算每个用户的各种行为的权重。用户 A 的浏览行为的权重是 1，但对于用户 B 来说，浏览行为的权重可能是 10。采用 TF-IDF 计算不同类型用户行为的权重值。

（3）用户行为加权

根据用户的行为权重和行为的标准化值，计算用户行为的加权值。

（4）用户兴趣分析

用户兴趣模型描述了公共数字文化共享服务平台的单一用户兴趣。在行为数据预处理和用户行为加权等关键步骤完成之后，进行用户兴趣标签的构建。根据用户对不同资源的行为权重不同，计算每个用户所有访问资源的权重，排序得到权重最高的前 N 个资源。然后，根据文化资源标签库，对应于每一个高权重资源，把资源对应的标签作为用户感兴趣的标签列表。根据当前用户的资源标签出现的总词频进行排序，取词频最高的前 M 个标签，组建该用户的兴趣标签集。

（5）用户元数据提取

用户的元数据标签集主要从用户行为数据的相关数据中计算所得。本著作从用户的 IP 地址，可以计算出用户的所在地。另外，本著作提出机器学习方法，通过多分类算法预测元数据中缺少的信息，如年龄等，进行元数据补全。

（6）用户社交特征提取

用户的社交特征提取方法基于 DeepWalk 算法，形成用户社交特征向量。DeepWalk 算法可以在一个连续向量空间中对平台用户的互动关系进行编码。算法包含两个主要部分：一个非重启式随机游走生成器和一个更新过程。随机游走生成器随机均匀地选取社交网络中的用户节点，并生成固定长度的随机游走序列，每个节点生成长度为 t 的 γ 个随机游走序列。为了加快算法的收敛，本著作使用 SkipGram 算法来更新节点，首先把每个节点 v_i 与其表示进行映射，并有假设：

$$Pr(\{v_{i-w},\cdots,v_{i+w}\} \setminus v_i \mid \Phi(v_i)) = \prod_{j=i-w, j \neq i}^{i+w} Pr(v_j \mid \Phi(v_i))$$

通过最大化上述概率，来更新 Φ 的值。本著作使用分层 Softmax 的方法来训练模型，把每个用户节点分配到二分类树的叶子节点上，并使用哈夫曼编码对节点进行编码，把出现频繁的节点的路径设置较短。假

设从根节 b_0 点到一个节点 u_k 的路径是一个树节点的序列（$b_0, b_1, \cdots,$ $b_{[\log|V|]}$），$b_{[\log|V|]}$ 表示节点 u_k，则有：

$$Pr(u_k | \Phi(v_j)) = \prod_{l=1}^{[\log|V|]} Pr(b_l | \Phi(v_j)),$$

其中，

$$Pr(b_l | \Phi(v_j)) = 1/(1 + e^{-\Phi(v_j) \cdot \Psi(b_l)})$$

$\Psi(b_l)$ 是节点 bl 的父节点的潜在表示。计算得到的结果是每位用户的社交特征向量。根据向量计算用户之间的社交关联度。根据社交关联度进行排序，为每位用户提取前 N 个与其具有强关系的其他用户，并把强关系用户的 ID 作为标签分配给当前用户，组成社交标签集。

第三节 资源个性化推荐关键技术

资源技术支撑平台是面向全国用户的统一文化服务平台，各地用户都将接入该平台获取文化资源。不同地区的用户对于文化的兴趣点是不同的，平台除了针对个人用户进行个性化推荐，还需要针对处在同一地区的用户群体进行推荐，使得用户能够及时发现自己感兴趣的文化资源，促进平台和文化资源的推广。与此同时，在示范展示区域中，身处同一展厅或使用同一体验设备的用户群也需要方便地找到自己感兴趣的资源，因此平台需要提供具备基于群体兴趣的推荐服务，使得文化内容准确地送达用户群。

资源技术支撑平台实现的基于兴趣群组的快速群体推荐算法的核心思想：在进行群体推荐前，先将用户进行兴趣聚类，仅使用与用户有相似兴趣的用户评分预测个体用户评分，从而显著减少了用户间相似性的计算量。从而最终实现为群体用户高效地准确地推荐公共数字文化共享资源。

一　个性化服务技术现状及趋势分析

在网络环境下，个性化服务是一种网络信息服务的方式，这种服务方式的实现主要是根据用户的设定，借助于计算机及网络技术，对信息资源进行收集、整理、分类、分析，向用户提供和推荐相关信息，以满足用户对信息的需求。开展网络个性化服务是提高信息服务质量和信息资源使用效益的重要手段，突出了信息服务的主动性，开拓了信息服务的新思路。从整体上说，个性化服务打破了传统的被动服务模式，能够充分利用网络资源的优势和各种软件支持，主动开展以满足用户个性化需求为目的的全方位服务。

传统的信息检索技术满足了人们一定的需要，但由于其通用的性质，仍不能满足不同背景、不同目的和不同时期的查询请求。个性化服务技术就是针对这个问题而提出的，它为不同用户提供不同的服务，以满足不同的需求。个性化服务通过收集和分析用户信息来学习用户的兴趣和行为，从而实现主动推荐的目的。个性化服务技术能大大提高站点的服务质量和访问效率，从而吸引更多的访问者。可以说个性化服务使得信息获取更为有效：使用者可以获得更符合他们自身的需求的个性化信息。更简单地说，个性化服务有效地提高了信息从其作者传输到最合适用户群的效率和效果。

从表现形式上看，个性化服务包括个性化信息检索和个性化资源推荐等。信息检索一般是根据用户需求，从大规模的相对静止的信息中检索出用户需要的信息；而个性化信息检索是根据用户的兴趣和特点进行检索，返回与用户需求相关的检索结果；个性化推荐则是根据用户已有行为，计算并向用户推荐可能符合其品位或兴趣的资源的过程。

Carlo Tasso 等认为个性化服务可以分成持久的（长期的）个性化服务和短暂的（短期的）个性化服务，前者基于持续一段时间并被保存为持久化信息结构的用户兴趣模型，而后者则不基于这样的持久化用户兴趣模型。在持久的个性化服务中，用户兴趣模型伴随着时间的推移不断完善，在每一次会话结束后被保存起来从而可以被之后的会话所使用；而在短暂的个性化服务中，用来建立用户兴趣模型的信息只从当前的会话中收集，并被立刻用于执行一些自适应进程，以对当前的交互提供个性化服务。Stefano Mizzaro 等经过实验证明：对于信息推荐系统来说，持久的个性化服务是必要和有益的；而对于信息检索系统来说，短暂的个性化服务则更加的有效和可用。

二 推荐系统现状及趋势分析

推荐系统（Recommender System）是个性化服务中最重要的一种应用形式，它最早被定义为当人们提供待推荐的资源作为输入时，能够随即将这些输入汇总并指派给合适的接受者的系统。推荐系统这个术语现在有了更广泛的内涵：描述那些产生个性化推荐作为输出的系统，或是使用个性化方式对引导用户在一个很大的可选择空间中选择那些有趣或者有用条目产生影响的系统。这些系统在一个网络信息量远远超过任何个人调研能力的环境中有明显的吸引力。推荐系统也经常被用在电子商务网站上，用来向它们的顾客推荐商品并且向顾客提供信息从而帮助他们决定哪些商品是值得购买的。

推荐系统往往由三部分组成。行为记录模块、模型分析模块和推荐模块。行为记录模块负责记录能够体现用户喜好的行为，比如购买、下载、评分等。模型分析模块的功能则实现了对用户行为记录的分析，采用不同算法建立起模型，描述用户的喜好信息。最后，通过推荐模块，实时地从内容集筛选出目标用户可能会感兴趣的内容推荐给用户。

从推荐本身这个角度看，推荐系统建立在选择（Selection）、可视化（Visualization）、推送（Delivery）三个主要功能的基础上，这三个功能都可以进行基于个性化的加工。为了能够实现个性化，这三个功能都需要用户个人信息的支持，这些信息包含在用户兴趣模型中并且可以在个性化过程中获取。

鲁为对推荐系统的输入和输出进行了总结，其中，输入可以来自客户个人和社团群体两部分。客户个人输入（Targeted Customer Inputs）主要指目标用户对条目的评价，即要求获得推荐的人为得到推荐而必须对一些条目进行评价，以表达自己的偏好，包括隐式浏览输入、显式浏览输入、关键词和条目属性输入和用户使用历史等。社团群体输入（Community Inputs）主要指集体形式的评价数据，包括条目属性、社团使用历史、文本评价、等级评分。推荐系统的输出是推荐系统在获得输入信息后，推荐所给用户的内容，主要形式有建议（Suggestion）、预测（Prediction）、个体评分（Individual Rating）、评论（Review）。

像检索系统一样，推荐系统有两种类型的特性误差：负误识，即将"属于物体"标注为"不属于物体"的误分类，也就是那些用户喜欢的条目未被推荐的现象；正误识，即将"不属于物体"标注为"属于物体"的误分类，也就是给用户推荐了他们不喜欢的条目的现象。Badrul Sarwar 等人指出，对于商业推荐系统来说，较为重要的是避免正误识的出现，因为那样可能激怒用户，所以没有理由去冒风险推荐一个用户很可能不喜欢的条目。我们认为这个观点对于一般的资源推荐系统同样成立。

三　推荐技术研究现状及趋势分析

推荐系统的核心是推荐技术，亦即各种个性化推荐算法。本小节将着重从推荐技术的分类、各种推荐技术概述、各种推荐技术对比、组合推荐四个方面进行介绍。

1. 推荐技术的分类

Robin Burke 教授将推荐技术分为协作过滤推荐（Collaborative Filtering）、基于内容的推荐（Content-based Filtering）、基于用户统计学（Demographic）的推荐、基于效用（Utility-based）的推荐、基于知识（Knowledge-based）的推荐。

Ben Schafer 等认为推荐技术可以分为非个性化推荐（Non-personalized Recommendations）、基于属性的个性化推荐（Attribute-based Recommendations）、条目相关性推荐（Item-to-Item Correlation）、用户相关性推荐（People-to-People Correlation）。

曾春博士认为，个性化服务系统根据其所采用的推荐技术可以分为协作过滤系统、基于内容的过滤系统、基于规则（Rule-based）的系统，其中协作过滤和基于内容的过滤统称为信息过滤（Information Filtering）。

Loren Terveen 等认为根据不同推荐技术，推荐系统可以分为基于内容的推荐系统、推荐支持系统（Recommendation Support System）、社会化数据挖掘系统（Social Data Mining Systems）和协作过滤系统。

2. 各种推荐技术概述

协作过滤推荐是 David Goldberg 等首次提出的，是目前研究和应用最为广泛的个性化推荐技术，也是真正意义上的个性化推荐技术。我们将在下一节重点介绍，此处不做赘述。

基于内容的推荐源于信息检索领域，主要通过比较文档的内容与用户兴趣模型来向该用户推荐文档。用户兴趣模型的维持是通过用户注册过程中该用户初始输入的兴趣点以及用户对文档的评价来实现的。其优点是简单、有效，缺点是难以区分资源内容的品质和风格，而且不能为用户发现新的感兴趣的资源，只能发现和用户已有兴趣相似的资源。基于内容过滤的基本问题包括用户兴趣的建模与更新以及相似性计算方法。在建模的过程中，通常使用两种方法，一种是矢量空间模型，一种是概率模型。对比实验表明，概率模型比矢量空间模型更好地表达了用户的兴趣和变化。

基于用户统计学的推荐系统试图根据个人信息对用户进行分类，并基于这种用户统计学方式的分类进行推荐。一个比较早的应用了这种理念的系统是 Grundy，它通过收集人机对话的个人信息来推荐书籍。后来的一些系统也都采用了统计学的信息。统计学技术在"人与人相似度"的计算上和协作过滤非常相似，只是使用了不同的数据。和协作过滤与基于内容的过滤相比，这种基于用户统计学方法的好处是它可以不需要用户的评分记录等信息。

基于效用的推荐通过对每个条目进行基于用户的效用计算从而做出推荐。当然，主要的问题是如何为每个用户生成一个效用函数。很多这类系统如 PersonaLogic 都有不同的技术来得到用户的效用函数，并将它们应用于考虑之中的条目。

　　基于知识的推荐基于对用户需求和喜好的推断从而尝试进行推荐。从某种角度来说，所有推荐技术都可以被认为是进行了某种推理。但不同的是，基于知识的方法有功能性知识：它们有着关于一个特定的条目在多大程度上满足了一个特定用户的需求的知识，所以它们可以推断出一个需求和一个可能的推荐之间的关系。用户兴趣模型可以是支持这种推理的任何一种知识结构。功能性知识在推荐系统中必须以机器可读的方式存在（如本体，ontology），例如 quickstep and foxtrot 系统使用了关于学术论文主题的本体知识库向读者进行推荐。

　　基于规则的推荐系统利用预定义的规则来过滤信息，其优点是简单、直接，缺点是规则质量很难保证，而且不能动态更新。此外，随着规则的数量增多，系统将变得越来越难以管理。

四　公共数字文化资源个性化推荐

1. 资源个性化推荐方法

　　公共数字文化资源个性化推荐是应用于公共数字文化领域的精准推荐。通过前期的积累，我们获得了大量的用户对平台内资源的行为数据（包括浏览、播放等），这些数据是构建公共数字文化资源个性化推荐方法的基础。在此基础上，本项目研究了不同的个性化推荐方法，包括基于内容的推荐和协同过滤推荐，并进行创新，提出了适用于公共数字文化资源的个性化推荐方法。为了实现这些方法，本项目研发了公共数字文化资源个性化推荐系统，并通过 API 接口为公共数字文化共享服务平台提供个性化推荐分析，支撑该平台为用户推荐感兴趣的数字文化资源。

　　本项目通过来自三种不同数据源的数据，建立公共数字文化共享服务平台的个性化推荐系统。根据不同数据源的资源特征和用户行为数据特征，训练基于公共文化的加权标签库，再把模型进行有机的加权融合，使推荐模型的训练有丰富的、多元化的公共文化数据语料做支撑，推荐的资源信息内容更加充实，同时提高推荐的精准度。如图 7-6 所示，本项目在分析用户行为数据和资源元数据的基础上，引入采集的文化网站相关文化数据和国家公共文化云平台的用户行为数据，与本项目的资源数据进行加权融合，根据下式得出该推荐资源的加权结果：

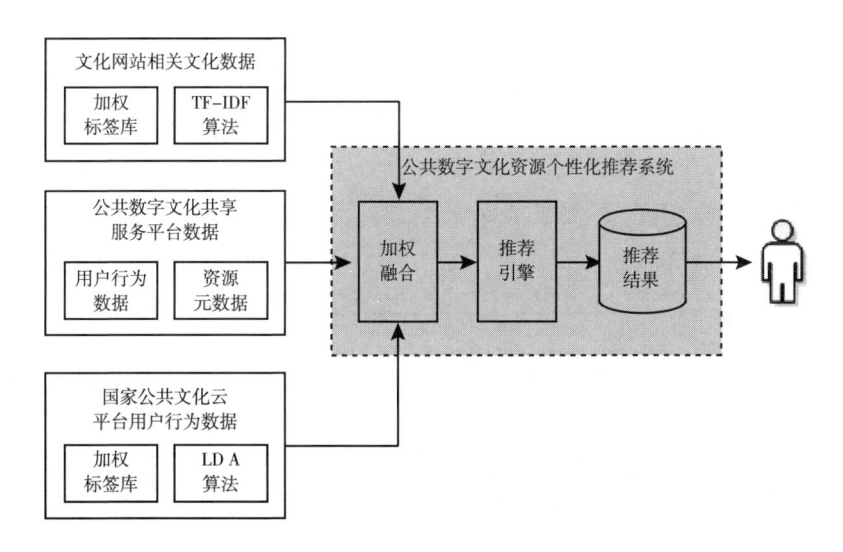

$$W_{(资源)} = \sum_{i=1}^{n}(\alpha \times 1 + \beta \times W_{(支撑平台)}(t_i) + \gamma \times W_{(网络)}(t_i)), 其中 \alpha + \beta + \gamma = 1$$

图 7-6　个性化推荐思路

在上式中，α 表示本公共数字文化共享服务平台的资源所占权重，β 表示文化网站相关文化数据资源所占的权重，γ 表示国家公共文化云平台用户行为数据资源所占的权重，且 $\alpha + \beta + \gamma = 1$。

本著作汇总了公共数字文化共享服务大数据分析系统涉及用户行为分析的需求，进行综合的需求分析，归纳成为一组用户行为挖掘功能，并以 API 接口的方式提供给其他模块或者子系统。公共数字文化共享服务平台用户行为分析主要构建了一个用户数据挖掘系统，实现了用户行为模型的构建和文化资源的内容语义的分析，为个性化推荐提供辅助信息，为公共数字文化共享服务平台的评估优化分析提供支撑。

公共数字文化共享服务平台的用户行为数据挖掘的结果表现为用户行为模型库，包括用户画像模型，描述单一用户的兴趣和关键信息；用户行为聚类库，描述用户之间的关系。用户行为模型库的构建流程如图7-7所示，用户行为分析模块首先从平台数据库提取用户行为数据，对该数据进行预处理，包括行为数据抽取、数据排序、数据标准化等，并使用 TF-IDF 等方法对用户行为进行权重评估，结合文化资源语义分析模块建立的文化资源标签库，进而加权计算得出用户的兴趣标签。另外，对公共数字文化共享服务平台的用户社交数据进行分析，获得用户的社交标签。通过用户行为相关数据得到用户的所在地区信息等元数据标签。把兴趣标签、社交标签和元数据标签组成完整的用户画像模型。结合文化资源聚类库，计算生成用户行为向量集，并结合社交分析进行聚类，建立用户行为模型库。

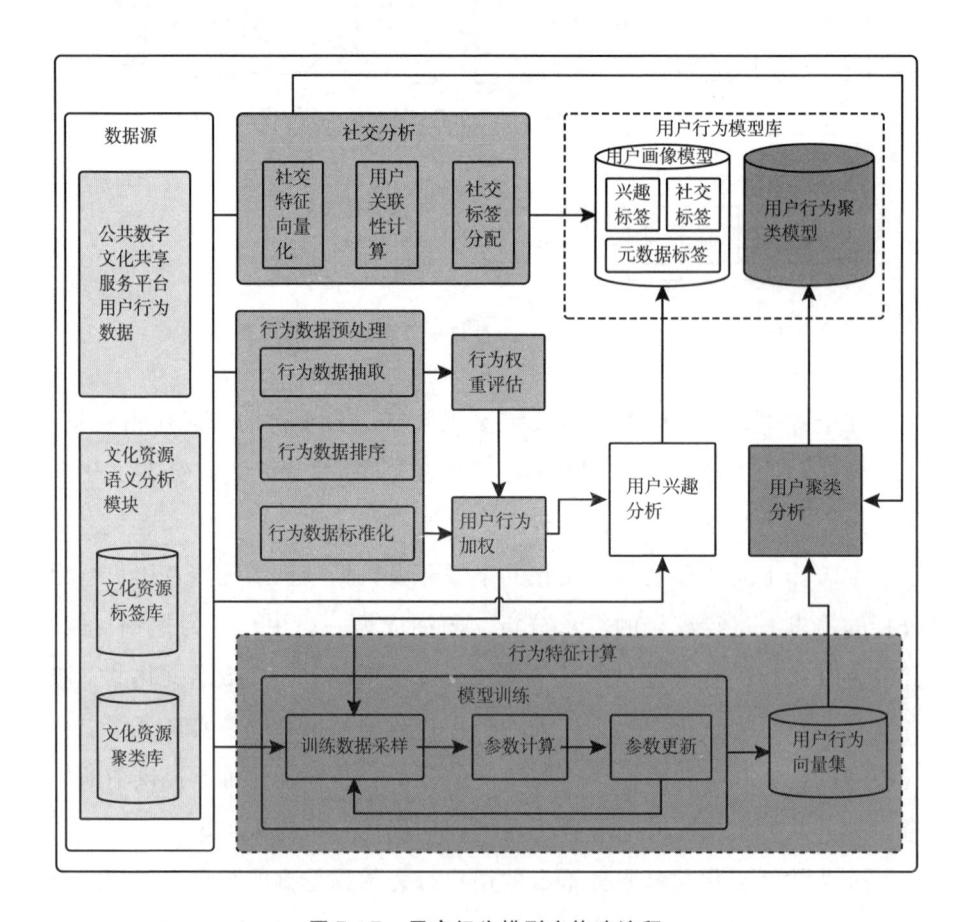

图 7-7 用户行为模型库构建流程

2. 公共数字文化资源的混合协同过滤推荐方法研究

1. 技术思路

本项目构建的公共数字文化资源混合协同过滤推荐方法，分析了用户行为数据，使用协同过滤模型作为基础，融合了基于内容的推荐方法，来解决协同过滤存在的问题，为用户提供具有多样性的推荐结果。

本项目在该混合推荐模型中使用协同过滤模型作为基础，利用具有相似偏好和共同属性特征的用户群体来推荐目标用户感兴趣的资源，其优点在于：①能够过滤难以通过文本数据挖掘进行分析的资源，如图片、视频等；②推荐结果资源的多样化，发现内容上完全不相似的资源，帮助用户发现潜在兴趣偏好；③能够有效地利用其他相似用户的回馈信息加快个性化学习的速度。

但是，本项目通过研究发现，使用传统的协同过滤方法，会存在一定的局限性，特别是传统协同过滤算法难以解决的问题。①冷启动问题：用户行为数据较少时推荐质量较差。②稀疏性问题：用户访问的数字文化资源比较分散。③系统延伸性问题：数据量增大的时候算法效率较低。

为了解决冷启动和稀疏性问题，公共数字文化资源个性化推荐系统在协同过滤方法的基础上，融合了基于文化资源内容的推荐方法以及热门资源推荐方法。基于内容的推荐方法根据用户过去喜欢的公共数字文化资源，推荐内容相似的资源，可以缓解稀疏性问题。使用用户聚类信息进行数据降维，可以缓解延伸性问题。公共数字文化资源的混合协同过滤推荐方法的流程如图 7-8 所示。①依靠用户访问过的资源数量来判断当前用户是否是新用户。如果是新用户，则个性化推荐系统面临冷启动问题，混合协同过滤推荐方法会查询公共数字文化共享服务平台的热门资源，并通过文化年鉴的地区用户兴趣数据进行过滤，为当前用户进行推荐。②面对非新用户，个性化推荐系统通过融合两种推荐引擎的推荐结果为用户做出推荐。第一种推荐方法使用基于内容的推荐，借助于公共数字文化共享服务平台用户行为数据挖掘系统的用户兴趣模型的标签，与资源语义标签相匹配，搜索出内容与用户兴趣相近的资源。第二种推荐方法使用协同过滤推荐,通过分析与当前用户兴趣相近的用户的访问资源,为当前用户进行推荐。③本系统对两个推荐结果列表中的资源通过加权的方式进行融合,每个资源的兴趣值添加权重,并重新进行排序。④在资源被推荐后,平台可以产生更多和被推荐资源相关的用户行为,被称为用户反馈。用户反馈可以用来提升下一步的推荐结果。

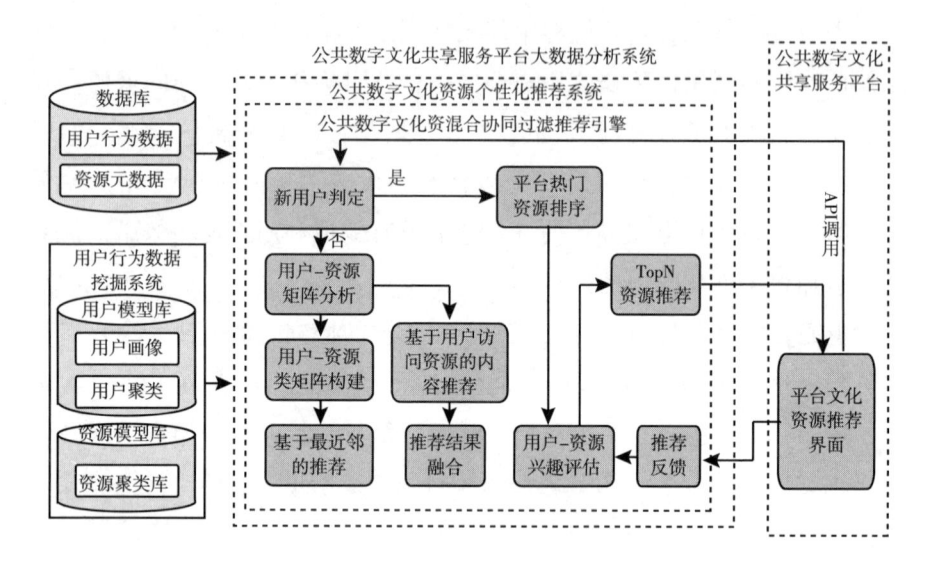

图7-8 公共数字文化资源混合协同过滤推荐方法流程

2. 核心算法解析

本项目构建的公共数字文化资源混合协同过滤方法融合了协同过滤和内容推荐两种推荐机制,并通过用户的反馈信息动态的优化推荐结果。

(1) 公共数字文化资源的协同过滤机制

本项目采用基于用户行为特征和资源语义特征的协同过滤推荐模型。首先通过用户行为数据、资源元数据、用户行为模型和资源语义模型构建用户-资源类矩阵,然后在每个用户类内选取和目标用户最相似的 K 个用户,最后,通过这 K 个用户对资源的行为,对所有资源评分,并返回评分最高的前 N 个资源。

为了缓解协同过滤模型面临的问题,使其更好地适应公共文化领域资源的推荐，本著作利用用户行为特征与用户元数据的潜在关联推断冷启动用户的行为特征，利用资源语义特征建立资源自身的类别体系，定义不同在语义特征空间上的相似性，并融合协同过滤模型，为用户推荐更符合其偏好的资源。在实际运用中，平台资源推荐模块使用了三个步骤实现针对平台资源的精准推荐。

首先，本模块采集用户行为数据和用户元数据，并通过用户元数据的约束，推断冷启动用户可能的行为。本著作定义用户的"浏览""喜欢"等行为为正向反馈行为，定义其他行为为反向反馈行为，通过对用户元数据和用户行为数据的共同聚类，为所有用户分配行为特征。

其次，本模块在用户类内部对用户进行最近邻搜索，并使用皮尔逊相关系数计算所有入选用户与目标用户的相似度。协同过滤常用的方法有最邻近用户法和矩阵分解法。本著作使用了最邻近用户法，一方面，因为矩阵分解法在处理超大规模用户－资源类矩阵的时候，效率较低；另一方面，本著作根据用户聚类信息，在计算近邻用户相似度的时候，只选择与目标用户划分到同一类或者相近类的用户进行计算，减少了数据的维度，有效地降低了计算的复杂性。

最后，本模块利用最近邻集合，就可以对目标用户的兴趣进行预测，产生推荐结果。目标用户对目标资源的行为量化评分由两部分决定，其一是最近邻用户对目标资源的行为量化评分，其二是目标用户和最近邻用户的相似度。目标用户对目标资源的行为量化评分可由下式计算得到：

$$\hat{r}_{ui} = \bar{r}_u + \frac{1}{|U_u|}\sum_{v \in U_u} S_{uv}(r_{vi} - \bar{r}_v)$$

其中，u 是目标用户，$\hat{r}_{ui}$ 是用户 u 对资源 i 的行为评分，$\bar{r}_u$ 是用户的平均评分，U_u 是目标用户的最近邻用户集，S_{uv} 是用户 u 和 v 的相似度，r_{vi} 是最近邻用户对目标资源的行为量化评分，$\bar{r}_v$ 是最近邻用户的平均评分。

（2）基于用户访问内容的推荐机制

使用公共数字文化共享服务平台用户行为数据挖掘系统所计算出的用户画像中的兴趣标签和资源语义标签，匹配与当前用户兴趣相近的公共数字文化资源。

（3）推荐反馈机制

公共数字文化资源个性化推荐系统的推荐反馈模块，利用用户的反馈，对以后的推荐进行调整。反馈分为如下四种情况，归纳如表7-1所示。

表7-1 个性化推荐系统对于用户反馈的调整策略

项目	加分	减分
保留	有帮助	无显性反馈
移除	访问	无帮助

3. 基于公共数字文化资源内容的推荐方法研究

（1）技术思路

与公共数字文化混合协同过滤方法的多样性资源推荐的特点不同，基于公共数字文化资源内容的推荐方法为用户推荐与当前正在访问的资源内容相近的资源，可以被当作是一种文化资源语义检索，为用户找到内容相近的文化资源，能够深度挖掘已知的用户喜爱的资源类型，适合为用户推荐用户喜爱类型的新收录资源。基于协同过滤方法受制于其冷启动问题，无法尽快推荐这些新资源，而基于内容的推荐方法可以解决此问题。

基于公共数字文化资源内容的推荐方法建立在文化资源标签以及用户兴趣标签的基础上，以当前的访问资源和当前用户兴趣为核心进行分析，提供个性化推荐，推荐思路如图7-9所示。首先，通过用户兴趣标签和资源语义标签，对用户未访问过的资源进行兴趣预测评分，过滤出用户未访问过的偏好资源；其次，使用基于标签语义的方法计算当前访问的资源与用户未访问资源的相似度。再次，使用语义方法和知识图谱分析方法，计算当前访问的资源与用户未访问资源的相似度。最后，对这两种方法计算出的相似度进行融合，计算出整体相似度，排序并推荐，为公共数字文化共享服务平台提供资源个性化服务。

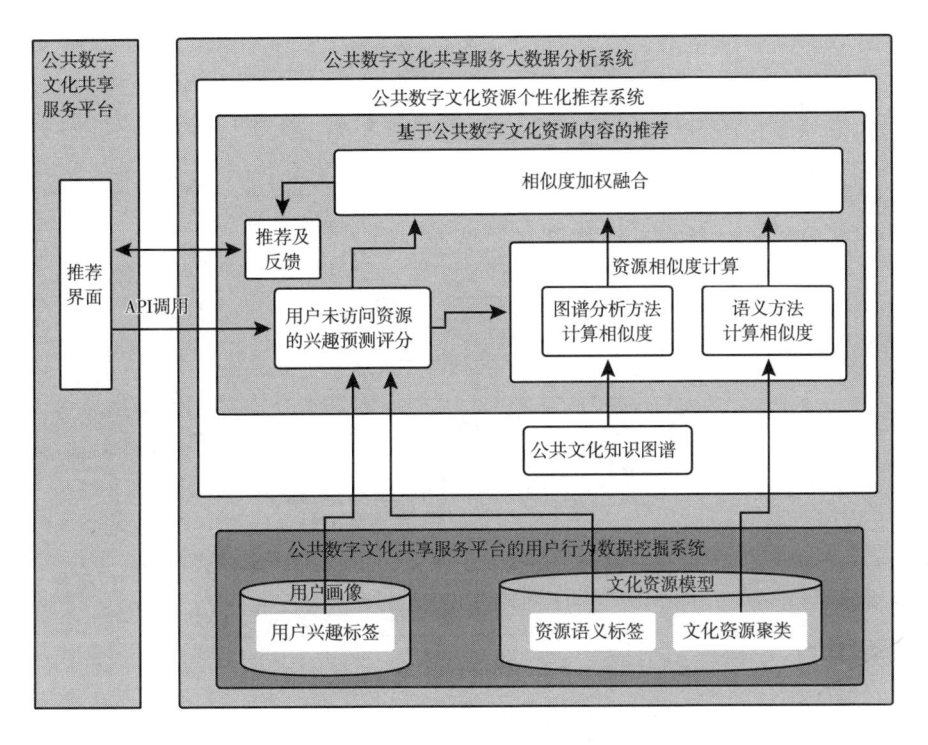

图 7-9　基于公共数字文化资源内容的推荐思路

（2）核心算法

基于公共数字文化资源内容的推荐方法利用用户行为模型中的用户兴趣偏好，即用户的兴趣标签以及数字文化资源语义标签，为用户推荐其感兴趣的文化资源。基于公共数字文化资源内容的推荐方法流程如图 7-10 所示。

第一，利用用户兴趣标签和文化资源语义标签，对用户没有访问过资源的兴趣量化评分。用户对资源的兴趣量化评分由两部分决定，其一是用户对偏好资源的兴趣量化评分，其二是目标资源和偏好资源的语义相似度。用户画像模型中的用户兴趣标签和文化资源模型中的文化资源标签都具有量化的权重值，因此，把用户和资源的标签权重表示为向量，缺少的标签值使用 0 代替，使用皮尔逊相关系数计算用户与文化资源之间的相似度。目标用户对目标资源的兴趣量化评分由下式计算：

$$\widehat{r_{ui}} = \frac{\sum_{j \in K_u} S_{ij} K_{uj}}{|\sum_{j \in K_u} S_{ij}|}$$

其中，u 是目标用户，i 是当前的目标资源，K_u 是目标用户的偏好资源集合，K_{uj} 是用户偏好的资源，$\widehat{r_{ui}}$ 是需要预测的用户 u 对资源 i 的兴趣量化评分，S_{ij} 是偏好资源和目标资源的语义相似度。

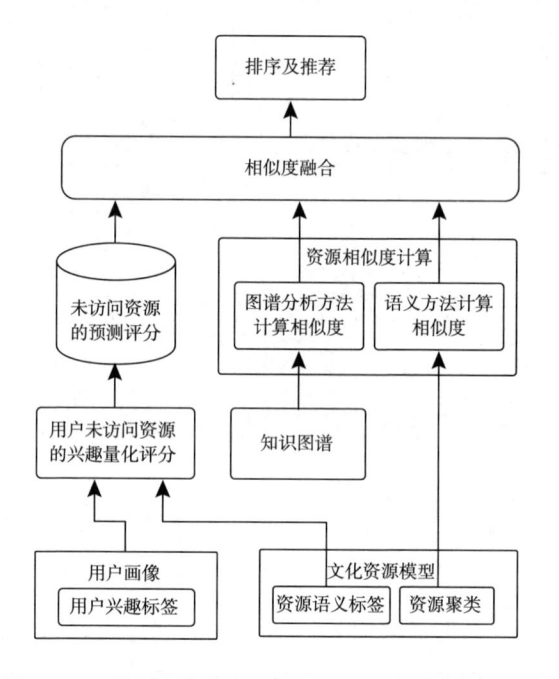

图 7-10　基于公共数字文化资源内容的推荐方法流程

第二，资源之间的相似度使用两种不同的方法进行计算，其一是使用公共文化知识图谱的图结构分析方法，定义图谱结构的可达路径长度，利用图遍历方法，搜索到当前访问资源的实体在可达范围内的相关文化资源实体，形成一个子图。使用 PageRank 算法对子图进行分析，计算出其中每个资源节点的权重值，并把该值作为资源的图谱相似度 S^{graph}。

第三，分析文化资源模型中的文化资源聚类，得到与当前访问资源同类的资源，并把聚类信息中资源的语义距离定义为资源之间的语义相

似度 $S^{semantic}$。

第四，进行相似度融合，把用户偏好候选资源评分和当前访问资源相似性进行加权融合，得到用户 u 对于资源 i 的推荐评估值，方法如下：

$$Score_{u,i} = \alpha \cdot \hat{r}_{ui} + \beta \cdot S_i^{graph} + \gamma \cdot S_i^{semantic}$$

其中，α、β、γ 是实数域的参数，分别表示用户兴趣评分、图结构相似度和语义相似度的权重参数，且 $\alpha + \beta + \gamma = 1$。本著作通过最小二乘法来分析用户访问的历史数据，来计算这三个权重参数。

第五，根据融合后推荐评估值进行排序，并把前 N 个资源推荐给用户。

五 公共数字文化平台用户行为模型分析研究

（一）技术思路

本著作的用户行为模型包括用户兴趣模型和用户聚类模型。在用户行为加权的基础上，结合文化资源聚类库，根据用户和该用户访问过的资源序列，构建基于用户的向量空间模型，生成用户行为向量，结合用户社交特征向量，通过 K-Means 算法聚类，建立用户行为聚类库。

如图 7-11 所示，本公共数字文化共享服务平台根据用户数据和资源数据分析建立用户模型，通过采集平台的用户行为数据、用户社交数据和资源元数据，对数据进行清理、过滤、转化等处理，存储在平台数据库系统中。本著作通过针对这些转化后的数据进行特征提取、聚类分析和社交分析等方法，训练用户行为模型。计算每位用户构建用户模型，包括三种信息：用户兴趣标签、用户聚类情况以及用户社交情况等。

（二）核心方法及算法

根据公共数字文化共享服务平台的用户行为数据，通过构建用户行为特征模型，计算用户行为向量，结合社交信息，实现用户聚类。

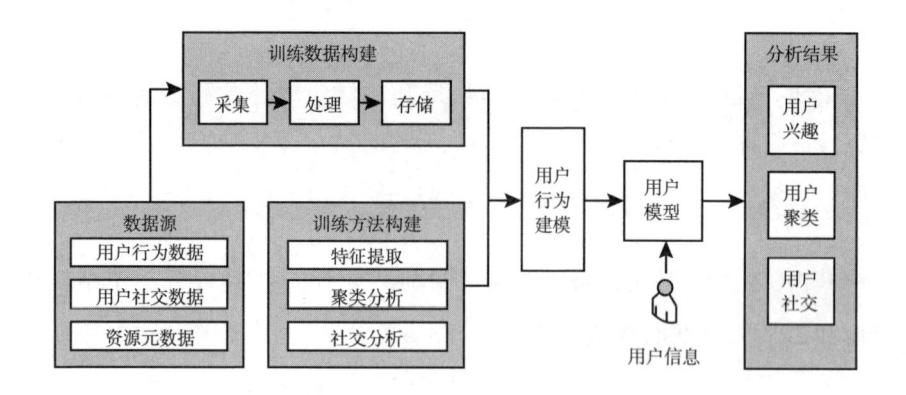

图 7-11　用户行为分析流程

本项目首先构建向量空间模型，根据每一个用户的行为，使用有监督学习的神经网络模型构建用户行为向量，通过多轮迭代进行计算。每一轮迭代计算选定一个用户和一个资源，通过分析该资源的时序上下文资源（即该用户访问该资源之前和之后访问的资源）的向量和用户行为向量，来估算该资源的向量。通过估算值和实际值的误差，来调整其上下文资源向量和用户行为向量，以及参数的向量。通过多轮迭代，使得资源类向量和用户行为向量逐渐逼近真实值。

用户聚类模型构建的关键步骤如特征计算模块和用户聚类分析模块所示，描述如下。

1. 用户行为特征模型构建

本项目提出一种公共数字文化共享服务平台的用户行为特征模型 Rating2Vec。本模型基于 Word2Vec 和 Doc2Vec 分布式词向量深度学习技术进行构建，描述如图 7-12 所示。本模型考虑了用户对于公共数字文化资源的行为顺序因素。同时，在输入的"用户-资源"模型的基础上，融入了"资源类"的因素，构成"用户-资源类"数据。资源类的信息来自本著作的另一项成果"文化资源聚类库"。用户行为特征模型使用多层模型。第一层是输入数据：从数据库中采样的数据，包括用户 ID 和该用户访问过的资源类；第二层为输入层：输入内容为用户和访问过的资源类的分布式表示，即预先定义维度的随机向量；第三层为向量加权层：

用户行为向量保持不变,资源类向量进行加权,加权方法是向量与行为权重和行为标准化值的乘积。第四层为投影层:把向量相加得到 v_{sum}。最后一层是输出层,输出层是被预测资源类的 Hoffman 树编码,该 Hoffman 树由预测资源类和其上下文资源类,以及用户所构成。

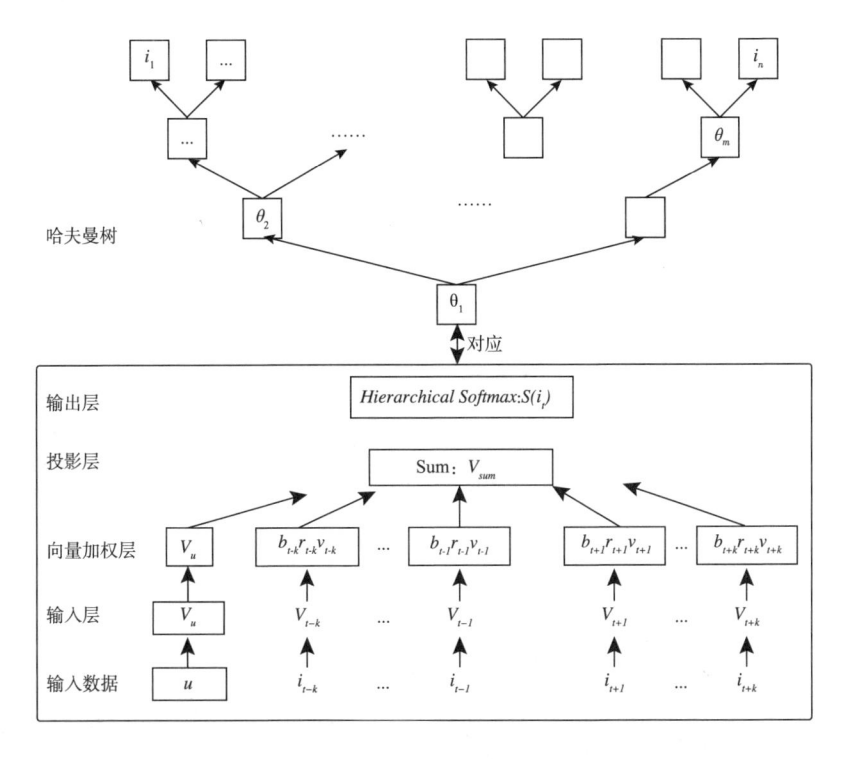

图 7-12 用户行为特征算法模型

2. 用户行为特征模型参数计算

使用多轮迭代的方式,利用随机梯度下降算法训练模型。每次迭代计算出需要更新的资源类向量、用户行为向量、以及参数集中的每个参数的向量,并进行更新。经过多轮迭代计算,直至收敛,算出最优化的用户行为向量、资源类向量。模型的训练算法如图 7-13 所示,其损失函数定义如下:

$$J = \frac{1}{|C|} \sum_{i \in C} \log p(i_t \mid u, i_{t-s}, \ldots, i_{t-1}, i_{t+1}, \ldots, i_{t+s})$$
$$= \frac{1}{|C|} \sum_{i \in C} \log p(i_t \mid u, Context(i))$$

其中，$p(i\mid x) = \dfrac{\exp(v_{sum}^T\theta)}{\sum_{i=1}^{V}\exp(v_i^T\theta_i)}$，$x \in \{u, Context(i)\}$，$Context(i)$ 表示用户 u 访问过的第 i 个资源的上下文资源，即 u 访问 i 之前 s 个资源和之后的 s 个资源。θ 是模型参数集，v 是用户向量和资源向量表示。

用户行为模型 Rating2Vec 训练算法使用随即梯度下降：

输入：用户行为特征数据、参数：移动窗口尺寸 $2s \in \mathbb{N}^+$；迭代次数 $total \in \mathbb{N}^+$ 且 $total > 1$；学习率 η.
输出：用户向量集 v，参数集 θ.
1: 　$initialization()$
2: 　$round \leftarrow 0$
3: 　**while** $round < total$ **do**
4: 　　　$u \leftarrow RandomUser(U)$
5: 　　　$item_t \leftarrow RandomItem(u)$
6: 　　　$context \leftarrow ContextItems(u, t, s)$
7: 　　　$v_{sum} \leftarrow v_u$
8: 　　　**for** $t' \in \{t-s, ..., t-1, t+1, ..., t+s\}$ **do**
9: 　　　　　$b_{t'} \leftarrow BehaviorWeight(u, item_{t'})$
10: 　　　　　$r_{t'} \leftarrow ItemClusterWeight(u, item_{t'})$
11: 　　　　　$v_{sum} \leftarrow v_{sum} + v_{t'}, b_{t'}, r_{t'}$
12: 　　　**end**
13: 　　　$e \leftarrow 0$
14: 　　　**for** $j = 2:|\theta|$ **do**
15: 　　　　　$e \leftarrow e + \eta \dfrac{\partial \mathcal{L}_t}{\partial v_{sum}}$
16: 　　　　　$\theta_{j-1}^{item_t} \leftarrow \theta_{j-1}^{item_t} + \eta \dfrac{\partial \mathcal{L}_t}{\partial \theta_{j-1}^{item_t}}$
17: 　　　**end**
18: 　　　**for** $t' \in \{t-s, ..., t-1, t+1, ..., t+s\}$ **do**
19: 　　　　　$v_{t'} \leftarrow v_{t'} + e$
20: 　　　**end**
21: 　　　$v_u \leftarrow v_u + e$
22: 　　　$round \leftarrow round + 1$
23: **end**
24: **return** v, θ

图 7-13　用户行为特征模型的训练算法

算法基本流程的说明如下所示。

（1）输入

用户行为数据、资源类、向量维数、迭代次数等参数。

（2）Step 1

训练数据采样：用户行为加权计算得到的结果作为训练数据。把参数集 θ 中每个参数、用户 id、以及资源类分别初始化为 d - 维随机向量。组合用户和资源成为输入数据：($userid, f_1, f_2, \cdots, f_n$)，其中 $userid$ 是用户 id，f_1 是该用户访问的第一个资源的类，f_2 是该用户访问的第二个资源的类，以此类推。随机选择一个用户，从该用户所访问的资源类序列中，随机选择一个资源类。以所选择的资源类为中心，在用户的访问队列中，选择一段有序的上下文资源类，其中包含资源类的访问数量等于预设的移动窗口尺寸 s。

（3）Step 2

参数计算：对资源类向量进行加权，权重包含两个部分：用户行为特征数据中的对应值，和资源类对于当前用户的权重值；把用户行为向量和加权资源向量求和。通过求偏导的方法，计算参数向量的梯度，以及用户和资源类向量的梯度。

（4）Step 3

参数更新：参数向量根据其梯度进行更新。用户行为向量和资源类向量根据其梯度进行更新。经过多轮迭代，程序收敛，得到参数集、用户、以及资源的最优化向量。

（5）计算结果

计算结果包括：用户行为向量、资源的向量和参数的向量。本模块关注的是其中的用户行为向量，即代表用户的行为特征。

3. 算法的评测

本项目使用 Netflex 数据集进行实验，数据的密度为 10^{-3}，属于高维稀疏数据。实验所使用的 baseline 是传统 CF（PureCF）、基于 K-means 的 CF（KMCF）、基于聚类的 SVD ++（CB - SVD ++）。测试指标准确率（Precision）和 nDCG（Normalized Discounted Cumulative Gain）。Precision 的实验结果如图　所示，实验数据集密度从 0.062 到 0.011 之间的时候，CB - SVD ++ 和 PMF 具有较高的准确率，KMCF 比 Rating2Vec 略好，PureCF 准确率最低；当数据集密度地域 0.0064 的时候，Rating2Vec 的准确率与 CB - SVD ++ 和 PMF 基本一致高于其他

baseline 方法；当数据集密度低于 0.0035，甚至低于 0.0017 的时候，Rating2Vec 的准确率已经超过全部 baseline 方法。

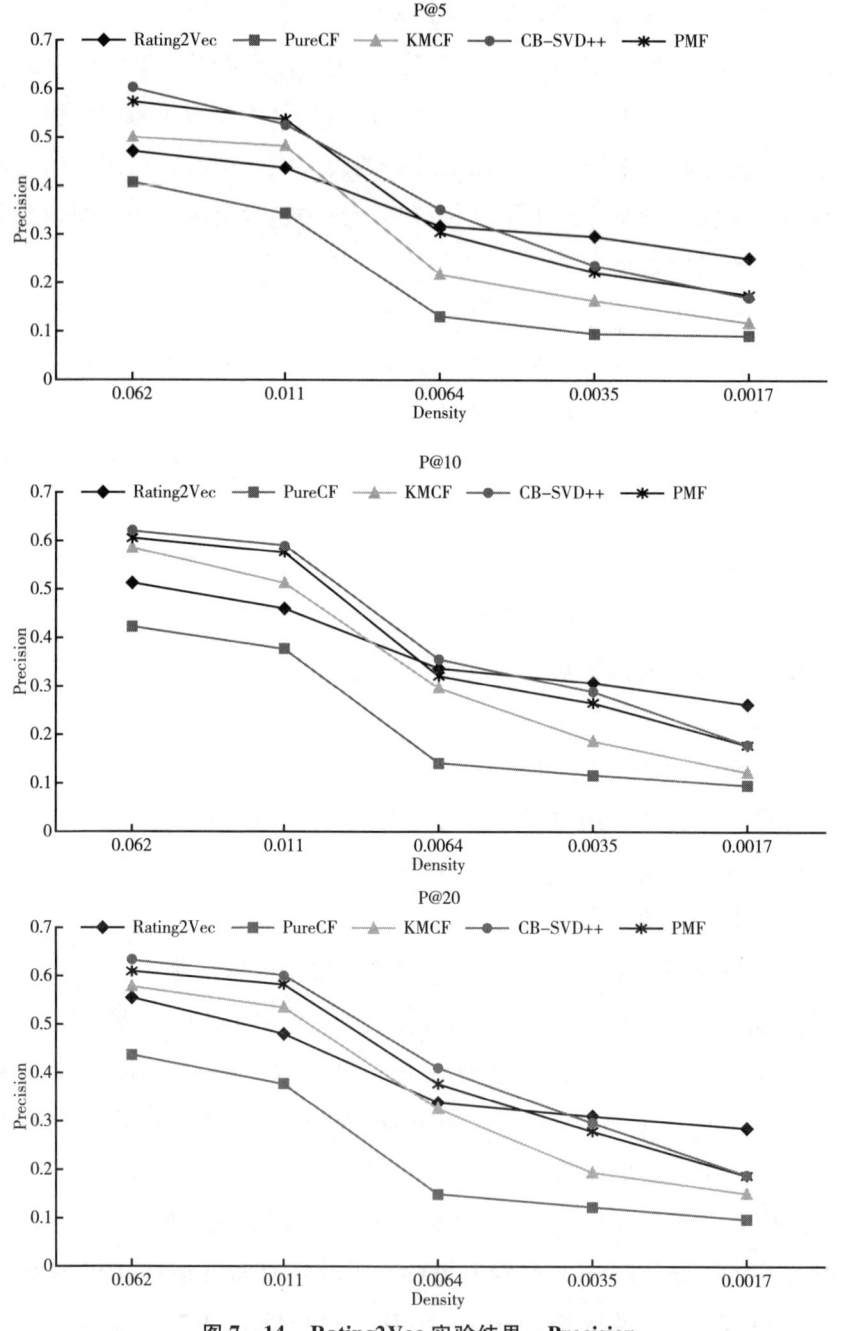

图 7-14 Rating2Vec 实验结果 – Precision

4. 用户聚类

通过连接由用户行为特征模型得到的用户行为向量集与用户社交向量，形成新的用户向量：$(v_{s1}, \cdots, v_{sn}) + (v_{b1}, \cdots, v_{bm}) = (v_{s1}, \cdots, v_{sn}, v_{b1}, \cdots, v_{bm})$。其中，$v_s$ 是用户社交向量，v_b 是用户行为向量。之后，使用 K-Means 算法，计算用户向量，对用户进行聚类，构建用户行为聚类库。

六　面向公共数字文化共享的推荐系统架构设计

面向公共文化服务的推荐系统架构主要包括七部分（如图 7-15 所示）：可视化及用户交互模块、数据采集模块、分析模块、数据存储模块、精准推荐模块、评估模块和系统管理模块。可视化及用户交互模块的功能是供用户访问浏览并将推荐结果以可视化形式展示给用户。数据采集模块的功能是采集用户行为数据和辅助服务数据，其中用户行为数据指能够体现用户喜好的数据，如点击、收藏、下载等，辅助服务数据指与公共文化相关的历史数据和各类网站上与公共文化有关的数据。分析模块的功能是对采集到的数据进行分析，建立不同的模型，如描述喜好的用户行为分析、社交网络分析、资源访问热度分析等。数据存储模块的公共树存储不同类型的数据，如数据采集模块采集的原始数据，分析模块的模型数据等。精准推荐模块的功能是根据分析模块所建立的模

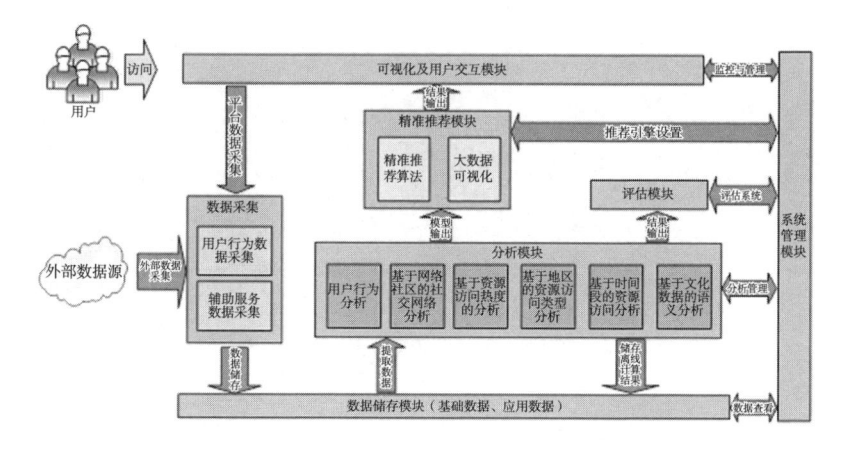

图 7-15　面向公共文化服务的推荐系统架构

型从实时的数据挑选出用户可能喜欢的内容进行个性化推荐。评估模块主要是根据推荐结果的反馈来评估模型的建立是否合理有效，以便及时地进行调整。系统管理模块的功能是负责整个架构的管理，如推荐引擎的选择、推荐算法中权重的设置、数据存储的位置管理、模型的控制等。

第八章 公共数字文化数据分析的应用系统建设

第一节 研究目标

研究各种公共文化服务大数据分析应用系统的实现,包括公共文化决策分析和平台资源评估优化分析系统。

第二节 研究领域

对于公共文化服务大数据分析的应用系统的研究主要集中在以下几个方面:①应用系统架构设计;②应用系统的数据分析模型;③应用系统的可视化分析。

第三节 关键技术

公共文化服务大数据分析应用系统的关键技术主要集中在以下几点:①公共文化服务应用系统架构技术;②公共文化服务应用系统架构与大数据平台的融合;③公共文化服务应用系统可视化分析方法。

第四节　基于公共数字文化数据分析的应用系统建设方案

一　应用系统架构设计

（一）软件开发架构

基于公共文化服务大数据分析的应用系统采用 B/S 结构，使用 j2ee + HTML5 技术开发，采用三层架构的开发模型，如图 8-1 所示。

数据访问层主要负责对大数据平台的数据进行操作，包括读取、插入、删除、更新。数据操作的对象包括关系型数据库、NoSQL 数据库以及 HDFS 文件系统。

业务逻辑层根据分析应用的需求执行算法，进行计算。

表现层将业务逻辑层的计算结果在屏幕上可视化地展现给用户。

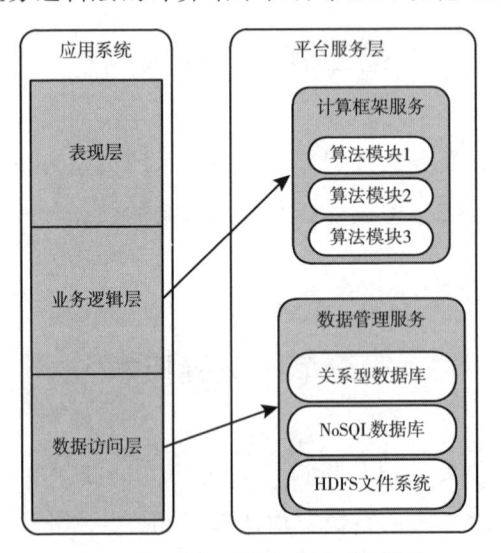

图 8-1　大数据分析应用系统概念

（二）Struts2 介绍

Struts2 是 Struts 的下一代产品，但是 Struts2 和 Struts1 差别巨大。

Struts2 是以 WebWork 的技术为核心，综合了 Struts1 和 WebWork 的优点设计开发的一个基于 MVC 模式的 Web 开发框架。它可以帮助开发者更高效的在运用 MVC 设计模型来开发 Web 应用。

MVC 的英文全称为 Model-View-Controller，即模型－视图－控制器。MVC 的工作原理如图 8-2 所示，模型、视图、控制器三者相互分离，但相互影响，其中模型主要封装了核心数据并完成业务逻辑的处理。视图主要指展现给用户的人机交互界面及数据处理的结果等。控制其则类似于一个调度站，决定哪个模型用于计算，哪个视图用于展示。

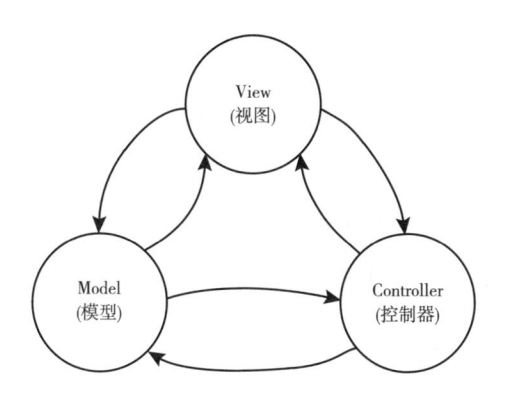

图 8-2　MVC 工作原理

1. Struts2 框架结构

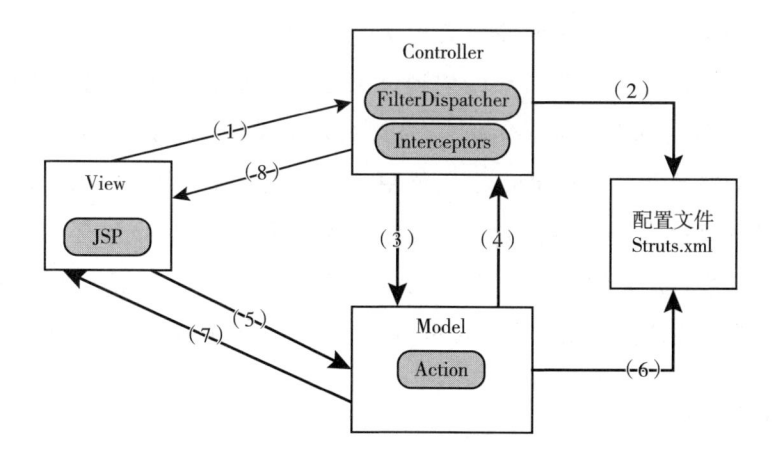

图 8-3　Struts2 框架结构

2. Struts 2 的工作流程

（1）客户端发送一个请求，该请求需要经过三成过滤器的处理，分别是 ActionContextCleanUp，再到其他过滤器，最后到 FilterDispatcher，即核心控制器。

（2）FilterDispatcher 会根据 Struts2 的配置文件决定调用某个 Action。

（3）启动某个 Action，进行相应的逻辑处理。

（4）在调用某个 Action 的前后，会启用不同的拦截器（Interceptors），如登录验证等。

（5）在 Action 处理过程中，有时会需要客户端提供的数据。

（6）Action 处理结束后，需要根据查询配置文件，找到对应的返回结果。

（7）Action 执行完毕，将结果返回到客户端。

（8）由核心控制器（FilterDispatcher）决定返回到某个视图页面。

（三）jQuery 介绍

jQuery 是一个轻量级的 javascript 库，它不仅兼容各种不同的浏览器，而且兼容了 CSS3。jQuery 的设计理念是 write less, do more（写得更少，做得更多）。它全面地对 DOM 对象进行操作的 API，所以能更简单地处理 HTML、各种事件、实现更完美的动画效果。比如 jQuery 将 html 页面中的代码和其布局的内容元素进行分离，即不用再在 html 里面插入一堆 js 来调用命令，只需为每个元素设置 id，便可以通过 id 来调用不同的元素。同时 jQuery 还能更方便地与 JSON、AJAX 联合开发，使 Web 开发人员能够更高效、便捷地完成工作任务。jQuery 还有一个比较大的优势就是它的文档说明很全，对于不同的应用都讲解得非常详细，同时还有许多成熟的第三方插件可供选择，如 cookie 插件、灯箱插件等。

（四）Spring 介绍

Spring 是一个开源的轻量级 Java 开发框架，其框架结构如图 8-4

所示，整个框架由六部分组成，即 Core、DAO、ORM、JEE、WEB 和 AOP。Spring 的一个最大目的就是为 java 开发人员在进行企业级应用开发时提供一站式的解决方案。它涵盖了简单性、可测试性以及松耦合等诸多优点。Spring 的核心是 Spring Core 中的 IOC（Inversion of Control），中文名为控制反转，Spring 使用基本的 JavaBean 来替代 EJB，来完成 EBJ 的工作，实现了接口与现实的松耦合。

与 Struts、Hibernate 等单层框架不同，Spring 提供一个以统一的、高效的 Web 应用的全面解决方案，但由于 Spring 是分层架构的，所以在 Web 应用开发时可以建立一个通过单层框架的最佳组合方式构成的连贯体系。比如视图层可以使用 Struts，持久层可以使用 MyBatis。

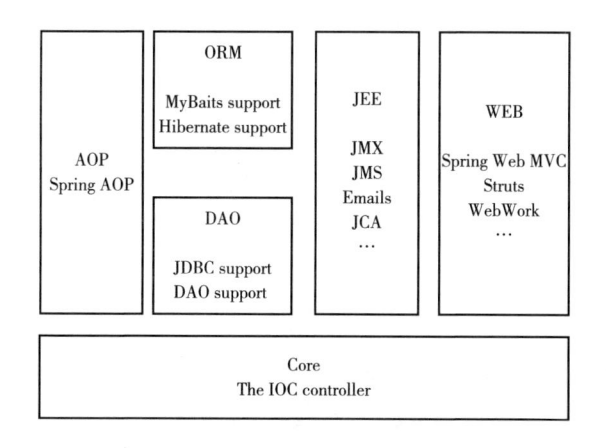

```
┌──────┐ ┌──────────────┐ ┌──────────┐ ┌──────────────┐
│      │ │ ORM          │ │          │ │ WEB          │
│      │ │ MyBaits      │ │ JEE      │ │              │
│      │ │ support      │ │          │ │ Spring Web   │
│ AOP  │ │ Hibernate    │ │ JMX      │ │ MVC          │
│Spring│ │ support      │ │ JMS      │ │ Struts       │
│ AOP  │ ├──────────────┤ │ Emails   │ │ WebWork      │
│      │ │ DAO          │ │ JCA      │ │ …            │
│      │ │              │ │ …        │ │              │
│      │ │ JDBC support │ │          │ │              │
│      │ │ DAO support  │ │          │ │              │
└──────┘ └──────────────┘ └──────────┘ └──────────────┘
┌──────────────────────────────────────────────────────┐
│                    Core                              │
│               The IOC controller                     │
└──────────────────────────────────────────────────────┘
```

图 8 – 4　Spring 框架结构

（五）Ajax 介绍

AJAX 全名 "Asynchronous JavaScript And XML"（异步 JavaScript 和 XML），是一种用于创建交互式网页应用的开发技术。AJAX 技术可以使网页异步更新，即在不重新加载整个页面的情况下，刷新部分页面内容。AJAX 提出的请求使用了异步传输（HTTP 请求），减少了请求信息量。并且能在不干扰用户操作的情况下，服务器对用户的请求做出响应，从而刷新部分页面。这使 Web 应用更小更快，更加友好实现人机交互。AJAX 的工作原理如图 8-5 所示，用户通过 JavaScript 使用 AJAX 引擎发送 HttpRequest 请求，服务器端通过 XML 返回给 AJAX 引擎，转化为用户界面上的变化。

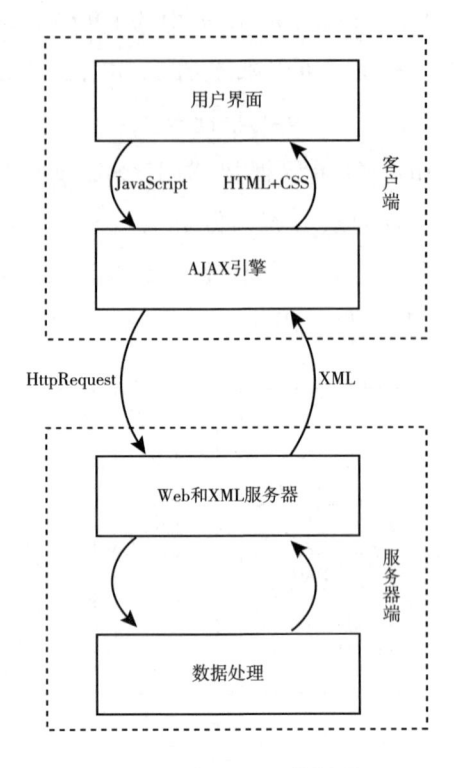

图 8-5 AJAX 工作原理

（六）MyBatis 介绍

MyBatis 是一个给予 java 的持久层框架，包括 SQL Mapping 和 DAO，MyBaits 支持普通 SQL 查询，存储过程和高级映射。MyBatis 避免了所有的 JDBC 代码和参数的手工设置以及结果集的检索的烦琐，通过使用简单的 XML 或注解用于配置和原始映射，将接口和 Java 的 POJOs（Plain Old Java Objects）映射成数据库中的记录，从而更高效、简单地进行数据处理。

MyBatis 的功能架构分为三层，如图 8-6 所示。

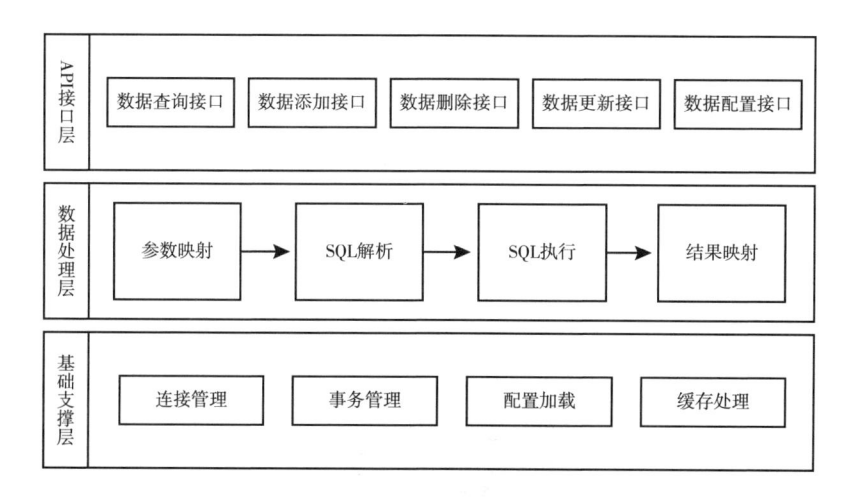

图 8-6 MyBatis 架构

（1）API 接口层：API 接口层封装了很多提供给外部使用的接口，比如数据查询、数据添加、数据删除等。开发人员通过这些本地 API 接口来操作数据库。接口层接收到调用请求后，会启动数据处理层来完成具体的数据处理工作。

（2）数据处理层：数据处理层的主要工作是根据接口层的调用请求来完成相应的数据库操作，主要过程是参数映射、SQL 解析、SQL 执行和执行结果映射处理等。

（3）基础支撑层：基础支撑层负责最基础的功能支撑，将所有开发过程中公用的东西抽取出来，封装成最基础的组件，为数据处理提供统一的支撑。主要包括连接管理、事务管理、配置加载和缓存处理。

（七）软件架构设计

系统采用 j2ee 技术开发，采用 jquery + struts2 + spring + Mybatis 开源技术和框架实现，该框架目的是减少 struts2 中的 action，通过前端 js 的 ajax 请求调用指定的 service 指定方法，简化中间代码，如图 8-7 所示。①表现层：采用 jquery + jq. ui + jqGrid 等技术。②控制层：struts2 接收请求，通过反射调用指定 service 的指定方法调用服务。③服务层：

采用 Spring 注入指定业务代码，调用业务方法完成业务处理。④持久层：采用 Mybatis 对对象持久化。

图 8-7 软件架构分层

（八）多租户应用的数据隔离和资源共享

多租户模式是指租户可以共用一个或一组程序实例。这里，租户不是指用户，而是特指应用程序的使用单位，比如以文化馆为单位，也可以是以家庭为单位。用户是真正使用体验系统的实体，租户专有的数据必须要进行隔离，比如配置文件、使用人数、用户的访问日志等数据，任何租户都不能访问其他租户的专有数据。

数据隔离模型有三种：独立数据库模型、共享数据库独立 schema 模型、共享数据库共享 schema 模型。共享数据库模型的隔离级别最高，但成本也很高。共享数据库共享 schema 模型的成本最低但数据的独立性很差，一旦 schema 出了问题，所有租户的数据都会受损。考虑到体验系统需要一个安全性和管理成本平衡的设计，本项目使用共享数据库独立 schema 的模式设计数据库，来实现数据的逻辑隔离，任何租户都只能访问属于自己的 schema 的数据，如图 8-8 所示。

本项目按照 SaaS 成熟度模型的第四级的思想，设计了实例池，其中的实例部署在 Tomcat 服务器上。如图 8-9 所示，所有租户共享这个实例池，实例池根据各租户对资源的需求动态地分配资源。同时，实例

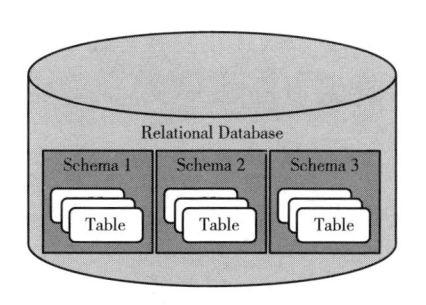

图 8-8　公共文化服务大数据平台的数据隔离模式

池根据实际运营的性能指标，比如吞吐量，来调整实例池中的计算节点的数量，并进行负载均衡。体验系统通过配置文件来实现每个租户专有的 UI 和功能。这样就实现了系统资源和功能两个层面上的按需提供服务。

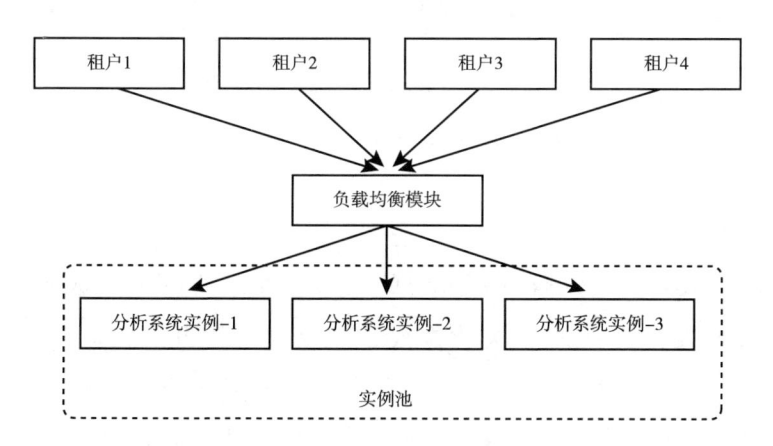

图 8-9　公共文化服务大数据平台多租户模型

二　可视化分析方法

表现层的数据可视化方法能够对数据分析结果进行图形化展示，让用户高效地理解分析结果。对分析过程的交互式可视化展现，可以让用户更精确地进行数据分析。数据可视化不同于艺术设计，是将需要展示的每一项数据根据规则映射到一种可视化元素，并不是主观地将数据"画"出来。同时，数据可视化通常要结合人机交互的技术，用于高维数据的数据过滤、语义缩放以及维度变换等需求。这样，可视化的结果就不再是一张静态的图片，而是交互式的，可以实时进行数据转换和图形变换的动态展示系统。

（一）信息可视化模型

信息可视化/数据可视化的参照模型，如图 8-10 所示。该模型描述了数据可视化的过程，其分为数据提取阶段和可视化转换阶段，其中包括了数据转换、可视化映射、视图转换等步骤。

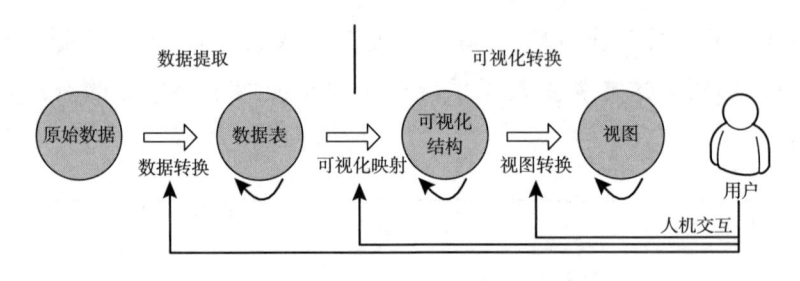

图 8-10　信息/数据可视化参照模型

1. 数据转换

原始数据是从数据源采集到的、未经处理的高维数据集。原始数据通过数据变换的方法转换成数据表（Case-by-variables Table），在数据转换的过程中，要清除没有可视化需求的数据维度。数据表是一种二维表，将原始数据的所有有效数据维度以表格的形式展现出来。通过数据表，可以确定需要进行可视化的数据维度以及数据维度的值。

2. 可视化映射

通过使用图形化元素进行可视化映射，将数据表转换为图形化的表达形式。可视化映射的第一步是需要确可视化布局。可视化布局（Visual Layout）是数据进行可视化表达的基本空间结构。可视化布局因为是物理概念，因此最多有三个维度，但是用于可视化的数据可以是高维的。

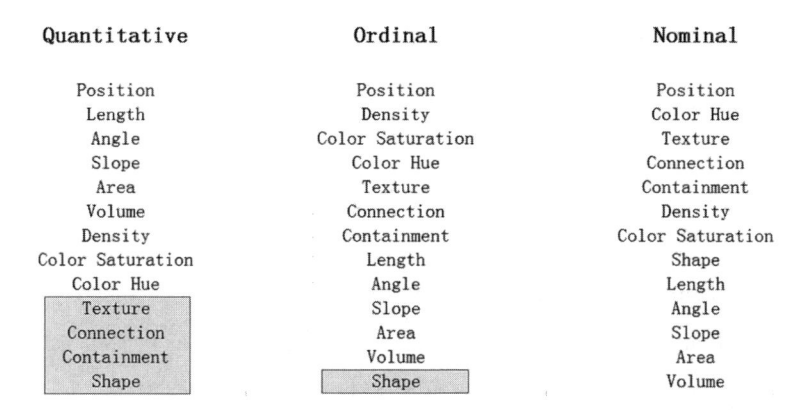

Quantitative	Ordinal	Nominal
Position	Position	Position
Length	Density	Color Hue
Angle	Color Saturation	Texture
Slope	Color Hue	Connection
Area	Texture	Containment
Volume	Connection	Density
Density	Containment	Color Saturation
Color Saturation	Length	Shape
Color Hue	Angle	Length
Texture	Slope	Angle
Connection	Area	Slope
Containment	Volume	Area
Shape	**Shape**	Volume

图 8-11　标记和图形化属性对应不同类型数据的优先级

3. 视图变换

当一个多维数据集被可视化以后，往往只能静态地展现几个维度的数据，或者某一空间位置或者状态，为了能够更加全面和灵活地展示数据集的全部信息，一个完整的可视化设计会提供基于人机交互的视图变换功能，让用户能够根据自己的需求改变可视化数据的维度选择、视角、方位、大小等，以此获得更多的数据集信息。

4. 用户在可视化过程中的交互

用户可以根据任务需求对可视化的各个阶段进行控制，对于一个完整的数据可视化及可视化分析系统来说，提供用于调整的人机交互功能是必要的。

（二）数据可视化中的人机交互

可视化系统中通常使用大量的人机交互，对数据对象或者可视化对象进行操作。常用的技术有以下几项。

（1）Direct Manipulation

直接操作是人机交互的最基础的技术，实现了对可视化对象直接进行操所，比如移动、旋转等。

（2）Dynamic Queries

动态查询允许用户在数据的可视化展示的时候，在界面上动态地更改查询条件，实现灵活的可视化查询数据。

（3）Panning

当用户正在查看的可视化对象尺寸过大，超出显示空间范围时，Panning 允许用户平滑地移动显示区域，来查看超出显示区域的那部分内容。

（4）Geometric Zooming

几何缩放允许用户对可视化对象，比如图片，进行几何尺寸的放大和缩小，来显示由于显示空间不足所无法显示的那部分图像。

（5）Semantic Zooming

语义缩放技术在几何缩放的基础上做了一些变化，在用户对可视化对象进行放大的时候，将对象的详细信息内容，比如元数据信息，显示出来，而不是简单放大图像。

（6）Details-on-Demand

在可视化大规模数据的时候，通常无法将所有的数据信息展示出来。结合 Details-on-Demand 技术的可视化系统，可以将数据的概观展示出来，当用户选择某个可视化对象的时候，该对象的数据细节将会在屏幕上显示出来。

（7）Degree-of-Interest（DOI）Distortion

数据集中的数据的重要性不同，在显示空间有限的情况下，DOI 变形的概念是为重要数据分配更多的空间，来显示更多的细节信息，不重要的数据则只显示其概况信息。

（8）Focus + Context

该技术是 DOI 变形的一个重要应用，对于用户指定的重要数据分配更大的空间，作为整个视图的焦点，其他数据的可视化展示作为上下文，这样就可以在突出重点的情况下，保持与重点数据相关的数据，可以促进对重点数据的理解。

第九章 公共数字文化资源研发与集成关键技术

第一节 整体研究思路和方案

本项目研发阶段采用关键技术研究与系统设计开发相结合的螺旋式上升研究方法。首先完成由资源共享、网络分发、业务管理三大核心基础子系统组成的平台的基本架构设计，进而明确资源共享系统、网络分发系统、业务管理系统三大系统的需求，规划三大系统的技术路线、构建三大系统的主要功能、梳理三大系统的接口，研发过程中解决三大基础系统面临的共性技术与关键技术问题，最终实现资源的共建共享、智能调度分发和资源应用的整合，构建一个面向全国的公共数字文化共享服务平台。

除三大系统的研发外，本项目研发阶段还主要涉及三个方面。一是平台资源展示门户平台研发。资源展示是平台的门面，只有丰富的数字文化资源完完整整、原原本本地呈现在用户面前，用户才会有进一步获取文化资源的兴趣，才会和共享平台发生进一步的联系，才能提高数字文化资源的利用率。二是平台关键技术集成。平台所采用的关键技术主要包括：公共数字文化共享服务的数据采集技术，公共数字文化资源聚合、组织和制作技术，公共数字文化资源深度检索技术，公共数字文化资源用户推荐技术等。三是平台与用户的互动。实现平台与用户间的互动是有效解决缺乏用户反馈机制问题的方法。利用平台与用户的互动，可以实现对于收集到的大量反馈数据进行汇总、归类、分析，来发现公共数字文化服务中存在的问题，并对问题进行归类和优先级排序，做到对用户反馈信息的有效利用。三是梳理资源共享系统、网络分发系统、业务管理系统接口。关于系统接口的研究主要是指为公共电子阅览室和资源应用导航等系统开放的通用对接接口，以及对接用户端应用的传输接口定义和规范等内容。在资源共享系统中，资源共享系统需要通过接口，向网络分发、业务管理提供双向的交互，实现资源合理调配、检索、使用、统计，提升公共数字文化服务质量。在网络分发系统中，通过分发系统的对外接口，可以实现网络分发系统软件与公共文化数字平台的协同工作，实现平台的有效互动。

基于公共数字文化资源的现有积累和全国范围内对资源共建共享的需求，本项目着力于研究大规模公共数字文化资源的共建，研究公共数字文化资源的共享呈现，研究应用的统一认证，研究应用软件群的集成化管理。

一　大规模公共数字文化资源共建共享及呈现

着重研究内容为：公共数字文化资源建设流程及时序的研究；公共数字文化资源采集、著录、审核、同步等功能研究；统一云目录服务的呈现、检索、调用、对接的研究；成品库、素材库、元数据库等数据库的规范、管理、录入、导出的研究；版权控制、统计信息等其他技术细节的研究；为公共电子阅览室和资源应用导航等系统开放的通用对接接口研究。

二　公共数字文化资源共享应用统一认证

着重研究内容为：OpenID 标准协议在公共数字文化共享服务应用中的结合适用；公共数字文化共享服务鉴权与认证标准规范；公共数字文化共享服务多节点多维度用户跨域验证的远程认证、认证接口等技术实现；公共数字文化共享服务多系统多应用软件联合认证的联合登录认证、用户凭证交互等技术实现；公共数字文化共享服务一对多的用户账号映射及相关鉴权认证系统内、系统间的映射规范和映射方式的技术实现。

三 公共数字文化资源应用软件群的集成化管理

着重研究内容为：文化特色应用软件在公共数字文化共享服务中的唯一标识规范；文化特色应用软件群集成统计规范；文化特色应用软件群集成导航的接口及接入规范；文化特色应用软件群申请、审核、分类、部署、管理的流程规范；自定义导航桌面的技术实现。

第二节 相关技术研发关键点

一 公共数字文化共享服务平台的协同交互和互操作

由于公共数字文化共享服务平台涉及至少两个层级（国家级和省级），各级都有不同的用户角色，不同角色之间有着复杂的数据整合和信息共享要求。平台拥有三个针对不同目标的业务系统，资源共享、网络分发以及业务管理，随着不同角色的变化，系统之间的交互也会发生相应的变化。因此，研究不同角色、不同层级在不同业务系统之间的交互问题，需要提供相关的数据交互协议、认证授权等互操作交互机制，建立相应的互操作接口协议，实现平台的有效互动，提高系统的扩展性和协同性。面向公众的数据应用模式是指通过大数据推荐等技术来提升平台和场馆的公共文化服务水平，从而吸引公众，刺激公众反馈，加强与平台、场馆与公众的互动，提升用户体验，当用户的文化体验好了，必然会产生持续性参观和分享的源动力；用户行为数据本身、用户分享的内容等又会进一步刺激公众加入公共数字文化，直至形成互动良好的公共数字文化公众共商、共建、共享的有机循环。

二 海量资源的互操作与资源定位

现有海量公共数字文化资源分散在各地，要实现资源共享，除开统一元数据描述标准之外，还必须建立资源的互操作标准，实现全国各地资源池统一的互操作接口。该互操作标准必须独立于应用，并且能够提高 Web 上的资源共享范围和共享能力。基于目前国际上流行的资源互操作 OAI-PMH 标准协议，如何将其应用到公共数字文化共享服务中去，基于对象重用与交换的国际标准协议 OAI-ORE，如何对之进行拓展，使其适用于海量公共数字文化资源的语义关联，帮助广大群众实现资源的精细化定位、提升语义相关的资源呈现能力。

三　应用统一认证与集成

全国文化应用开发运营机构和各类文化特色应用为数众多，为各类文化开发运营机构提供统一的平台接入支持、为各类特色应用提供统一的应用导航、统一的用户管理与认证、统一的多终端访问接口与访问统计。通过映射、集成、协议等元数据互操作的方法，我们实现了语法层面互操作，但在语义层面的互操作还有待提高；我们已经初步实现了公共文化的基本性、便利性、公益性与均等性等指标，但在网络时代非常重要的"用户黏性"方面，我们需要提升的还很多，公共数字文化服务还需要向纵深推进。

四　面向多网络、多终端的数字文化资源的智能传输调度

在共享工程、宽带中国、智慧城市等一批惠民工程的帮助下，广大图书馆、文化馆等馆藏资源逐渐数字化，形成了海量化的公共文化"云服务"并通过元数据的方式进行编目以方便查询。但丰富不等于精彩，海量化不等于体验好。从目前公共数字文化建设现状来看，数字图书馆之间，数字图书馆与数字博物馆、文化馆之间的依存度和关联性不高，图书馆与其他信息机构分别自立门户，建立本系统的数字化服务平台和渠道的现象比较普遍。部分省级分中心网站与其他重要网站（如省市图书馆网站、当地政府网站等）互联互通不足，导致信息孤岛和资源共享程度低，不易被主流搜索引擎发现。与公共搜索引擎传输不畅，使用不便，由于缺乏统一的技术平台及多元的信息传递机制、传播管道，以及云计算、大数据等技术应用的滞后性，大量数据被封闭在信息孤井中，未能进入流通领域充分发挥其数据价值。面向多网络、多终

端的数字文化资源的智能传输调度，需要实现如何围绕多网络、多终端的业务协同，以不同区域的公共文化信息资源为基础，确定区域间交换信息指标及信息交换流程，实现不同区域之间异构应用系统间松耦合的信息资源调度，形成公共文化信息资源的物理分散、逻辑集中的区域间信息交换模式，提供区域间横向按需调度。

五 实现多维度的公共数字文化共享数据应用

面向公众的数据应用模式指通过大数据推荐等技术来提升平台和场馆的公共文化服务水平，从而吸引公众，刺激公众反馈，加强与平台、场馆与公众的互动，提升用户体验，用户的文化体验好了，必然会产生持续性参观和分享的源动力；用户行为数据本身、用户分享的内容等又会进一步刺激公众加入公共数字文化，直至形成互动良好的公共数字文化公众共商、共建、共享的有机循环。公共文化机构在相关合作协议或管理机构的协调下开展合作，通过制定相关政策与规章制度，建立制度化的合作模式，以保障合作持久顺利运行。通过建立统一的制度，要求参与合作的机构按照合作系统的标准与规范来组织资源、提供服务，以保证合作机构资源的可使用性、互操作性和可持续性。具体到公共文化服务层面，简单说就是公共数字文化的资源整合要实现标准化，即各公共文化服务机构需要按照统一的标准来组织、加工、存储、交换数字资源。结合数字文化资源分类标准，研究针对不同目标群体，不同资源类型的数字资源开放方案，争取更多的资源供给和数据共享，并探讨资源供给方与使用方共同获益之道。

第三节 技术难点攻关

一 标准化和简化应用接入方法

接入流程：合作单位用户可在导航子系统上申请应用的发布。申请时，需提供应用图标、应用链接、应用认证参数等信息，经过相应的审核人员审核通过后，应用可在应用集市上显示。导航系统管理员可将应用添加到相应的桌面上，经授权后，用户则可在导航子系统上进行应用的访问。

认证接口：导航子系统提供用户认证接口及认证接入规范，合作单位用户提供的应用需根据规范要求进行用户认证调整，从而实现接入应用单点登陆。

嵌入界面框架：业务管理系统应提供统一的嵌入界面，使公众用户能够采用统一的方式，访问各种接入的应用，满足整合、统一查看的需求。

部署包管理：如果合作单位用户提供的应用需要在公共文化发展中心部署，则合作单位需要上传应用部署包，支撑平台根据环境要求自动提供应用部署的虚拟服务器资源，并实现应用的自动化部署。

二　1＋N 模式下的分布式用户管理

考虑各种公共文化数字资源的有效共享和管理，需要建设数字资源和文化应用访问的统一用户管理。广大用户、各级文化共享机构需要在平台上注册，登记用户和机构信息。功能包括用户管理、机构管理、桌面应用的访问授权管理。系统实现用户的分布存储和管理，各中心（包括国家中心、各省级分中心）分别管理自己的用户、机构和权限。

用户注册后，便可访问导航子系统，用户可自行将平台上注册的账号与接入平台的应用账号进行绑定，账号绑定后则可实现应用的单点登录。

统一认证功能实现将来省级分中心业务管理系统上线后，各中心（包括国家中心和省级分中心）系统用户存在联合认证情况，例如，当某个省级分中心用户访问国家中心集成系统时，用户认证的操作将转到相应的省级分中心集成系统，认证通过后，将用户认证票据信息返回到国家中心系统，从而实现国家中心集成系统登录，登录后，根据用户权限设置可访问相应的桌面及应用。

三　单点登录

当用户访问导航平台时，要求用户输入用户名和密码，登录成功后，将用户账号信息保存到 Token 中，用户通过导航平台访问其他应用时，将 Token 通过 SSO 服务器传递给应用，从而实现单点登录。

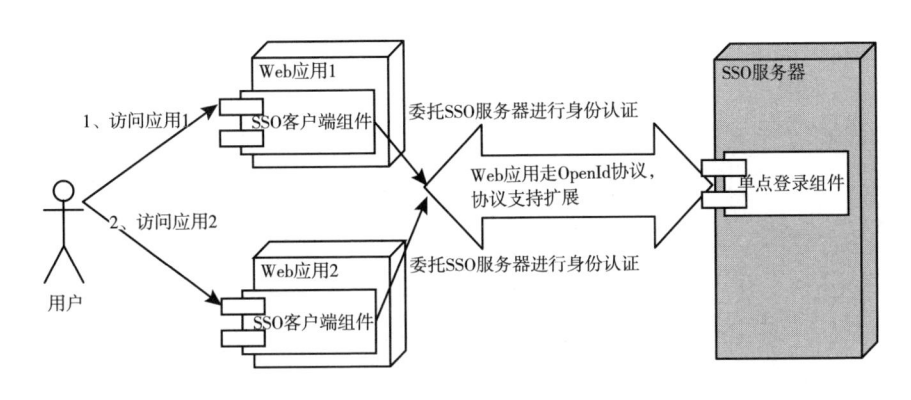

图 9-1　单点登录认证示意

单点登录支持类型为本平台提供的 Web 应用到 Web 应用的单点登录服务：用户通过浏览器访问 Web 应用 1，然后跳转到 SSO 登录，登录认证通过后，返回 Web 应用 1，然后用户访问 Web 应用 2，Web 应用 2 能够单点登录。

第四节　集成技术

集成主要包括基于大规模公共数字文化检索研究、公共数字文化资源内容安全关键技术研究、基于兴趣的群体公共资源推荐三大技术的集成。基于大规模公共数字文化检索研究包括内容的视频资源检索和图像检索，一方面基于视频内容的检索关键技术集成至资源共享系统的检索技术当中，同时也集成至门户的检索系统中，为用户提供更好的视频检索体验；另一方面图像检索关键技术集成至资源共享系统的检索技术当中，同时也集成至门户的检索系统中，为用户提供更好的图像检索体验。公共数字文化资源内容安全关键技术研究包括水印、敏感词、敏感画面等数字内容保护技术。在资源共享系统的审核步骤中，集成水印、敏感词、敏感画面等关键技术。而基于兴趣的群体公共资源推荐技术集成至门户网站，为用户提供更好的资源获取体验。

第十章　三大公共数字文化共享服务系统研发

第一节　整体研究思路和方案

为实现多网环境下公共数字文化资源的智能传输调度，需要研究如下内容：基于内容资源识别的调度路由设计，尤其是内容路由器中心的建立；利用 P2P 技术实现公共数字文化共享服务 CDN 节点建设和 CDN 节点间资源流转；基于 OAI – PMH 协议和 OAI – ORE 协议的公共数字文化资源的收割；基于公共数字文化共享服务内容的调度分发策略；基于流媒体播放和传输的公共数字文化资源的传输控制；对接用户端应用的传输接口定义和规范。

一　搭建资源共享系统

实现资源建设和管理，形成全国公共数字文化资源的统一目录，打通数字资源的共享通道。针对目前资源建设缺少统一协作平台、资源分散各地，难以实现统一管理、全面共享的现状，资源共享系统的研发实现国家中心节点和各省级节点数字资源的建设、管理和共享。国家中心节点的资源共享系统对省级节点资源共享系统提交的元数据进行审核，形成统一的元数据库，并在此基础上形成统一目录；同时完成数字资源的分布式存储、统一著录、统一审核，形成规范的元数据库及统一目录库，规范数字源的建设和管理，实现资源的共建和共享。

二 建立网络分发系统

实现支撑平台全网数字资源的智能调度及传输控制,为数字资源的共享访问、优质供给、高效传输提供支持。目前各类文化资源类型丰富,包含大量的音视频数据,为避开互联网上有可能影响数据传输速度和稳定性的瓶颈和环节,网络分发系统研发通过资源调度请求或资源调度策略以及内容加速技术,全国各地分布式存储的数字资源进行统一、合理、高效的调度;通过对资源调配过程进行监控、统计,实现资源传输过程的质量控制以及资源异地备份的容灾功能和跨网(互联网、移动通信网、有线电视网、政务外网等)资源调度的功能(资源推送到其他网络的相应资源服务器上),为各类网络终端和公共文化服务机构提供数字资源共享的底层支持;通过系统对外接口,实现网络分发系统软件与公共数字文化支撑平台的互相调用、协同工作。公共文化服务机构对数字资源的共享访问提供支持,建立起便捷、高效的数字资源传输渠道。

三 构建业务管理系统

实现"容器"型的应用支撑体系,以统一认证鉴权为基础,通过不断"装载"各种广受欢迎的文化应用软件,形成具有一定规模的"应用软件管理中心",从而不断发展和支撑各种文化特色应用为服务窗口的数字资源服务形态。同时,业务服务系统还能为各级(省、区、市)分中心、应用开发机构或应用运营机构提供应用接入支持。国家中心节点业务管理系统实现全国各文化机构应用提交、审核与发布,实现全国公众统一访问入口,包括统一认证鉴权、应用导航、资源应用、数字文化应用集市及多终端应用程序(APP)访问等功能,为决策机构提供数字资源与应用访问情况的各类统计图形。

第二节 构建三大系统主要功能

资源共享系统包含资源建设、资源管理和资源共享三大核心功能;

网络分发系统包含资源调度、资源传输控制两大核心功能；业务管理系统包含导航子系统、业务管理、统一认证鉴权、用户/机构/权限管理、后台管理、提供应用构建工具库、应用集市管理等核心功能。

一 资源共享系统的功能构建

资源建设、资源管理和资源共享是资源共享系统的主要功能模块，核心功能分别由各个子功能模块来实现，示意如图10-1、图10-2所示。

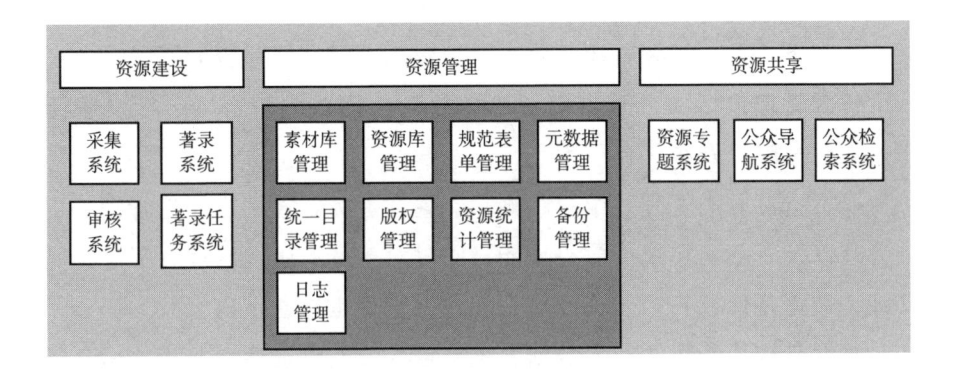

图10-1 资源共享系统功能模块

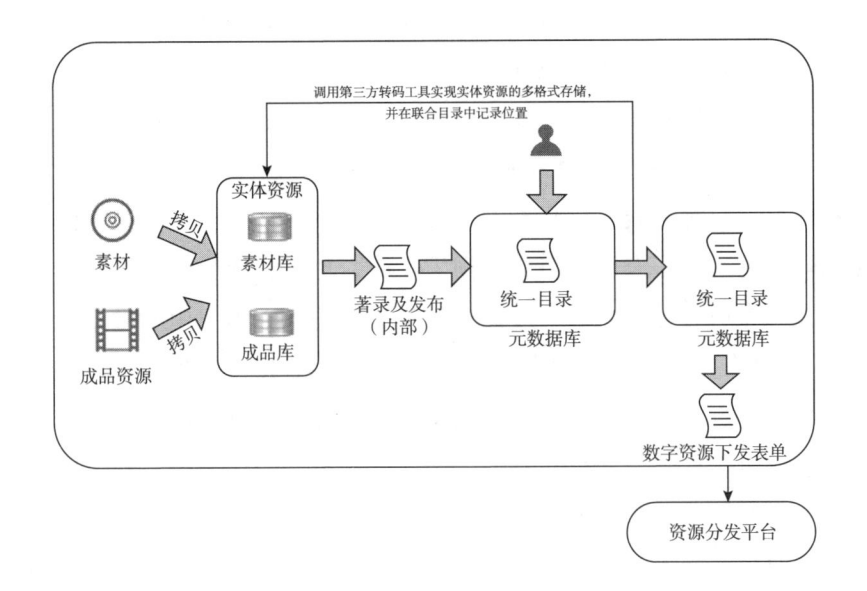

图10-2 资源制作技术

资源建设包括资源采集、资源著录、资源发布、资源辅助加工等流程。各省通过所建的资源共享系统，数字资源最终同步到全国统一目录中，经国家中心审核后，供全国使用。

资源采集系统是资源建设的开始。资源采集方式根据资源采集的方式，主要分为两大类：一类是在线资源导入，是指在线资源实体导入资源库中；另一类是FTP资源清单导入，是指资源实体通过FTP等工具导入后，在线导入FTP文件的清单，实现资源最终入库。

资源著录是对采集资源的详细信息进行著录。资源著录按照资源类型分为如下三种：视频资源著录、音频资源著录、图片资源著录。

资源管理包括4个基本资源库的管理，即成品资源库、素材资源库、元数据库以及统一目录库。

研发资源分类管理、编辑、删除、查询、标签管理、评论管理、评分管理以及下载、在线播放等功能，同时对于资源版权管理、资源专题管理、数据备份、日志、统计等常规数据管理也包含在内。

资源管理系统旨在对元数据、统一目录、实体资源以及相关信息的检索、维护、更新与同步。素材库管理，有四个功能模块：查询、编辑、预览、下载。素材库查询是元数据字段的组合查询。素材库编辑是指可以对素材库进行修改删除。

素材库实体资源变更，实体资源变更，可在线上传实体资源，也可通过FTP上传实体资源。素材库资源的编辑限制，资源编辑限制分为两种情况：一种是资源未提交至国家中心，分中心只要有相关权限可直接编辑。另一种是资源已提交至国家中心，这时，编辑请求提交至国家中心，国家中心允许之后，才能进行本地的编辑。国家中心批复允许编辑时，需先将自身的元数据库以及统一目录库、发布数据库中对应的数据更新为编目中或已删除。当得到国家中心允许，分中心最终发现自己是误删除时，则需重新采集资源。

资源共享系统需要通过统一的接口，向网络分发系统、业务管理系统提供双向的交互，实现资源的合理调配、检索、使用统计，提升公共数字文化资源服务的质量。

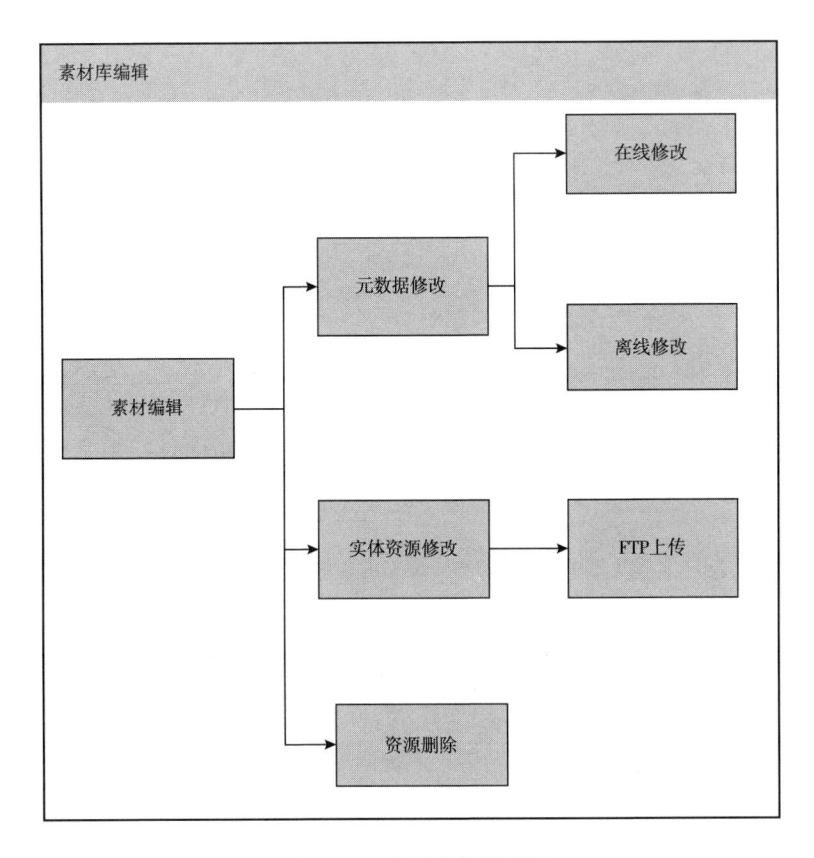

图 10 – 3　素材库编辑示例

二　网络分发系统的功能构建

网络分发包含资源调度、资源传输控制以及网络分发接口三个功能模块，功能构建示意图 10 – 4 所示。

资源调度包括资源请求、资源收割、资源调度、资源推送以及资源调度策略。资源请求即下级中心查找到资源后提出资源申请，审批通过后下载资源。资源收割即各级基层中心制作资源后上传给上级中心，审核通过后进行资源入库（收割）。资源调度即网络分发系统要实现资源的异地跨域调度，使用户就近访问资源，提高资源利用率和访问速度。资源调度通过创建资源镜像的方式实现。资源推送即各资源共享系统之

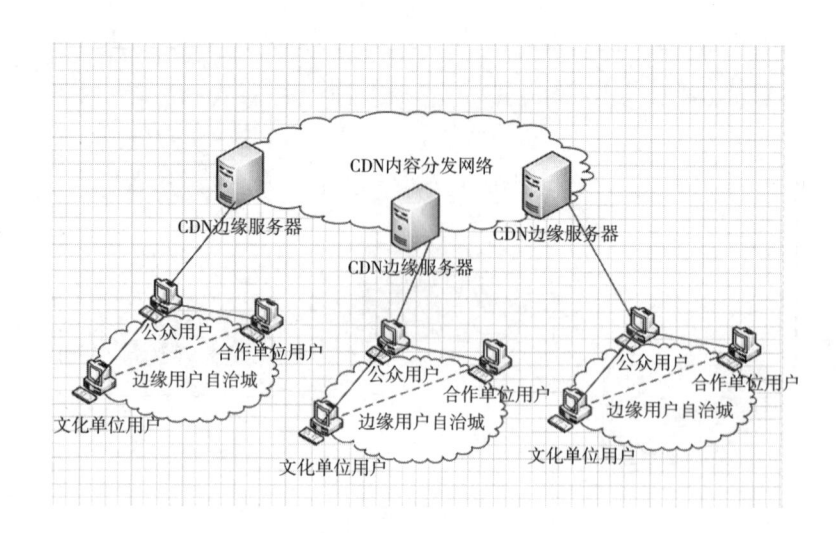

图 10-4　网络分发系统功能构建示意

间可以将资源推送到对方，还可以向第三方机构推送资源，资源包通过在线下载或光盘的方式传送给对方。资源调度策略即资源在国家中心和各省中心之间通过可定制的策略来自动调度，策略是通过资源的访问频次统计来制定的。

资源传输控制包括资源传输、资源播放、资源码流适配、传输监控、负载监控、分发统计。资源传输：平台采用集中控制的方式来进行资源传输，所有资源传输请求都是通过网络分发系统来实现的。资源传输支持断点续传、多线程下载等特性。资源播放：网络分发系统集中控制资源播放，在资源的所有镜像中选择离用户最近的资源来播放。资源码流适配：对资源请求进行用户端适配，选择合适的格式和码流。传输监控：列出正在传输中的资源列表、传输比例以及实时传输速度等信息。统计总传输资源占用带宽和资源传输过程暂停、停止、继续等操作。负载监控：各省中心分发平台向国家平台报告负载情况，国家中心统一监控。分发统计：对资源在平台间的调度做统计，并分析资源的调度效果，优化调度策略。分发统计包括资源的上传、下载、播放统计等。

三　业务管理系统功能构建

业务管理系统的功能比较多，主要包括导航子系统、资源集成、统一认证鉴权、用户/机构/权限管理、后台管理、提供应用构建工具库、应用集市管理等核心功能（见图10-5）。

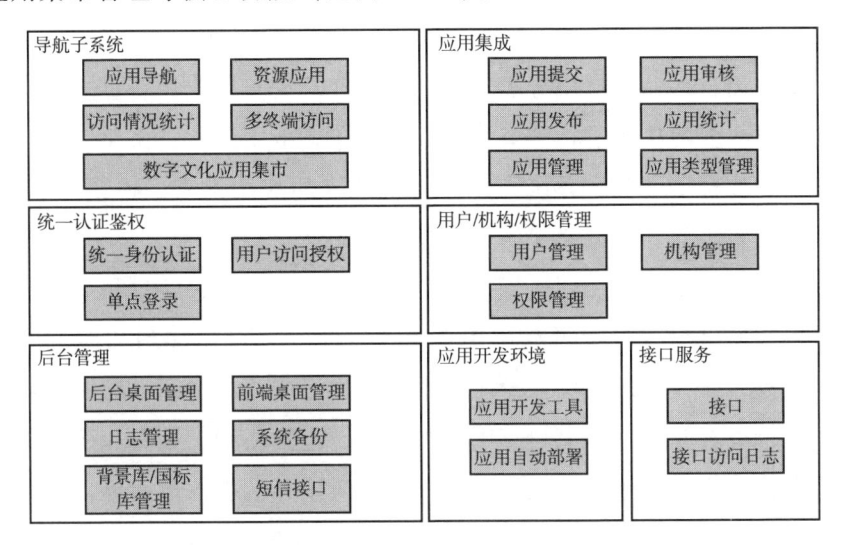

```
导航子系统                              应用集成
  应用导航    资源应用                    应用提交    应用审核
  访问情况统计  多终端访问                  应用发布    应用统计
  数字文化应用集市                         应用管理    应用类型管理

统一认证鉴权                            用户/机构/权限管理
  统一身份认证  用户访问授权                用户管理    机构管理
  单点登录                               权限管理

后台管理                    应用开发环境           接口服务
  后台桌面管理  前端桌面管理    应用开发工具           接口
  日志管理    系统备份         应用自动部署           接口访问日志
  背景库/国标库管理  短信接口
```

图 10-5　业务管理系统功能架构

1. 导航子系统

建设面向互联网或移动互联网的前端用户访问的应用和资源导航系统，采用B/S架构、最大程度降低用户端维护工作；采用多桌面形式、便于未来在导航子系统中通过滑屏显示很多资源；根据用户登录注册的身份形态访问不同主题的内容桌面，方便使用者快速访问自己需要的内容。

前端导航系统的内容包括但不限于：公共电子阅览室导航服务，细分场景、人群用户导航桌面，各级文化共享工程服务机构导航桌面，各省图书馆、美术馆、文化馆、博物馆等文化单位的导航桌面，其他各种文化单位可定制化的内容和应用导航入口。

系统采用B/S架构，便于用户直接通过浏览器访问；导航内容可多桌面展示，支持鼠标拖动或手指滑动（触屏系统终端）切换桌面；桌面上图标大小规格为200px×200px，圆角弧度为25，图标占用空间小于 15KB；桌面图标分为两种类型：纯色图标、图片，其中纯色图标透明度为 70%，图片不设置透明度；桌面图标在进行展示时，从左上角到右下角拓展，当一个桌面展示不完时，自动调整到下一个桌面；图标可在后台进行管理，并可更换应用显示的图标、修改图标标题。修改后，前台展示随即更新。

2. 业务管理

整体而言，通过应用分类和统一管控实现完善的应用管控机制，系统能够对众多的应用进行分类，这些分类包含但不限于：文化展示、协同交互、教育培训等。系统需建立一套统一的应用提交、审核、部署、测试、发布流程，形成完善的应用管控机制。

合作单位用户可在导航子系统上申请应用的发布，经过相应的审核人员审核通过后，应用可在应用集市上显示，并可添加到相应的桌面上，经授权后，用户则可在导航子系统上进行应用的访问。导航子系统管理员也可对应用集市上的应用进行管理，包括新增、编辑、下架等操作。合作单位用户登录导航平台后，填写应用导航接入申请单，填写必要信息（包括申请单位名称、联系方式、应用访问地址、ICP 备案编号、应用类型等）后，进行提交，等待审核人员的审核。导航平台应用审核人员对提交上来的应用进行审核，审核通过后，应用进入到应用集市；否则反馈给申请人，并说明审核被拒绝原因。

各省（市、区）优选或开发具有在本地发挥作用较好、受本地区公众用户认可度较高、具有全国推广服务价值的地方应用系统，实现每省至少一个以上的典型应用供全国用户共享特色文化服务。经国家中心审批及测试后，按照平台的特色应用系统认证使用规范向国家中心业务管理平台进行应用服务推送，并面向全国开展服务。

文化系统内部单位和外部各合作单位根据用户需求和自身创作能力，进行文化特色应用的开发，并在公共文化数字支撑平台上部署；这样可以一方面丰富数字支撑平台的内容和应用，一方面利用公共文化数字支撑平台渠道，推广和开展各单位的文化特色应用，为公众用户和机构用户提供丰富的特色文化服务。

特色应用系统认证使用规范就各省（市、区）分中心、其他公共文化服务机构以及社会各行业单位提供的特色应用系统在技术标准、资源抽取方式、服务内容和方向、既有用户对接、应用推送与发布规则等方面进行规范。

各机构承担的特色应用系统开发和部署需基于支撑平台的基础软件架构，设计合理的业务流程和数据流程。

3. 统一认证鉴权

统一认证鉴权系统主要是对管理用户和公众用户实现统一的用户认证功能，为现存的和即将开发的各应用系统提供一个跨系统的认证平台，解决系统间用户管理混乱、用户使用不便、安全性差等问题。用户只需登录一次，就可访问接入统一认证的不同业务系统和各地特色应用。

提供对接入导航系统的各种文化应用进行单点登录的集成认证功能。各应用的身份认证委托给统一认证服务完成，用户在统一认证服务鉴权后，把当前登录的用户身份返给接入平台的各种文化应用，进行访问授权控制。

4. 用户/机构/权限管理

建设数字资源和文化应用访问的统一用户/机构/权限管理系统，实现对各种公共数字文化资源的有效共享和管理。公众用户、各级文化共享机构需要在平台上注册，登记用户和机构信息（同时平台也保留匿名访问功能）。系统管理员可授权用户和机构不同的访问或管理权限。

实现不同桌面、应用和资源的访问授权管理，针对用户和用户角色设置用户登录后访问不同的桌面或查看桌面中能够访问的内容。

系统管理员在用户或角色列表中，选择需要设置权限的用户或角色，点击分配桌面权限后，打开权限设置页面。勾选允许访问的桌面及桌面上的应用后点击保存按钮，权限设置完毕。

被分配权限的用户登录系统后，只能访问被授权的桌面及桌面上的应用。

5. 后台管理

后台管理提供自定义前端、后端桌面，海量的图片、图标管理，系统的详细日志和备份恢复等服务。主要包括：后台管理桌面、前端桌面创建和维护、背景库管理、图标库管理、日志管理和系统备份等。

6. 提供应用构建工具库

开发者可以使用应用构建工具按照应用规范开发出各类应用组件，并发布到内容展现门户或应用门户中，供公众或者其他创作、加工者使用。同时，为提高文化共享能力，系统提供接入国家、各省、市、县的文化应用系统的能力，包括为各种应用系统提供受控的运行环境（由云平台基础资源提供）、应用的监控和管理，应用的自动化部署和监控，系统门户整合、业务处理整合、数据交换和数据整合等。

7. 应用集市管理

应用集市是应用接入和测试发布后用户访问应用的主要区域，也是导航管理员定制各种桌面导航的应用资源库。应用集市应为公众用户和导航管理员提供多种应用分类的展现和获取手段，例如公共服务应用、地方特色应用、用户人群应用、合作单位应用等。同时也可以通过访问权限控制，不同的用户访问应用集市中不同的内容，并集成互联网上一些开放的工具软件、游戏和服务。应用集市与应用导航系统相结合，为用户提供定制化、多桌面、有特定风格和应用群件组合的访问空间。

国家中心和各省分中心的应用集市需要进行整合，国家中心应用集市的应用可以下发到各省分中心，各省分中心应用集市的内容也可以上传到国家中心，应用集市内容的下发、上传配以相应的审核流程。如果是实体应用下发和上传，需要把应用进行打包，然后通过网络分发平台和自动化部署实现。导航子系统管理员也可对应用集市上的应用进行管理，包括新增、编辑、下架等操作。

第三节　完成三大数字文化共享服务系统研发

一　资源共享系统

资源共享系统是公共数字文化共享服务平台的重要组成部分，通过建立数字文化资源元数据规范与编目规则、建立资源共享工程分类法编制方案及类目；而公共数字文化资源质量的甄别、建立起数字资源唯一的标识符规则，解决资源共享系统之间的资源同步、全国资源共享系统与特色应用的衔接、公共数字文化资源本身的去芜存菁等问题，实现资源建设和管理，形成全国公共文化数字资源的统一目录，打通数字资源的共享通道。

资源采集的实现主要通过资源导入。资源导入的主要目的是获取上传的资源，包括只上传单个文件资源、上传单个文件资源和与之相匹配的封面图。

当文件上传到文件中心后，可以选择删除文件和入库操作。入库是确认上传的资源保存到文件中心中。点击"入库"后，会弹出当前上传的文件的描述信息，可以对其中部分做修改。

资源著录由4块构成：文件导入、新建层次、筛选查询条件和资源编目列表。

文件导入操作的目的是离线编目生成的xml文件通过网页在线上传到服务器中，服务器会自动解析xml文件中的信息，并保存起来。

新建层次分为3种：集合层、个体层、分析层。集合层表示一系列视频的集合，比如一部电视剧包含有很多集，就是集合层。个体层指单个的资源，例如一部没有续集的电影。分析层通常是一部电影的精彩片段，或一首歌曲的高潮部分，就像我们常用的手机铃声。资源采集后默认的是个体层，因此，这里提供集合层和分析层新建。

新建集合层：在新建之前需要选择要新建的资源，必须要添加集合的题名以及类型和分类。

新建分析层：新建后需要点击新建的题名，进入资源详情，在详情界面添加分析层资源（如音频的铃声、电影的片段）。

对资源的层次进行创建，创建成功的资源会在资源编目列表上面显示。

可对需要查询的资源进行条件筛选。而资源编目列表列举了需要编目的所有资源。列表提供多选的功能，题名可以点击进入查看详细信息。

列表对每个资源都提供了多个按钮的操作，查看、编目、完成编目和导出 xml，以下对每个按钮的功能做解释。

点击"查看"后会进入到元数据查看的部分，点击后可以看到元数据详情的页面，目录部分提供的选项均可以点击查看每一项的具体信息。

点击进入编目界面，添加详细信息以及分类等，编目界面可以进行组添加和每项描述添加其中带有'*'号的选项为必填项。

点击"完成编目"后会修改编目状态为编目完毕，不能再更改编目数据。导出 xml 是资源信息临时存储在 xml 文件中，然后使用离线编目工具进行编目，编目完成后再将 xml 文件上传，上传见文件导入。

资源审核是对已完成编目的资源进行审核。进入资源审核页面后默认所有展示出来的资源为"未审核"，可以根据需要调整为"审核通过"和"审核不通过"。另外页面还提供了查询功能。

观察会发现页面还提供有"点击进入批量审核页面"。因此，资源审核分为单条资源审核和批量资源审核。

单条资源审核：点击资源审核列表带有蓝色字体标识的"审核"按钮，进入资源审核页面，进入审核页面后可以点击"目录"（如"2 题名""4 版本"等）查看资源的详细信息。

同时审核界面还提供有资源的播放功能和下载功能。通过以上方式查看资源的详细信息后确认资源是否符合标准，给出相应的审核意见后确定是否审核通过。

统一目录管理界面为用户提供了丰富的查询条件组合页面，可以对统一目录中的资源进行筛选查看，并提供 XML 的导出以及资源的下载功能。

对统一目录的资源查询提供两种查询方法，普通查询和高级查询。资源查询条件功能可以对用户所要查询的资源的条件进行选择，选择后点击"查询"按钮，得到用户所需要的资源。其中审核状态、编目状态、层次、类型四个条件通过用户点击下拉框的方式进行选择，其余条件需用户手动输入。

如点击"高级查询"按钮，则会出现更多的筛选条件，使用户更加细致准确地对所需资源进行查找。其中平台分类、广电分类、中图法三个条件在用户点击输入框后会出现选择菜单让用户进行选择，资源类型、节目形态、节目类型、色彩、字幕语种五个条件通过用户点击下拉框的方式进行选择，其余条件需用户手动输入。

资源编目列表统一目录下的所有资源以列表的方式在页面中显示出来，并在列表中显示资源的题名、类型、层次、保存地等信息。

资源详情页面的使用点击资源详情链接进入查看。

二 网络分发系统

用户通过资源收割功能，不同地区收集到的资源整合到当前操作者所在地区的数据库中，实现资源的内容路由。点击"请选择地区"按钮选择需要收集资源的地区，点击"起始收割时间"输入框，弹出时间选择框，对需要收集资源的起始时间进行选择，点击"截止收割时间"输入框，弹出时间选择框，对需要收集资源的截止时间进行选择。

点击"进入收割记录查询"按钮，进入资源收割记录页面，该页面显示收割地区、收割时间、收割开始时间、收割结束时间、收割者、收割数目以及可用条数等信息，并可以通过筛选查询条件功能查询收割记录，在筛选查询条件功能中，点击"请选择地区"按钮对被收割资源的地区进行选择，点击"起始收割时间"输入框，弹出时间选择框，对需要查询的收割记录的开始时间进行选择，点击"截止收割时间"输入框，弹出时间选择框，对需要查询的收割记录的结束时间进行选择。点击"返回"按钮，返回资源收割页面。国家中心收割重庆节点审核完成的资源实例如下。

资源传输采用的是 P2P-CDN 网络结合 CDN 的管理机制和服务能力引入 P2P 网络，形成以 CDN 为可靠的内容核心，以 P2P 为服务边缘的架构，从而在不增加 CDN 成本的同时有效提升 CDN 服务能力，并且有效地避免了 P2P 应用的诸多弊端。其次，充分利用现有 CDN 且不对现有的 CDN 进行改造或改造较小，节约成本。最后，在 CDN 的边缘节点增加 P2P 分片功能，可同时为 P2P CDN 用户和原有 CDN 用户提供流媒体服务,在骨干网中,传输的是传统流媒体,不需增加骨干网流量。在 CDN 边缘节点进行分片,不需要在每个用户端增加分片功能,减少分片的次数以及用户端的负担。

资源聚合核心点负责对 GSLB/SLB（全局负载均衡/区域负载均衡）调度信息进行管理,调度信息包含调度策略、内容分布、节点负载等。主要包括资源请求、资源收割等核心业务功能,同时也包含了资源就近导航、负载均衡等基础功能。资源调度中心节点能够按照即时或延时两种策略进行资源分发,并能查看到任务的状态、执行的方式和分发的资源列表。资源分发能够按照关键字或时间进行检索。

资源调度必须保证一个原则：实体资源到,资源分布目录更新。内容分发需进行数次检测,流程如图 10-6 所示。

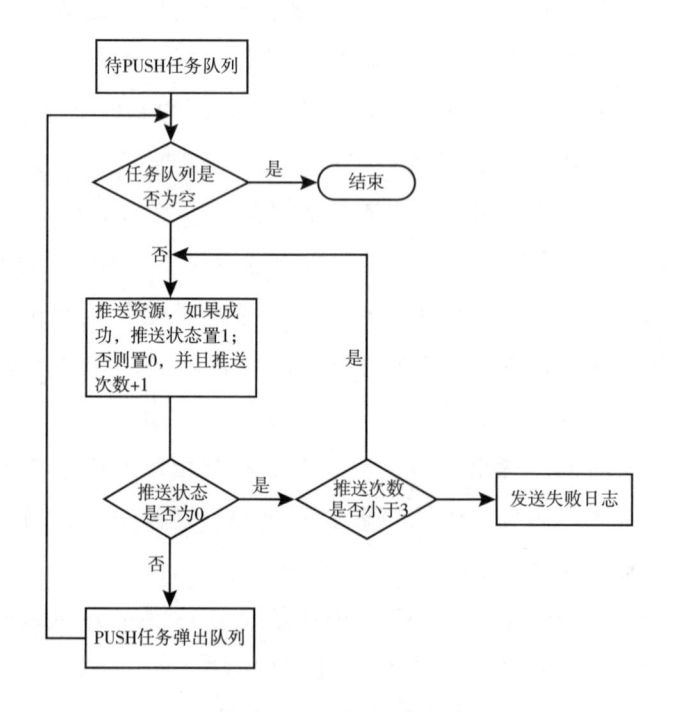

图 10-6　资源调度流程

推送完成后需更新各节点的资源分布目录。如若细化录入失败缘由,可修改本接口返回类型,并规范定义返回值含义。因资源分布目录的调整需递归向上级更新，且需保证数据的一致性，故必须实现基于 WebService 接口的事务处理。在调用本接口时，必须先同步资源目录。

资源聚合核心点负责对 GSLB/SLB（全局负载均衡/区域负载均衡）调度信息进行管理，调度信息包含调度策略、内容分布、节点负载等。主要包括资源访问调度、资源调度策略制定、资源推送等核心业务功能，同时也包含了资源就近导航、负载均衡等基础功能。资源聚合，中心收割地方，收割的对象是已经在分中心审核通过的资源。收割的条件可以是多个地区和时间段的组合收割。收割的目的是实现建立全国统一的云目录库，在资源管理列表可查询与阅览。

平台采用集中控制的方式来进行资源传输，所有资源传输请求都是通过分发系统来实现的。资源传输支持断点续传、多线程下载特性。资源的聚合采用都柏林核心数据集 OAI 协议。

本系统采用联机计算机图书馆中心（OCLC）推出的资源收割开发框架。OAICat 是一个 Java Servlet Web 应用，提供了符合 OAI-PMH2.0 协议的仓储框架。OAIHarvester2 是一个 Java 应用，提供了符合 OAI-PMH1.0 和 OAI-PMH2.0 协议的资源收割框架。

通过批处理，系统在夜间 3 点（暂定），收割前一天 24 小时内审核通过的分中心数据。

三　业务管理系统研发

在门户尾部点击"加入我们"，跳转到应用的申请页面，填写应用导航接入申请单，填写必要信息（申请单位名称、联系方式、应用访问地址、ICP 备案编号、应用类型等）后，进行提交，等待审核人员的审核。

管理员登录后台管理，点击业务管理的应用审核管理对申请的应用操作。

用户登录后，在个人中心对桌面进行设置，添加应用或者删除应用。

管理员登录到后台，点击资源共享，无须再重新输入资源共享的用户名和密码，直接登录。

管理员登录到后台，点击网络分发，无须再重新输入资源共享的用户名和密码，直接登录。

系统按用户身份及其所归属的某项定义组来管理和统计用户对资源的访问。

系统页面分页展示所有的前台注册的普通用户，可按照账号进行模糊搜索，通过全选按钮进行批量删除；点击编辑，对用户信息进行修改；点击删除，进行单个删除操作。

第十一章　公共数字文化共享服务平台的研发构建

第一节　整体研究思路和方案

建成全国统一的公共数字文化资源共享服务平台，是从根本上解决我国文化资源分布广泛而不集中、丰富而难以聚合等问题的方法，也是解决海量文化资源合理有效统筹、全国资源系统化统一性与地方资源分散化多元性、用户使用的便捷性与参与性等问题的基础，研发过程中考虑到以下基本出发点。公共数字文化共享服务平台既承担着全国文化资源的供给功能，满足全国公共文化资源的共建共享、智能调度与分发、资源统筹与应用；又兼具全国用户使用文化资源的渠道功能，为用户提供获取信息、实时互动的渠道。共享平台所提供的服务遍及全国各地，既包括对经济发达地区、公共文化资源丰富地区的资源统筹，又包括对经济欠发达地区、公共文化资源挖掘不足地区的资源统筹。从类型上看，既覆盖图书馆、文化馆、博物馆、展览馆等各类公共文化服务机构，又包括图书、文物、戏剧、舞蹈、书法等各类公共文化资源。既包括公共文化机构对公共文化资源的统筹共享，又包括用户的互动与分享。公共数字文化资源只有符合以上的功能和定位，才能逐步形成公共数字文化资源共享的技术支撑思路与框架平台。

第二节　规划研发平台技术路线

公共数字文化共享服务平台既承担着全国文化资源的供给功能，满足全国公共文化资源的共建共享、智能调度与分发、资源统筹与应用；又兼具全国用户使用文化资源的渠道功能，能够为用户提供获取信息、实时互动的渠道。资源共享系统、网络分发系统、业务管理系统架构各异，要实现高效可扩展的公共数字文化共享服务平台，主要涉及两个方面。一是梳理资源共享系统、网络分发系统、业务管理系统接口。关于系统接口的研究主要是指为公共电子阅览室和资源应用导航等系统开放的通用对接接口，以及对接用户端应用的传输接口定义和规范等内容。在资源共享系统中，资源共享系统需要通过接口，向网络分发、业务管理提供双向的交互，实现资源合理调配、检索使用统计提升公共数字文化服务质量。在网络分发系统中，通过分发系统的对外接口，可以实现网络分发系统软件与公共文化数字平台的协同工作，实现平台的有效互动。二是平台资源展示门户平台研发。资源展示是平台的门面，只有丰富的数字文化资源完完整整、原原本本地呈现在用户面前，用户才会有进一步获取文化资源的兴趣，才会和共享平台发生进一步的联系，才能提高数字文化资源的利用率。

从技术路线上来说，首先要梳理出核心业务层资源共享系统的交互接口。网络分发系统可通过资源检索接口检索到想要的资源列表。网络分发系统可通过资源列表从资源共享系统获取实体资源。业务管理平台可通过该接口实现资源共享系统与其的单点登录（SSO）。资源共享系统之间省级分中心向国家中心提交元数据的接口。元数据收割接口支持国家中心向省级分中心收割元数据的接口。资源访问统计接口支持业务管理系统对资源的访问情况进行统计。

网络分发系统是资源调度的基础系统支撑，根据推或拉的设定，可以资源分发到各个边缘服务器，并把用户导向最近的服务器，给用户提供最好的资源访问体验。资源推送接口支持资源在节点之间的推送，支持从国家中心向省级分中心（边缘服务器）推送对象资源。资源共享系统资源推送接口支持资源共享系统调用该接口主动推送资源。网络监测接口监测分发网络各种实时网络状态。资源网络分布接口实时掌握资源在平台网络的分布状况。

业务管理系统是应用的管理平台，为各类特色应用提供一个桌面容器，通过申报审核的特色应用装载至应用系统桌面容器，为用户提供安全的资源访问入口，为国家/省中心提供应用的接入支持。单点登录接口支持对资源共享系统和网络分发系统的单点登录，同时也支持多应用的单点登录。统一认证鉴权接口支持用户的统一认证和鉴权。应用提交接口支持应用申报提交。应用审核接口支持国家中心和省级分中心之间应用层级审核。应用统计接口支持对应用的数量、使用情况的平台统计。

确定接口后进行平台部署。公共数字文化共享服务平台分别部署在五台服务器上，第一台部署公共数字文化共享服务平台软件及所需的运行环境，如 Tomcat 等；第二台部署 MySQL 数据库系统，存储结构化数据；第三台服务器部署文件存储和流媒体服务，如 FTP、Nginx 等。第四台服务器部署缓存服务，如 Nignx 等。第五台部署视频转码服务，如 ffmpeg 等。

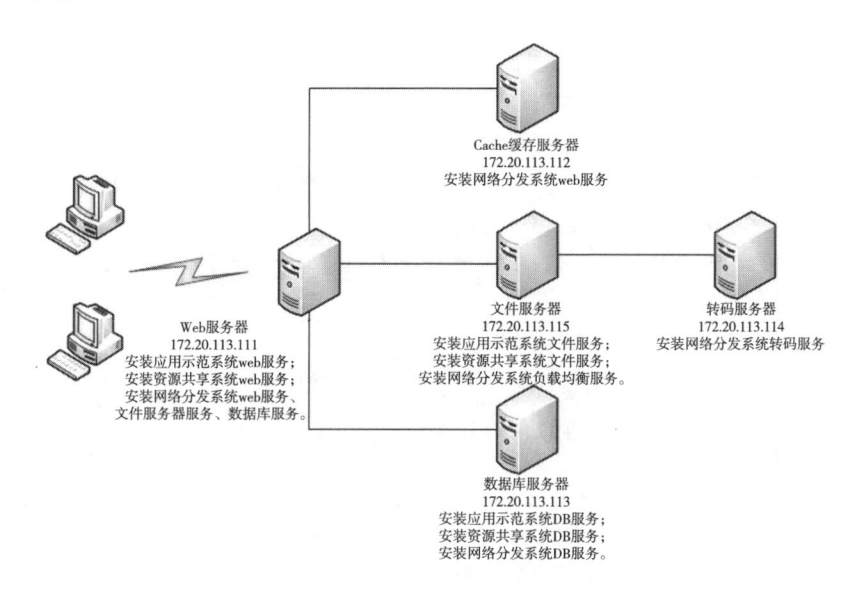

图 11-1　系统部署网络拓扑

通过上述主要接口，三大应用有效整合成一个高效的公共数字文化共享服务平台，并为该平台提供一个资源展示的门户，该门户也可以接入业务管理系统。门户主要有以下几大功能：发布管理（通过资源搜索，列出资源类表，所选择的资源导入资源展示的指定目录）、展示管理（对资源分类展示目录下的资源内容进行管理，可对指定展示目录下的视频进行增删改查）、分类管理（可对资源展示的类目进行管理）、推荐管理（可提供资源的置顶、推荐管理）、搜索（可对展示的资源进行检索）、评论评分（可为用户提供对资源评论评分的功能）、热点推荐（可为用户自动推荐热点资源访问）。

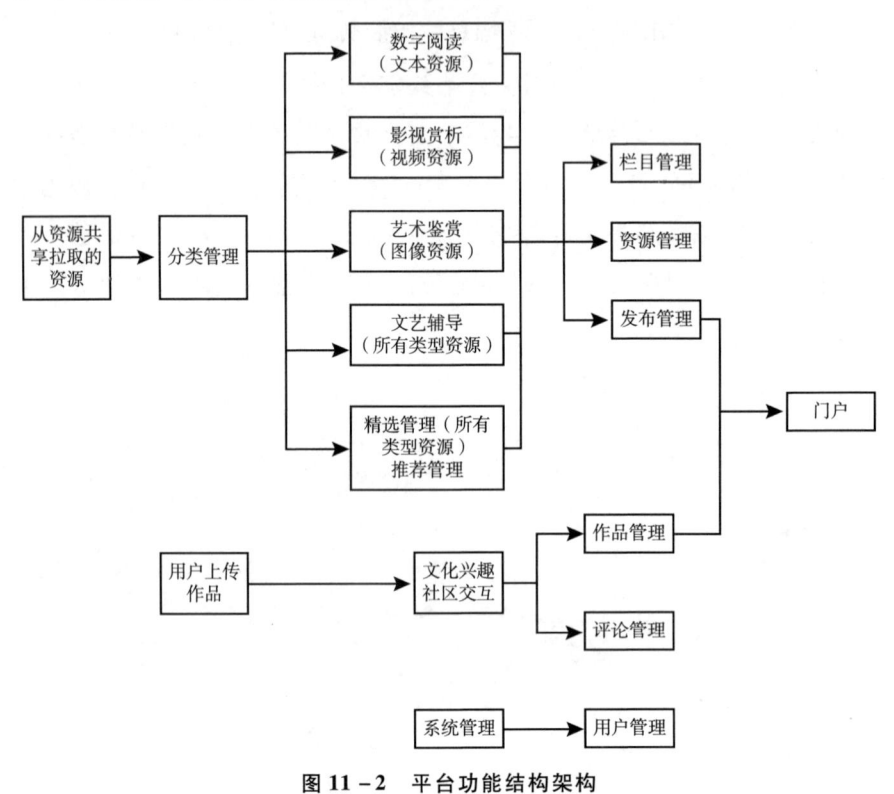

图 11-2 平台功能结构架构

第三节 梳理系统接口

一 资源共享系统接口

资源共享系统的接口比较多，主要有著录任务接口、元数据上传接口、元数据审核接口、元数据的导入导出接口、资源的导入接口、分发任务发布接口、鉴权认证接口、统一目录服务接口、资源使用统计接口、规范表单接口。①著录任务接口：国家中心通过此接口下发著录任务给各省级中心。②元数据上传接口：省级中心元数据可以上传到国家统一目录系统，接口采用 WebService 形式。③元数据审核接口：上传到国家中心的元数据需要审核，审核后，通过本接口审核情况反馈给通知省级中心。④元数据的导入、导出接口：此接口专为资源著录工具使用，通过此接口可以导入著录工具生成的元数据描述 XML 文件，也可以导出文件给著录工具用。⑤资源的导入接口：通过此接口可以从媒资系统里导入资源到资源库里；媒资系统导出的资源，除了资源实体文件外，还要按照本接口定义提供一个 XML 文件来描述资源；导入接口可以提供多种导入方案，如中间文件包形式、WebService 接口形式等，以适应各地不同的资源系统。⑥分发任务发布接口：资源共享系统形成的数字资源下发表单，指导网络分发系统的资源下发行为。⑦鉴权认证接口：资源共享系统向业务管理系统中鉴权认证模块的工作人员接口，实现单点登录功能。⑧统一目录服务接口：给应用导航、特色应用、定制应用（如手机 APP）以及共享应用提供资源访问服务，接口采用 WebService 形式。⑨资源使用统计接口：资源共享系统日志模块具备资源使用记录能力，即设计相应字段对使用情况进行记录。⑩规范表单接口：此接口为实现全国共享的规范表单变更时，可做全网自动更新同步。

二　网络分发系统接口

网络分发系统统一控制支撑平台的资源上传、下载、播放等资源传输操作。分发平台对外提供传输接口供用户端应用使用。主要的接口有：鉴权接口、列表接口、查询接口、上传接口、下载接口、播放接口。

三　业务管理系统接口

业务管理平台通过单点登录服务器实现应用的单点登录导航。单点登录接入规范是前提，接入集成平台的应用需要满足相应的接入规范，才能实现访问的单点登录。针对不同的应用类型，本平台提供了相应的接入规范，这些接入规范包括：J2EE 应用接入规范和 Asp. Net 应用接入规范。SSO 针对 J2EE 环境，提供接入的用户端 Jar 包，该用户端实现了 SSO 协议，并对用户端调用接口进行了封装，以便提供更简便的接入接口。SSO 针对 Asp. Net 环境，提供接入的用户端 DLL 包，该用户端实现 SSO 协议，并对用户端调用接口进行了封装，以便提供更简便的接入接口。

第四节　公共数字文化共享服务平台研发及优化

通过完成三大系统接口梳理对接、攻克技术难点、集成相关关键技术、建设前台门户、实时优化调整，使平台既能承担全国文化资源的供给功能，满足全国公共文化资源的共建共享、智能调度与分发、资源统筹与应用；又具有全国用户使用文化资源的渠道功能，能够为用户提供获取信息、实时互动的渠道。构建一个面向全国的公共数字文化共享服务平台，实现平台的有效互动，提高系统的扩展性和协同性。

表 11 - 1　平台功能完成情况

系统功能	完成情况说明
分类管理	完成对资源的分类管理
发布管理	资源可发布到对应分类中
展示管理	发布的资源可在门户上展示
推荐管理	"精选管理"模块提供推荐功能
搜索功能	每个分类下都配置搜索功能
评论评分	已实现评论评分功能
热点推荐	根据资源访问热度展示排名靠前的

此外，平台提供广泛用户访问适用性，降低访问门槛。系统支持普遍用户访问，所以系统采用 B/S 架构。浏览器作为主要的用户端访问软件，能够支持国内主流的浏览器，如 IE 浏览器、360 浏览器、搜狗浏览器、谷歌浏览器、苹果浏览器、火狐浏览器等。同时，采用 B/S 架构，能够最大程度降低用户端维护工作，极大降低维护成本。平台导

航多样化和定制化，方便公众访问公共文化应用采用多桌面形式、便于未来在导航系统中通过滑屏显示很多应用；根据用户登录注册的身份访问不同主题的内容桌面，方便使用者快速访问自己需要的内容。相应的管理人员能够对应用桌面，以及桌面背景、应用图标进行定制，能够快速满足活动组织要求。

平台支持多终端访问、多分辨率，支持更多访问场合。多终端访问系统能够帮助民众更方便快捷的访问数字支撑平台的文化应用，随时随地的获取文化内容资源。该系统应提供方便浏览的访问界面、易学易用。同时为了更好地进行未来的维护导航内容、调整导航菜单等工作，该系统需提供一次修改，多种终端都能展现的能力。支持的主流终端包括：PC 显示器、主流平板电脑（如 iPad、Android Pad、SurfacePad 等）、主流智能手机（如 iPhone、Android Phone、Windows Phone 等）。目前主流的显示器、平板电脑、手机所支持的分辨率多种多样，需要业务管理系统能够自适应各种分辨率，以下展示了在平板电脑和智能手机终端上业务管理系统对多分辨率的支持，分辨率分别为：1920px × 1080px，1136px × 640px，1024px × 768px。

平台访问域名如下。中心：http://www.ggwhcs.com。重庆：http://beibei.ggwhcs.com。江苏：http://suzhou.ggwhcs.com。

可在电脑、公共文化一体机等设备进行访问，此外，还开发了手机版、公众号，实现多终端访问系统，帮助民众更方便快捷地访问数字支撑平台的文化应用，随时随地获取文化内容资源。该系统应提供方便浏览的访问界面、易学易用。

在运行过程中进行了多轮平台优化，陆续完成了每天实时统计 3 个点设备的用户使用人数、检索增加高级检索（包括使用传媒大学的内容检索功能）、互动体验设备上传的资源个人能够查阅、平台依据新确定的公共数字文化馆相关标准进行执行、水印的提取界面补充、资源的信息著录（补充馆藏、资源所属、说明等信息）、集成的系统要能够统一登录、业务管理系统要能够直接跳转到资源共享和网络分发系统、制作手机版（见图 11-3）、申请微信公众号（见图 11-4）

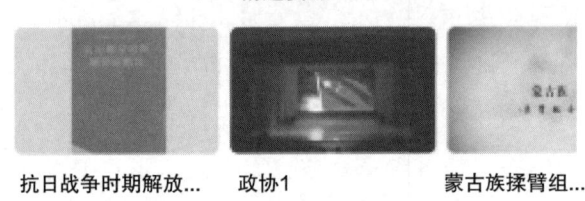

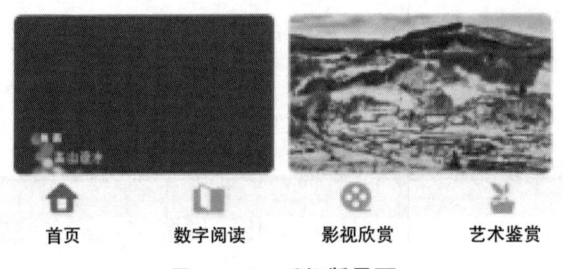

图 11-3　手机版界面

等一系列优化。并根据试点展开的问卷调查，掌握到近半数的试点用户会经常使用平台的用户交互体验和上传功能，八成的受访者表示平台的文化资源推荐对寻找资源的过程有帮助，半数的受访者认为平台的页面风格和内容设置需要改进，希望在平台上增加艺术赏析类、人文地理类、生活服务类三类资源，认为资源不足、没有想要的资源，缺少评论、转发、在线咨询等功能是目前存在的主要问题，并且近九

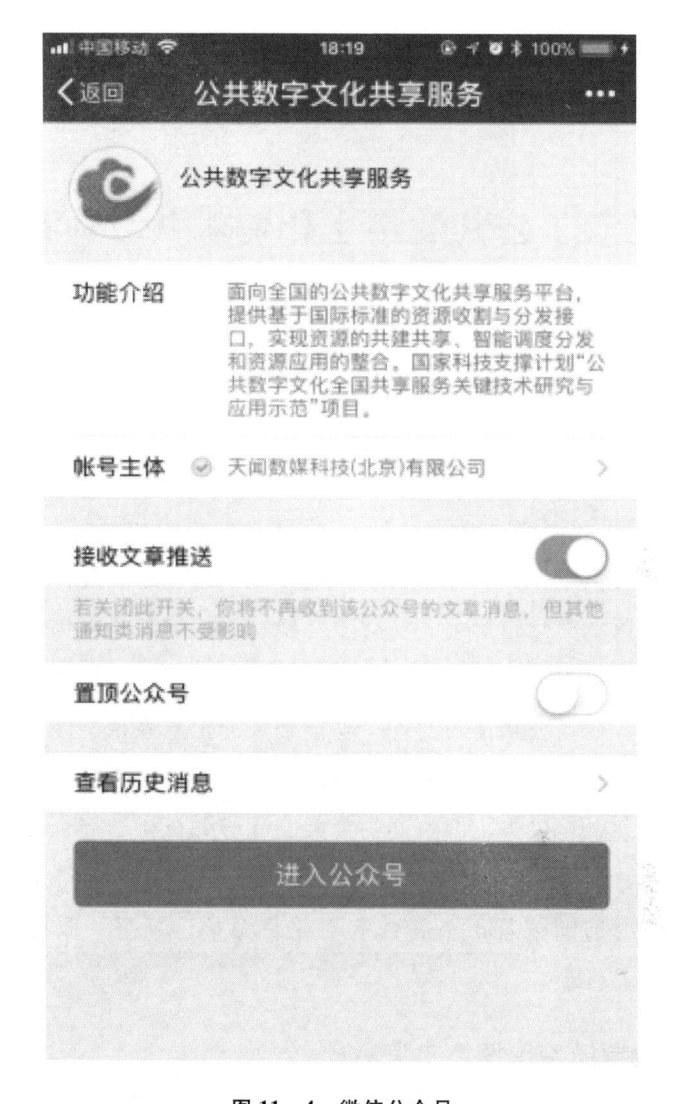

图 11-4　微信公众号

成的被调查者表示更愿意在手机上使用平台等相关情况。针对这些用户意见，进一步优化并推广公众号和手机版。

第十二章　公共数字文化资源共享应用案例

第一节　文化共享工程

进入 21 世纪以来，随着数字技术的迅速发展和网络的快速普及，社会对公共文化服务数字化的需求日益增长。近年来，公共图书馆、博物馆、美术馆、文化馆等公共文化服务机构纷纷将各自的馆藏文献或文化资源加工转化为数字资源，为社会公众提供数字文化服务。然而，在网络环境下，社会公众更需要一个功能强大的信息系统，能将不同机构的数字文化资源集成在同一平台，以供检索和获取。因此，公共数字文化服务便呈现融合趋势，即不同的公共文化服务机构开展合作，通过整合数字资源，为公众提供"一站式"数字文化服务。近年来，我国国家和地方相继启动了若干公共数字文化资源整合项目，取得了明显成效，具体如下所示。

一　数字图书馆推广工程

国家图书馆通过建设国家数字图书馆等，制定出版了多个有关资源数字化的标准规范，推出了内容形式多样的数字资源服务，拥有多项数字图书馆软件著作权，在资源数量、软硬件基础设施、新媒体服务等方面走在了文化资源数字化、应用与服务的前列。

二　全国文化信息资源共享工程

截至 2015 年底，文化共享工程数字资源总量累计达到 532TB。其中，发展中心建设普适资源建设量达 73TB，经费投入约 3.2 亿元。针对农村群众、社区群众、少数民族群众、少年儿童、视障人群、基层中心等不同的服务对象研发定制了集内容、系统终端于一体的惠农系列资源包、社区文化生活馆、科普视频库、心声音频馆、文化共享工程基层资源服务宝等资源服务产品。中央财政专项经费支持地方建设，地方特色资源建设量达到 459TB，累积立项 724 个，经费投入约 9 亿元，特别是针对少数民族地区的需求，建设民族语言资源 14487 个小时，涉及维吾尔语、哈萨克语、朝鲜语、蒙古语、安多卫藏康巴方言。

三　中国文化网络电视新媒体服务

为了更加有效地解决文化共性工程的落地服务问题，文化部全国公共文化发展中心推出中国文化网络电视新媒体服务渠道，实现了知识讲座、舞台艺术、影视精品、农业科技、少儿动漫、进城务工、群众文化、少数民族、地方特色文化等资源的共享工程，通过 IPTV、互联网电视、双向数字电视等渠道，形成了进入基层服务点、公共电子阅览室、图书馆、文化馆的"入站"模式，进入百姓家庭的"入户"模式，进入个人数字智能服务终端的"入手"模式（APP 及微信）。目前，中国文化网络电视通过入站式模式累计进入全国 21 个省份的图书馆、文化馆（站）、边疆舒适文化驿站，入站数超过 1 万个；通过入户模式累计进入云南、江苏、北京等 10 个省份的 1500 万户家庭。

四　文化馆的数字化建设

2015 年开始，在中央财政转移地方公共数字文化的项目中，新设面向文化馆系统的数字文化馆试点和文化馆全民艺术普及特色文化资源建设项目。2015 年启动 10 家文化馆开展数字文化馆试点。2016 年，按照相关审批程序，确定 15 家试点单位。主要试点任务有：数字文化馆开展网络互动培训体系化应用服务；统一数字资源建设标准，结合本省演出、培训、群众文化活动等，采集整合文化艺术普及数字资源；围绕文化馆业务职能，提升门户网站服务功能，开通微信等移动互联网服务，与国家数字文化网互联。

五　社会全国文物调查及数据库管理系统建设

自2001年起，国家启动全国文物调查及数据库管理系统建设，历经十年，全国文物系统博物馆已采集馆藏珍贵文物数据，仅拍摄一级文物照片就有387万张。自1999年起，中央新闻电影纪录片厂开始对"台本"进行数字化录入，把编导拍摄纪录片时为每一个镜头写下的说明全部数字化，自2012年起开始对以胶片形式保存的纪录片进行数字化处理，抢救时间跨度达百年之久的珍贵历史影像。

六　"中国记忆"文化艺术基础资源数字平台

文化部民族民间文艺发展中心，运用地理信息系统（GIS）、数据库、流媒体等技术研发、管理民族民间文化数字资源，促进文化艺术资源的共享与传播，建设了"中国记忆"文化艺术基础资源数字平台，目前已入库资源122万余笔，其中，戏曲8万余条、民间舞蹈3000余条、民间音乐5万余条、节日志资料8万条、民间文学100余万条。同时，通过技术合作，在"中国记忆"数据库基础上，中心与各地合作建立了包括贵州荔波档案馆中国水书数据库等在内的一批文化资源数据库示范点，初步形成了一个以文化部民族民间文艺发展中心为核心的文化艺术资源技术协作体系。

七　地方政府或组织机构文化资源数字化建设

天津、上海、福建、北京、辽宁、山西等省级图书馆都进行了数字化资源建设。地区性的工程如"天下湖南""深圳市文化信息资源共享工程""广州城市记忆工程""北京记忆"等。我国台湾地区"国家图书馆"也将其丰富的馆藏资源与通过各类渠道收集的各种台湾史料进行数字化典藏，着手建立了"台湾记忆"站点，并借由互联网将台湾的史料阅读与研究扩展到台湾各地及海外。此外，还有中外合作的相关项目，如"国际敦煌学项目"等。该项目启动于 1994 年，主要目的是对散落于世界各地的敦煌石窟文物进行发掘和整理，通过数字化平台向公众展示，并建立了多种语言的网络平台，资源共享覆盖面不断扩大。

上述这些国家或地方的公共文化资源数字化建设推动着我国文化资源数字化规模和水平的逐步提高、标准规范的逐步完善。但与此同时，我国公共文化资源数字化还缺乏统筹规划、缺乏适用的标准规范。为了解决这些问题，2012 年下半年，文化部、科技部统筹牵头的产学研多方面力量共同申报的项目"文化资源数字化关键技术及应用示范"被列入国家"十二五"科技支撑计划。该项目将研究文化资源数字化关键技术，构建贯通各类文化机构的数字文化资源统一揭示与服务平台，探索文化资源数字化应用示范、数字文化资源运营服务应用示范、动态艺术资源库应用示范、数字 3D 虚拟展示平台应用示范等 8 类示范应用。而"公共数字文化全国共享服务关键技术研究与应用示范"就是其中一个项目，亦是国家公共文化数字支撑平台建设的基础。

第二节 国家公共文化云

国家公共文化云平台，集成运用互联网、移动互联网、云计算、云存储、大数据、多媒体互动等技术，集信息资讯、书籍阅读、艺术鉴赏、文艺活动、培训辅导、文化传承、展览展示、文化交流、文化政务等服务功能于一体，兼容手机、移动终端、电脑和电视接入，面向广大用户提供数字化、一站式、综合性的服务。要实现全国范围内符合省、市、县（区）、镇（街道）、村（社区）不同层级特点和要求的数字文化服务地域和群体全面、高效覆盖，形成全国统一公共文化服务设施网络地图，公共文化服务资源库，公共文化服务、管理和评价大数据平台。同时，在持续优化提升公共文化服务质量的基础上，大规模带动文化创意、艺术服务、相关装备器材制造等产业，全面促进文化消费市场繁荣发展。为全国"互联网+公共文化服务"、运用数字网络技术深入推进公共文化服务供给侧结构性改革、加快构建现代公共文化服务体系建设,创立卓越的国家公共文化支撑模式。

公共数字文化共享服务全部功能已经在国家公共文化云平台进行实际应用。主要应用方式上为数据共享、功能引入、接口对接等,并在如下方面在国家公共文化云平台进行展现。

一 资源联通

公共数字文化共享服务著作项目的执行过程在全国范围内进行了公共文化领域数字化资源的收集,形成了资源丰富、形式多样、质量上乘的数字资源库。这部分数字资源已经共享到国家公共文化云平台,国家公共文化云通过建立单独分类的方式进行展现。国家云平台为了提高用户访问速度体验,将这部分资源通过 CDN 进行了分发。

可以在国家公共文化云主页(http://www.culturedc.cn/index.html)点击"视听空间"栏目,再点击"共享资源"分类,或直接访问栏目地址(http://www.culturedc.cn/vod-archive.html?categoryId=692)进行资源访问(见图 12-1)。

图 12-1 国家公共文化云应用示范

图 12－2　国家公共文化云共享资源

二　检索功能

公共数字文化共享服务著作项目开发的检索拥有"文字检索""图像检索""视频检索"等功能。国家公共文化云将"文字检索"作为云平台普通搜索功能对外提供服务，且将"图像检索"和"视频检索"共同开辟"高级检索"模块，使用公共数字文化共享服务著作项目的检索功能对国家云平台数据进行检索查找。

国家云主页（http：//www.culturedc.cn/index.html）顶部右侧的搜索框可以进行文本输入并进行基于文本的搜索。点击搜索框右侧的"图片－视频检索"进入高级检索功能页面，也可通过地址（http：//www.culturedc.cn/search－result－vedio.html）直接访问高级检索页面。

三　大数据功能

国家公共文化云使用公共数字文化共享服务著作项目大数据分析的功能对平台数据进行分析和整理，以多个维度进行统计并在国家云管理后台以多种方式进行直观的展示。

访问国家公共文化云后台管理页面（http://system.culturedc.cn/national-culture-cloud-mrp/system/index），并以管理员用户登录。之后点击顶部"其他菜单管理"，之后点击展开"菜单管理"菜单，显示各大数据统计功能选项。

四　国家公共文化云服务情况

国家公共文化云自 2017 年 11 月 29 日上线运营以来，截至 2018 年 3 月 19 日，共汇集资源总量为 649 条，用户访问总量为 8178570 人次，累计直播 156 场，累计录播 173 场，直录播总累计访问量为 3733 万人次，累计个人用户 2175 人，机构用户 158 家。

第三节　地方实践

一　共享服务平台部署

（一）部署规划

本项目应在北京建立一个国家级示范点，在江苏省苏州市和重庆市北碚区建立两个地区级示范点。经研究，北京国家级示范点建立在首都图书馆；江苏省省级示范点建立在苏州市公共文化服务中心；重庆市北碚区示范点建立在重庆市北碚区文化馆。从线上线下两部分进行了部署应用。

示范点建设及运行服务时间：2017 年 4 月至 2017 年 12 月。

实施单位：由天闻数媒科技（北京）有限公司承担示范点部署任务。

国家级示范点注重数字文化资源共享总体服务模式的示范，包括通过资源共享系统、网络分发系统、业务管理系统之间的双向交互，实现对数字资源的有效汇聚与组织、高效检索与合理调配。地区级示范点着眼于发挥公共数字文化资源区域性服务作用的示范，包括数字资源的分级著录、分级审核,形成地区级的元数据库及统一目录,为国家级示范点提供资源分级存储,著录信息终端录入等功能,协同国家级示范点,实现资源的合理调配。

国家级示范点部署中心级共享服务平台示范应用系统以及互动体验类设备,实现资源的聚合与调度、共享平台运行管理和线上线下互动体验功能;地区级示范点部署地区级共享服务平台示范应用系统以及互动体验设备,实现资源共享本地应用和线上线下互动体验功能。线上共享服务平台提供数字阅读、影视欣赏、艺术鉴赏、文艺辅导、文化兴趣社区等公共数字文化服务,服务范围辐射到全国大陆;线下互动服务提供书法体验、舞蹈体验、音频馆、美育馆、公共文化服务一体机等文化体验服务。基于以上思路,示范应用系统和设备网络拓扑设计如图12-3所示。

公共数字文化共享服务平台对本项目各著作的关键技术研发成果进行了系统集成部署,包括资源共享系统、网络分发系统、业务管理系统、数字视频水印系统、图片/视频检索系统、群体推荐系统、大数据分析系统、个性化推荐系统以及示范门户网站等,运行于国家公共文化数字支撑私有云环境上。公共数字文化共享服务平台对接了各类线下设备,包括公共文化一体机、书法互动体验机、舞蹈互动体验机、群体推荐设备等,以及音频馆、美育馆的线下互动文化体验服务,这些设备在著作示范点进行了部署。下面从线上系统部署和线下互动设备部署两部分对上述内容进行详细描述。

(二) 线上系统部署

1. 部署环境

围绕三大特色服务模式、集成众多研究成果的公共数字文化共享服务平台以及后续的国家公共文化云的线上服务端均部署于国家信息中心的国家公共文化数字支撑私有云环境上。

国家公共文化数字支撑私有云共有各类服务器21台,其中4台以物理机形式提供服务,另17台已纳入私有云管理系统资源池统一管理。

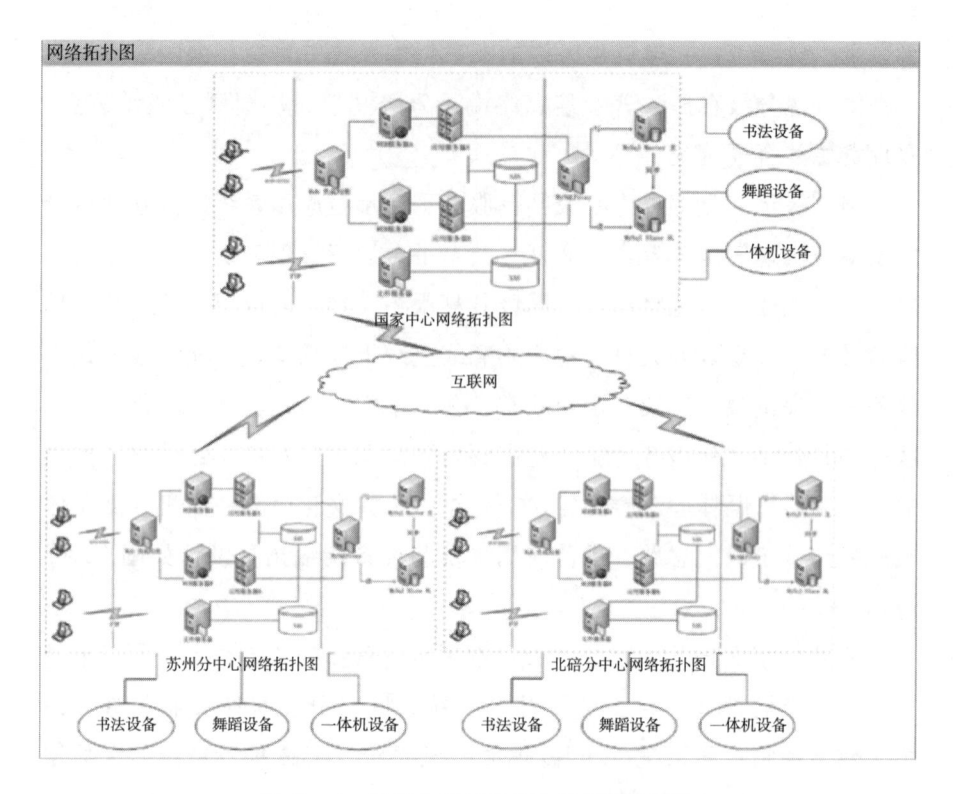

图 12-3　示范点应用系统和设备网络拓扑

主要存储设备 3 台，2 台 SAN 存储纳入私有云平台资源池统一管理、分配。1 台 NAS 存储独立运行，用于承载各类资源数据。

私有云虚拟化引擎为 KVM，云管理平台采用 BingoCloudOS，纳入云资源池中的 17 台服务器共有物理 CPU 388 核，内存 2198GB。虚拟化后共提供 CPU 936 核，内存 2198GB。

国家公共文化数字支撑私有云为本项目著作分配了 5 组虚拟机：国家中心组、苏州节点组、重庆节点组以及大数据分析推荐系统组和群体推荐系统组。

（1）国家中心组分配虚拟机 5 台，CPU 20 核，内存 80GB，SAN 存储 2.3TB，NAS 存储 10TB，公网 IP 1 个。

（2）苏州节点组分配虚拟机 5 台，CPU 20 核，内存 40GB，SAN 存储 0.6TB，NAS 存储 1TB，公网 IP 1 个。

（3）重庆节点分配虚拟机 5 台，CPU 10 核，内存 40GB，SAN 存储 0.4TB，NAS 存储 1TB，公网 IP 1 个。

（4）大数据分析推荐系统组分配虚拟机 3 台，CPU 24 核，内存 48GB，SAN 存储 6.3TB，公网 IP 3 个。

（5）群体推荐系统组分配虚拟机 1 台，CPU 4 核，内存 8GB，SAN 存储 1TB，公网 IP 1 个。

共计 19 台虚拟机，78 个虚拟核心，216GB 内存，SAN 存储 10.6TB，NAS 存储 12TB，公网 IP 7 个。各区域间采用安全组隔离，根据应用需求开通相应的端口。

2. 系统部署

本项目著作二、三、四研发的线上系统均集成部署在公共数字文化共享服务平台上。其中，著作二研发的公共数字文化共享服务平台主体系统包括资源共享系统、网络分发系统、业务管理系统和示范门户网站；著作三研发的线上系统包括数字视频水印系统、图片/视频检索系统、群体推荐系统；著作四研发的线上系统包括大数据分析系统、个性化推荐系统。

（1）三大主体系统部署

公共数字文化共享服务平台三大主体系统分别部署在五台服务器上，第一台部署公共数字文化共享服务平台软件及所需的运行环境，如 Tomcat 等；第二台部署 MySQL 数据库系统，存储结构化数据；第三台服务器部署文件存储和流媒体服务，如 FTP、Nginx 等。第四台服务器部署缓存服务，如 Nignx 等。第五台部署视频转码服务，如 ffmpeg 等。系统部署网络拓扑图如图 12 - 4 所示。

部署说明：①应用服务器 1 台，实现 Web 服务；②文件服务器 1 台，实现资源的上传、下载、访问；③数据库服务器 1 台，实现数字资源的存储；④缓存服务器 1 台，实现视频资源的缓存服务；⑤转码服务器 1 台，实现视频资源的转码服务。

软件运行环境如下所示。

操作系统：centos - release - 6 - 3. e16. centos. 9. x86 64 位

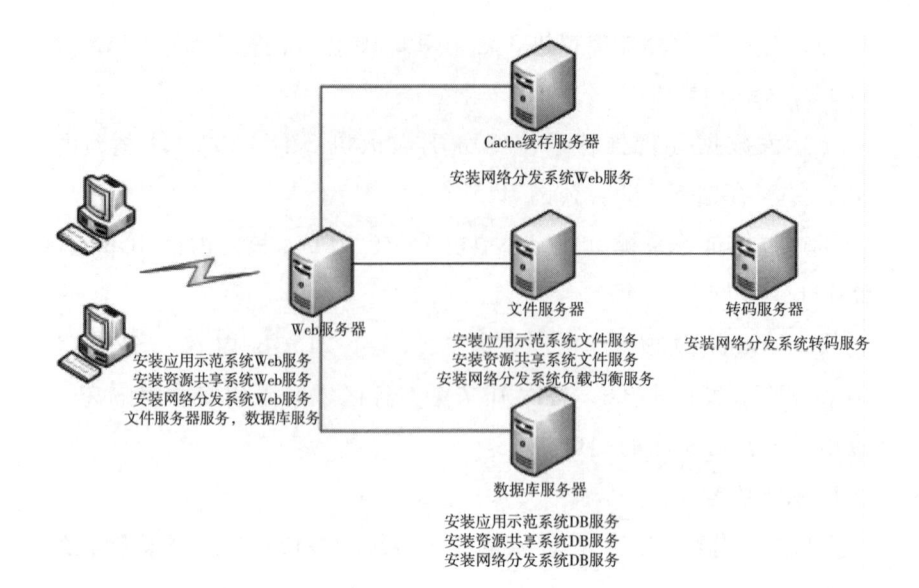

图 12-4　平台三大主体系统部署网络拓扑

应用服务器：Tomcat 7.0

文件服务器：vsftpd-2.2.2-13.el6_6.1.x86_64

数据库服务器：mysql Ver 14.12 Distrib 5.0.96 for Win32 <ia33>

缓存服务器：Nginx

转码服务器：ffmpeg

JAVA 开发包：JDK1.7

（2）数字视频水印系统部署

数字视频水印系统部署在资源共享系统的文件服务器上，部署内容主要包括：Web 服务器 Tomcat、Java 环境和视频编码软件 ffmpeg 的安装和配置。水印接口部署到 Web 服务器 Tomcat 上。

①水印系统部署配置说明

Web 服务器：Tomcat 7.0.57

Java 环境：JDK 1.8.0_131

视频编码软件：ffmpeg 2.6.8

②水印接口说明

嵌入鲁棒性水印接口：

http://ip/batchWater/servlet/embedRServlet

提取鲁棒性水印接口：

http://ip/batchWater/servlet/extractRServlet

嵌入半脆弱水印接口：

http://ip/batchWater/servlet/embedFServlet

提取半脆弱水印接口：

http://ip/batchWater/servlet/extractFServlet

（3）群体推荐系统部署

群体推荐系统的线上部署主要包括在虚拟主机上搭建和配置 Web 服务器 nginx（参见下面列表），该服务器上部署了群体推荐系统中的资源推荐模块、室内定位模块、系统控制模块和数据可视化模块。

群体推荐系统线上部署配置如下所示。

设备类型：虚拟主机 nginx

设备参数：操作系统 Ubuntu Server，CPU 1 个 1 核；内存 2GB，系统盘 50GB 云硬盘

软件：Python3，Node.js，MySQL，MongoDB

备注：后端框架 Koa2，Flask，前端模板 Cybrog，Node.js 依赖的第三方库 guard_dog、axios、fs、mongodb、request、crypto、sha1、mathjs、readline、ejs、heredoc、async、genertic-pool，Python

依赖的第三方库：Urllib、hashlib、pymongo、Pandas、Numpy、MySQLdb

从公共数字文化共享服务平台可以直接访问群体推荐系统的数据可视化模块，该模块的主要功能是统计并依据筛选条件来展示公共文化机构内展品热点或浏览量等信息。

（4）大数据分析系统部署

①大数据系统服务器部署

大数据分析系统的部署使用了三台服务器，公共数字文化共享服务数据分析和服务系统及所需的运行环境，如 Tomcat 等，部署在服务器"公共数字文化大数据分析推荐系统 - hadoop1"（CentOS Linux 6.5；

Tomcat7）；MySQL 数据库系统部署在服务器"公共数字文化大数据分析推荐系统 - mysql"（CentOS Linux 6.5；MySQL 5.6），用于结构化数据存储；大数据框架，如 Hadoop、Spark 等，部署在服务器"公共数字文化大数据分析推荐系统 - hadoop2"（CentOS Linux 6.5；Hadoop2.6；Spark1.6）。

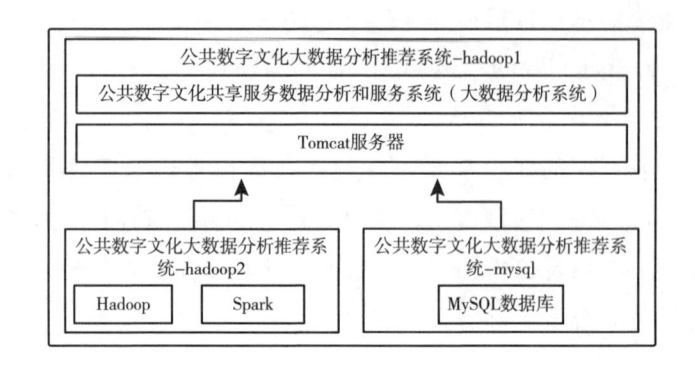

图 12 - 5　大数据分析系统部署

② 使用 API 进行集成部署

第一，基于热度的分析如下所示。

全国范围在某一时间段内的资源访问统计量（包括 TopN 热度资源，TopN 热度词汇）数据接口：

http://ip/Recommendation/rest/totalMap? startTime = 2017080400&endTime = 2018123000

全国各个省在某一时间段内的资源访问统计量数据接口：

http://ip/Recommendation/rest/provinceMap? startTime = 2015080400&endTime = 2018123000

可视化接口：http://ip/dataanalysis/reDu.html

第二，基于地区的分析如下所示。

指定某个省份在某一时间段内的资源访问统计量（包括 TopN 热度资源，TopN 热度词汇）数据接口：

http://ip/Recommendation/rest/speProvinceMap? province = 海南省

&startTime=2015080400&endTime=2018123000

可视化接口：http://ip/dataanalysis/diQu.html

第三，基于时间段的分析如下所示。

全国在某个时间点内的几个时段的资源访问量统计以及资源类型访问量统计数据接口

http://ip/Recommendation/rest/totalTimes? time = 2017082000&timeCount = 3&searchUnit = month

指定的某个省份在某一个时间点的前几个时间段内的资源访问量统计以及资源类型访问量统计数据接口

http://ip/Recommendation/rest/speProvinceTimes? province = 黑龙江省 &time = 2017052000&timeCount = 3&searchUnit = month

可视化接口：http://ip/dataanalysis/shiJianDuan.html

第四，根据用户访问记录对资源进行资源所在地到资源分发地的组织。

数据接口：

http://ip/Recommendation/rest/evaluation? startTime = 2015080400&endTime = 2018123000

可视化接口：

http://ip/dataanalysis/ziYuanZuZhi.html

第五，根据用户访问记录对资源进行内容中心的调度。

数据接口：

http://ip/Recommendation/rest/schedule? time = 2017080800&searchUnit = day

可视化接口：

http://ip/dataanalysis/ziYuanDiaoDu.html

（5）个性化推荐系统部署

①个性化推荐系统服务器部署

个性化推荐系统的部署使用了三台服务器，公共数字文化资源个性化推荐系统及所需的运行环境，如 Tomcat 等，部署在服务器"公共数字文化大数据分析推荐系统 - hadoop1"（CentOS Linux 6.5；Tomcat 7）；MySQL数据库系统部署在服务器"公共数字文化大数据分析推荐系统 - mysql"（CentOS Linux 6.5；MySQL5.6），用于结构化数据存储；大数据框架，如 Hadoop、Spark 等，部署在服务器"公共数字文化大数据分析推荐系统 - hadoop2"（CentOS Linux 6.5；Hadoop2.6；Spark1.6）（见图 12 -6）。

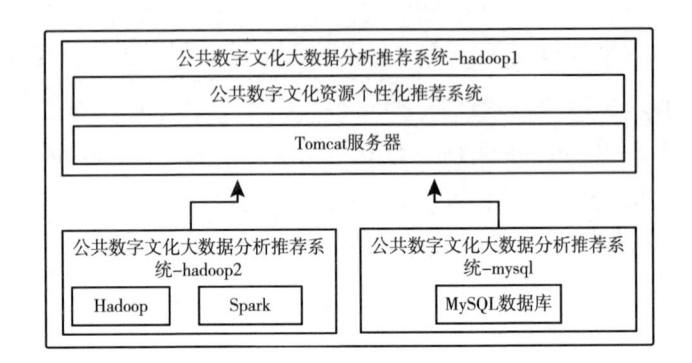

图 12 -6 个性化推荐系统部署

② 使用 API 进行集成部署

首先，用户行为聚类模型如下所示。

数据接口：

http://ip/Recommendation/rest/userProfile？userName = admin

可视化接口：

http://ip/sysinfo/xingWeiMoXing.html

其次，根据用户 Id 和资源 Id 返回用户感兴趣的资源和标签图谱相关介绍和与资源相关的各大公共场馆藏品介绍及用户兴趣。

http://ip/Recommendation/rest/message/400/120

最后，根据资源类型、资源 Id 和用户账号返回资源的评论数据和点赞踩的数量。

http://ip/Recommendation/rest/evalagree？type = RT01&rid = 10713&user = zxl

(三) 线下互动设备部署

本著作通过在各示范点场馆进行公共数字文化共享服务线下设备的部署示范，开展了公共数字文化线下互动体验服务。

1. 部署条件

依据任务书中每个示范点平均服务人群不少于 500 人/天的指标要求，线下互动设备部署在各个场馆人员密集的服务区。具体示范点场地空间条件描述如下。

公共文化一体机：占地约 1 平方米

书法体验设备：占地约 1.5 平方米

舞蹈体验设备：占地约 2 平方米

2. 设备部署调试

2017 年 5 月，著作组完成书法体验设备、舞蹈体验设备、公共文化服务一体机等设备购置及部署。国家级示范点及地区级示范点各部署一套线下互动设备，设备包括：公共文化服务一体机（四台）、书法体验设备（一套）、舞蹈体验设备（一套）。

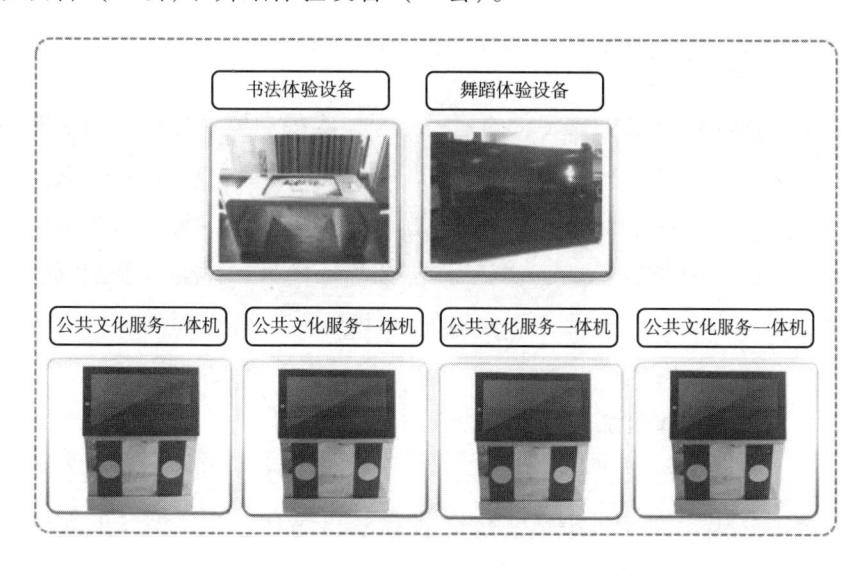

图 12-7 公共数字文化共享服务示范点设备部署

3. 书法互动体验机部署

由表 12-1 可以得出以下清单，①在首都图书馆部署了"P3-行云卷系列"型号的书法互动体验样机，系统编号为 2017101601。②在苏州常熟文化馆部署了"P3-行云卷系列"型号的书法互动体验样机，系统编号为 2017101201。③在重庆北碚文化馆部署了"P3-行云卷系列"型号的书法互动体验样机，系统编号为 2017101001。

表 12-1　示范点部署设备清单

体验设备名称	设备型号	设备编码	设备所在地	数量
舞蹈体验设备	iWD-P1	100001	首都图书馆	1
书法体验设备	P3-行云卷系列	2017101601	首都图书馆	1
公共文化一体机	一体机	001~004	首都图书馆	4
舞蹈体验设备	iWD-P1	100003	重庆北碚文化馆	1
书法体验设备	P3-行云卷系列	2017101001	重庆北碚文化馆	1
一体机	一体机	005~008	重庆北碚文化馆	4
舞蹈体验设备	iWD-P1	100002	苏州常熟文化馆	1
书法体验设备	P3-行云卷系列	2017101201	苏州常熟文化馆	1
公共文化一体机	一体机	009~012	苏州常熟文化馆	4

书法体验设备采用数字化的笔墨纸砚，实现触摸屏与宣纸相近的触感。屏幕上设置砚台区域，体验者可以通过"蘸取"屏幕上的墨水区进行书写，墨水区呈现与真实墨水被蘸后一样的水波。设置木质书法书写台，并嵌入电子屏幕，真实还原传统书写场景。体验"原汁原味"的书法过程。同时，该设备可实时记录书写时毛笔的晕染、力度、角度等。

4. 舞蹈互动体验机部署

在首都图书馆部署了"iWD-P1"型号的舞蹈互动体验样机，系统编号为 100001。在苏州常熟文化馆部署了"iWD-P1"型号的舞蹈互动体验样机，系统编号为 100002。在重庆北碚文化馆部署了"iWD-P1"型号的舞蹈互动体验样机，系统编号为 100003。

通过舞蹈体验设备，体验者可以自主选择曲目和舞蹈视频，捕捉人像或者其他设备的感应器，将捕捉拍摄到的影像传输到应用服务器中，经过系统的分析，从而产生被捕捉物体的动作。该动作数据结合实时影像互动系统，使参与者与屏幕之间产生紧密结合的互动效果。舞蹈体验设备能有效吸引受众的视线，在参观现场等人群密集、人流量大的场所可以很好地活跃气氛，提高现场人气度，大大拓宽公共数字文化共享服务的人群范围。

5. 公共文化一体机部署

①在首都图书馆部署了"一体机"型号的 4 台公共文化一体机体验样机，设备的系统编号分别为 001~004。②在苏州常熟文化馆部署了"一体机"型号的 4 台公共文化一体机体验样机，设备的系统编号分别为 005~008。③在重庆北碚文化馆部署了"一体机"型号的 4 台公共文化一体机体验样机，设备的系统编号分别为 009~012。

在国家级示范点和地区级示范点各自的 4 台一体机桌面上，都部署配备了心声音频馆和大众美育馆的访问快捷方式。

公共文化服务一体机提供公共数字文化资源上传、在线访问、下载、导入，可离线播放数字文化资源，并为覆盖范围内的设备终端提供 24 小时不间断无线 WIFI 服务。民众可通过智能手机、平板电脑、笔记本等移动终端设备连接下载资源，有效增加用户服务效能。

6. 群体推荐设备部署

群体推荐系统的线下部署主要涉及室内定位基站部署。其中的主要工作有如下四点：①获取展厅的建筑图纸，交由定位设备及服务提供商绘制相应的展厅 CAD 图；②定位设备及服务提供商在 CAD 图中布置基站安装的点位；③定位设备及服务提供商根据 CAD 图的点位安装基站；④现场体验基站的定位效果，根据需要进行相应的调整。

室内定位基站和能够与之配合工作的智能手机的技术参数请参见表 12-2。

表 12－2　群体推荐设备部署参数

设备类型	设备参数	备　注
室内定位基站	智石科技公司型号为 Max Beacon 的基站	需要的基站数量取决于场馆的大小和建筑结构
智能手机	配备有低功耗蓝牙（BLE）的手机	苹果 iOS7.0 以上系统的手机都满足该功能

以上各种互动体验设备部署完成后，通过与公共数字文化共享服务平台线上各系统进行交互以及各系统之间的配合，在体验设备上开展线下的互动体验服务。

二　共享平台研究方法

本项目服务器上将装载国家数字支撑平台的资源共享系统、网络分发系统、业务管理系统，实现三项模式的应用，以实现文化资源整合、丰富资源接入、用户共享共建；有效群体推荐、线上资源与线下文化服务实现交互；基于大数据算法的用户个性化推荐。目标是实现公共数字文化资源共享能力、传播效率与服务质量的提升。

公共文化服务一体机将提供公共数字文化资源在线访问、下载、上传、导入，可离线播放数字文化资源，并为覆盖范围内的设备终端提供 24 小时不间断无线 WIFI 服务。民众可通过智能手机、平板电脑、笔记本等移动终端设备连接下载资源，有效增加用户服务效能。

书法体验设备拟采用数字化的笔墨纸砚，实现触摸屏与宣纸相近的触感。屏幕上设置砚台区域，体验者可以通过"蘸取"屏幕上的墨水区进行书写，墨水区呈现与真实墨水被蘸后一样的水波。设置木质书法书写台，并嵌入电子屏幕，真实还原传统书写场景。体验"原汁原味"的书法过程。同时，该设备可实时记录书写时毛笔的晕染、力度、角度等。

通过舞蹈体验设备，体验者可以自主选择曲目和舞蹈视频，捕捉人像或者其他设备的感应器，将捕捉拍摄到的影像传输到应用服务器中，经过系统的分析，从而产生被捕捉物体的动作。该动作数据结合实时影像互动系统，使参与者与屏幕之间产生紧密结合的互动效果。舞蹈体验设备能有效吸引受众的视线，在参观现场等人群密集、人流量大的场所提高回头率和平均浏览时间，可以很好地活跃气氛，提高现场人气度，大大拓宽公共数字文化共享服务的人群范围。

用户数据采集流程见图12-8体验设备信息采集流程所示。

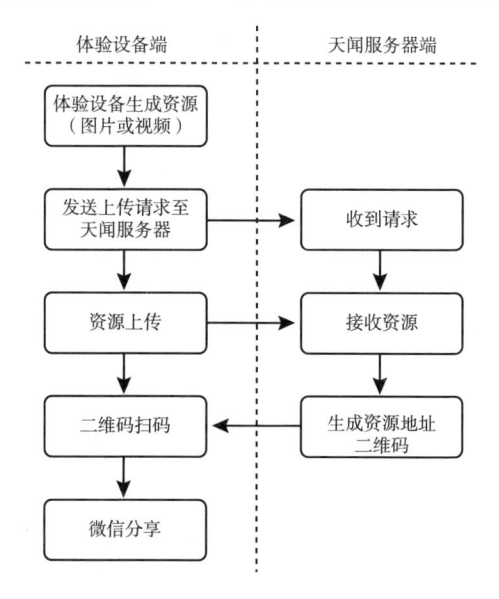

图12-8 体验设备信息采集流程

当用户使用场馆内的体验设备时，会发送体验数据到服务器端，服务器经过处理，反馈给体验设备。此时，当用户进行扫码将作品带走或分享时，服务器端会监听扫码的次数，根据次数统计人流量。经过汇总显示到后台的数据报表中，提供给运营管理人员做数据分析或工作汇报。体验设备需要实时上传图片和视频到服务器目录，然后返回图片或视频对应的二维码地址，用微信扫码后通过微信朋友圈分享。分享后用户可以点击该链接观看图片及视频。

三　共享平台应用示范

（一）特色线上系统应用示范

1. 数字视频水印系统

本项目的数字水印技术是为了解决公共文化资源的内容安全和版权

管理问题,为资源共享系统的公共数字文化视频资源提供水印服务。在资源共享系统中有一子目录"水印管理",可以提供给系统管理人员进行水印的嵌入和提取。

图12-9是资源没有嵌入水印的显示页面。对于未嵌入水印的视频,可以选择对某个进行水印的嵌入,可以选择嵌入鲁棒性水印或者半脆弱水印,也可以选择两种水印都嵌入。

类型	层次	审核状态	水印类型	操作
视频资源	个体层	审核通过	未水印	添加水印
视频资源	个体层	审核通过	未水印	添加水印
视频资源	个体层	审核通过	未水印	添加水印
视频资源	个体层	审核通过	未水印	添加水印
视频资源	个体层	审核通过	未水印	添加水印
视频资源	个体层	审核通过	未水印	添加水印
视频资源	个体层	审核通过	未水印	添加水印
视频资源	个体层	审核通过	未水印	添加水印
视频资源	个体层	审核通过	未水印	添加水印
视频资源	个体层	审核通过	未水印	添加水印

图12-9　资源未嵌入水印的显示页面

2. 基于内容的图像/视频检索系统

基于内容的检索系统集成于公共数字文化共享服务平台。用户在一体机或者个人电脑上打开浏览器,输入公共数字文化共享服务平台系统的网址(www.ggwhcs.com)之后,浏览器会显示出公共数字文化共享服务平台主页。当用户想基于内容的图像/视频检索系统时,可以点击主页顶端菜单栏右侧的"高级检索"搜索框,即可进入基于内容的图像/视频检索系统,基于内容的检索系统前端如图12-10所示。

用户进入基于内容的图像/视频检索页面之后会看到文字检索、图像检索和视频检索三个检索功能。

当用户想通过上传一张图片或视频片段来检索平台中的公共文化资源时,可以选择上传一张作为检索基准的图像或者一个视频片段,之

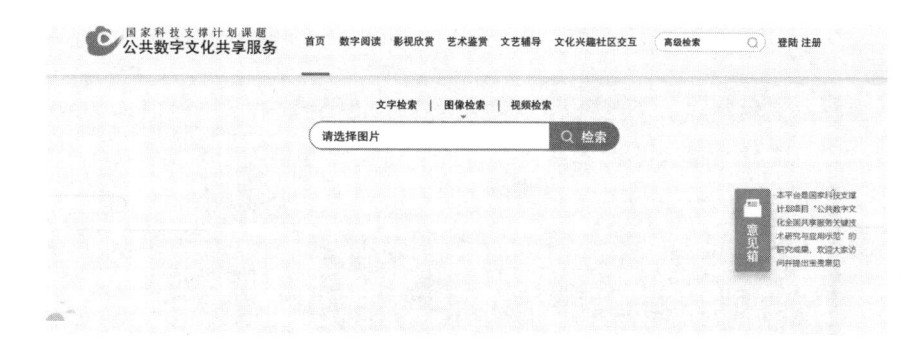

图 12-10　基于内容的检索系统前端

后检索系统将调用后台相对应服务器的接口，把该图像或者视频片段上传至后台的检索服务器，提取该图像或者视频片段的内容特征，然后和后台资源库中的资源特征库进行相似度比较，最后返回给前端页面相关的图像或者视频，从而完成一次高级检索，即基于内容的图像/视频检索。

例如，用户可以点击页面中的"图像检索"，点击之后，"图像检索"四个字会变成红色。之后点击输入框，会弹出一个图像选择窗口，此刻用户可以从本地电脑中选择一张基准查询图片，点击确定之后系统会把用户选择的图像上传到后台，稍做等待之后得到检索结果。如图 12-11 所示是国家中心应用示范点的一次用户提交一张图像检索返回的结果截图。"视频检索"的操作与"图像检索"操作类似。

3. 公共数字文化资源个性化推荐系统

公共数字文化资源个性化推荐系统即线上公共数字文化共享服务平台网站和线下设备进行个性化公共文化资源推荐。其中，为线下设备的用户推荐感兴趣的视频文化资源超过 3 万余次，为线上公共数字文化共享服务平台网站的用户推荐视频文化资源超过 2 万余次，通过分析计算用户的实时反馈信息，得到用户满意度超过 30%。使用户高效率地发现想要的资源，提高了资源的访问量，促进了数字文化资源共享。同时，通过对用户行为数据、平台运行数据的分析，实现了数

图 12-11　图像检索返回结果

据应用模式中的资源的优化和按需调配,为实现更好的用户体验提供支撑。

通过公共数据文化共享服务平台数据分析与服务系统,可以对平台的运行情况进行可视化分析,通过简洁的人机交互方式,快速地了解对平台当前情况的评估、优化建议以及模拟优化之后的效果。在公共数字文化共享服务平台用户访问激增、发送访问请求量巨大的时候,平台参考本著作的平台数字文化资源组织调度策略进行优化,有效地缓解了平台在高并发情况下,平均响应时间过长的问题,优化了用户体验和平台稳定性。

基于公共数字文化共享服务数据的应用分析及决策方法,能够进行多分析维度、多空间层次、多时间粒度的公共数字文化共享资源的使用分析,实现了基于资源访问热度的分析子系统、基于地区的资源类型分析子系统和基于时间段的资源访问分析子系统,能够为群体推荐模型提供时间、资源语义等方面的用户行为规律的分析方法和结果数据,为其提供用户群体的兴趣和预划分的数据支撑。

（二）线下互动体验设备示范

1. 书法互动体验样机示范

在示范点部署的书法体验样机（P3-行云卷系列），北京示范点平均访问量 116 人次/天，苏州示范点平均访问量 124 人次/天，重庆示范点平均访问量 85 人次/天。在应用示范过程中，大家对自由书写功能和书法字典功能非常感兴趣，体验最多，同时也提出书法培训中的资源较少，为了更好的体验，项目组添加了 500 个书法视频资源。

通过应用示范，一方面，著作组了解了公共文化场馆的需求，观察了用户的使用感受，通过问卷、随机访谈等形式实现对应用示范效果的反馈，并检验体验样机系统存在不足和可吸收的经验，并根据示范过程中搜集到的反馈意见对系统进行了改进和完善；另一方面通过应用示范对创新公共数字文化服务体验形式进行了更深入的探索，为将成果推广至全国做好充分的准备。

2. 舞蹈互动体验样机示范

在示范点部署的舞蹈体验样机（iWD-P1），北京示范点平均访问量 229 人次/天，苏州示范点平均访问量 83 人次/天，重庆示范点平均访问量 87 人次/天。在应用示范过程中，各项功能得到了体验者的热烈欢迎，对虚拟演出功能中的"场景选择"和"人物选择"提出两次选择比较烦琐的问题，项目组通过将两个选择结合在一起实现了优化。

3. 公共文化一体机体验样机示范

在示范点部署的公共文化一体机体验样机，北京示范点平均访问量 294 人次/天，苏州示范点平均访问量 374 人次/天，重庆示范点平均访问量 361 人次/天。在应用示范过程中，为了丰富共享的资源内容，梳理并配置了以下资源内容：图书馆 2872 条，文化馆 106 条，美术馆 1152 条，博物馆 2713 条，个人上传 534 条，文化共享工程 3061 条。

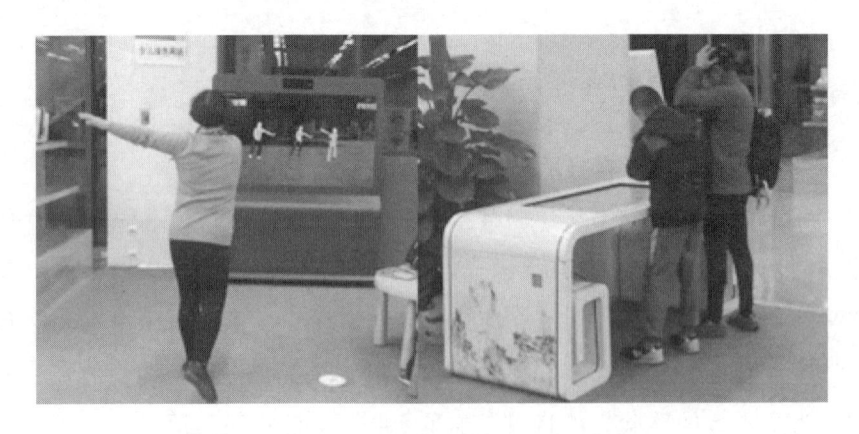

图 12 – 12　首都图书馆应用示范实景

图 12 – 13　重庆市北碚文化馆应用示范实景

图 12 – 14　江苏省苏州市常熟文化馆应用示范实景

4. 群体推荐系统应用示范

针对公共数字文化领域内共享的资源和用户特点，群体推荐系统的研究融合了基于标签的推荐技术和基于矩阵分解的推荐技术，同时利用室内定位技术发展的新成果，为相对临时的线下展厅随机组成的用户，准确而有效地推荐他们感兴趣的展品和公共数字文化资源。该研究成果在苏州市公共文化中心进行了应用示范。

目前部署在苏州市公共文化中心美术馆和名人馆内的群体推荐系统，其日均用户为 20 人左右，全部来自当日的参展人群。参展用户在展馆入口根据提示打开智能手机上的蓝牙和定位功能，登录推荐系统的微信公众号页面，完成简单的用户兴趣问卷，就可以开始使用公共数字文化资源和展厅内展品的推荐服务。

根据系统对用户兴趣爱好的掌握程度的不同，推荐系统在用户的智能手机端展示四种类型的"混合"推荐结果。

对于不愿意填写兴趣爱好调查问卷的用户，系统根据历史数据找出所有参展用户最感兴趣的展品，从而进行"热门推荐"。对于填写了兴趣爱好调查问卷的用户，系统会根据性别、年龄以及职业范围等信息，找到类似其他用户喜欢的展品进行"与您相似的用户喜欢以下展品"的推荐。另外，系统还可以为用户进行"与您喜欢的展品相关的推荐"以及"猜您喜欢的推荐"。

在推荐系统的应用示范过程中，大部分体验用户事后和我们分享了良好的使用体验，也有少数用户提出了对系统部分功能的改进建议。例如，前往苏州市公共文化中心的观展人群以年迈者居多，由于这个年龄层次的共性，他们在日常生活中不会过多依赖智能手机，且很多人甚至没有安装微信，这就使得基于微信公众号开发的推荐系统无形中失去了很大一部分服务受众。无论是在展厅中的用户测试，还是在实验环境中的用户测试，结果均显示了正确、精准的标签标注对提供准确有效的推荐结果的重要影响，这也需要我们对人类的认知过程进一步了解与研究。

5. 音频馆应用示范

心声音频馆是文化部全国公共文化发展中心专门为我国视障人群打造的公共文化服务网站，其拥有海量的传承中华经典文化的优秀音频资源，主要包括评书曲苑、相声小品、名曲赏析、影视同声、传奇故事、心声励志、健康新生、文学素养、欢乐少儿等多方面的内容。本网站目前的资源量为 12000 余小时，约 67453 集。

从 2017 年 11 月 1 日开始，截至 2018 年 3 月 15 日，心声音频馆的访问情况如下：在国家级示范点累计服务 9333 人次，平均每日服务 69 人次；在江苏地区级示范点累计服务 11918 人次，平均每日服务 88 人次；在重庆地区级示范点累计服务 21885 人次，平均每日服务 162 人次。

6. 大众美育馆应用示范

大众美育馆是文化部全国公共文化发展中心面向青少年以及普通社会大众推出的数字艺术公共服务平台，以数字技术整合传统艺术展示和教学活动，以互联网为载体，以高清作品欣赏、音频解说、视频课程等形式为用户提供全方位美术欣赏和在线教育服务。

大众美育馆设置了绘画馆、书法篆刻馆、工艺美术馆、雕塑馆、建筑艺术馆、摄影馆、美术知识馆和少儿美术馆 8 个分馆，馆内涵盖了国画、中西方油画、壁画、版画、素描速写、书法篆刻、工艺美术、雕塑、建筑艺术、摄影、美术课程等多种门类，其中优质美术作品资源 21681 幅，美术鉴赏精品资源 1814 幅，精品图片语音解说 1504 个 22 小时，美术赏析精品课程 50 课，书法教育微课程 150 课，美术技法课程 290 课时，美术教育视频 60 小时。

从 2017 年 11 月 1 日开始，截至 2018 年 3 月 15 日，大众美育馆的访问情况如下：在国家级示范点累计服务人次为 9223 人，平均每日服务人次为 68 人；在江苏地区级示范点累计服务人次为 11533 人，平均每日服务人次为 85 人；在重庆地区级示范点累计服务人次为 20604 人，平均每日服务人次为 153 人。

7. 三个线下示范点运行结果反馈

示范点运行服务包括公共数字文化共享服务平台的线上服务和公共

文化一体机、书法互动体验机、舞蹈互动体验机等各类应用示范互动体验设备的线下服务两部分内容。通过硬件设备和网络设施的购置部署、对运营人员的管理培训、收集服务数据，提高了示范场馆公共文化设施的信息化、智能化水平，一定程度上加强了其信息化设施设备配备，使其得以开展线上服务，提高公共文化服务信息化、网络化水平，充分运用人机交互等现代技术，实现阅读、舞蹈、书法等交互式文化体验，增强场馆所提供的公共文化服务的互动性和趣味性，并且能够一定程度掌握用户数据，根据用户行为数据实现实时调整优化，持续改善升级，有效对接公共数字文化服务与群众文化需求。线上、线下服务两部分运行服务情况如下所示。

在线上部分运行中，公共数字文化共享服务平台2017年11月正式投入服务，在运行过程中不断优化升级，一是通过热门资源群体推荐、相关内容个性化推荐以及平台资源服务调度的自我优化升级；二是通过用户反馈，对平台资源分类、线下与线上的互动功能进行优化升级。平台访问量从11月开始的11063人次，到12月上升至35232人次（平台访问数据，未包括线下互动体验）。

在线下部分运行中，2017年8月，示范点设备部署完成后，著作组成员对示范点承担单位工作人员进行培训，示范点承担单位工作人员承担起示范点线下服务职责。在实际运行过程中，线下体验设备自2017年11月1日开始记录用户访问数据，截至2018年3月15日，4个多月的用户访问量累计23.67万人次。其中北京示范点平均访问量639人次/天，江苏示范点平均访问量581人次/天，重庆示范点平均访问量534人次/天。

通过线上线下完整的信息传播过程，对用户行为数据、资源服务数据、平台运行数据进行分析，及时了解受众行为习惯，及时反馈应用体验到服务平台，实现资源的优化和按需调配以及设备的功能和体验优化。采取例如将该地区群体用户喜爱的资源放在该地区应用示范的设备首页进行推荐，提升平台和设备对其的适用性，将个体用户查阅或检索频率较高的资源放在其观看资源下方，减少其检索所用的时间，增强其

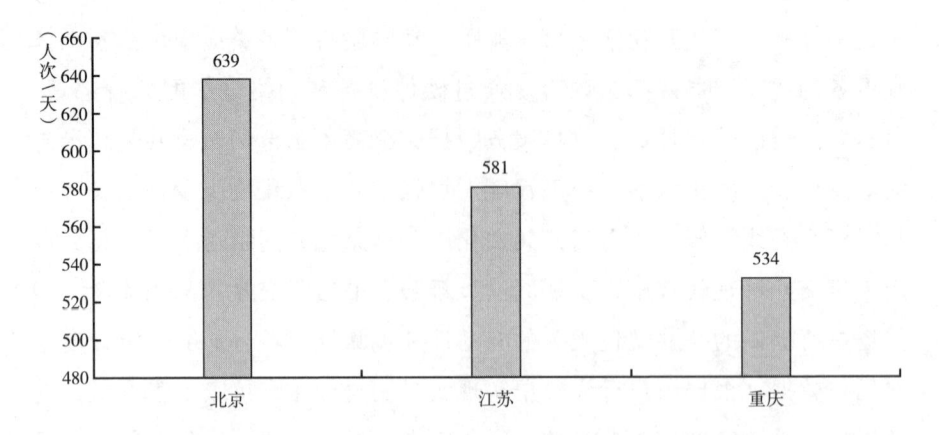

图 12 – 15　三个示范点日均访问量（截至 2018 年 3 月 15 日）

对平台的用户黏性，将设备常用功能置于更便于查找的位置，并通过根据用户行为数据不断改善提升用户体验等措施在示范点运行过程中不断对服务和设备进行优化升级，力求在前端预测出受众诉求，更有针对性地实现个性化推荐，提供更好的用户体验。

在示范点运行过程中对公共数字文化共享服务平台和线下互动体验设备进行了多轮优化升级，陆续完成了每天实时统计三个示范点设备的用户人数、增加高级检索（包括使用传媒大学的内容检索功能）、互动体验设备上传的资源个人查阅功能、平台依据新确定的公共数字文化馆相关标准进行执行、水印的提取界面补充、资源的信息著录（补充馆藏、资源所属、说明等信息）、集成的系统要能够统一登录、业务管理系统要能够直接跳转到资源共享和网络分发系统、申请微信公众号、开发手机版等一系列优化，示范点线下互动体验样机优化记录见表 12 – 3。

在示范点稳定运行后，著作组对示范点的用户进行了问卷调查，了解到参与公共数字文化共享服务体验的主要人群年龄在 25~40 岁，其中大部分的被调查者表示对示范点提供的服务满意，近半数被调查者表示经常使用平台一体机所展示的用户交互体验和上传功能。平台的页面风格和内容设置需要改进，希望在平台上增加艺术赏析类、人文地理类、生活服务类三类资源，资源不足、没有想要的资源，缺少评论、转发、在线咨询等功能是目前存在的主要问题,并且近九成的被调查者表示更愿意在手机上使用平台。针对这些用户意见,进一步完成了平台优化,建立了平台的公众号,并开发了平台的手机 APP 版本,优化页面风格和内容设置,增加用户喜欢的资源,以及改进评论、转发、在线咨询等功能的操作便捷性等。

表 12-3　示范点线下互动体验样机优化记录

序号	样机类别	优化改进条目	改进措施	改进效果
1	书法	场馆需要开放接口加入自己的书法资源	新增"本馆资源"模块	场馆可以自行添加图片、文字、视频文件
2	书法	增加自由书写蘸墨有效书写时间	更改自由书写蘸墨有效参数	更长的有效蘸墨时间,可以书写更多的字
3	书法	对体验人数进行统计	增加体验人数统计机制和计数模块	增加待机页面、在该界面上显示当天体验人数和总体验人数
4	舞蹈	在"虚拟演出"模块和"PK"中,用户需要分别选择虚拟人偶和场景,增加了操作烦琐性	将虚拟人偶和场景绑定,用户直接选择虚拟人偶和场景	减少用户选择,使用更加便捷
5	舞蹈	在"PK""演""创"模块中进行体验时,体验时间太短	增加固定体验时间,设置为 45 秒	用户可以更加完整地体验舞蹈体验设备功能

通过用户问卷调查,以及对比示范点部署前后的到馆人数、线上资源使用率、线上线下体验设备使用率等,发现通过一段时间的运营服务、监控管理和针对用户反馈的持续优化,国家级示范点通过资源共享系统、网络分发系统、业务管理系统之间的双向交互,实现了对数字资源的有效汇聚与组织、高效检索与合理调配,地区级示范点通过数字资源的分级著录、分级审核,形成地区级的元数据库及统一目录,为国家级示范点提供资源分级存储、著录信息终端录入等功能,协同国家级示范点,实现资源的合理调配、检索、使用、统计。最终得以广泛传播数字文化资源,加强了公共数字文化资源面向基层公共文化机构的推送力度,方便了基层群众通过各类终端方便快捷地获取

数字文化服务。与示范点固定设施服务有机结合的数字文化服务网络在运营过程中得以不断完善,公共数字文化服务与群众文化需求对接的有效性明显增强,服务效能明显提高,实现了线上线下互动式服务模式的成功应用,提升了公共文化服务的数字化、网络化、智能化水平。

第十三章 公共数字文化大数据

大数据已经成为人类社会各行各业的一个巨大宝库，文化产业同样深受其益。能否利用好大数据，挖掘公共数字文化大数据的巨大价值，已经成为文化产业，尤其是创意产业能够全面转型和复兴的关键所在。以 2013 年开始火遍全球的美剧《纸牌屋》为例，该剧出品方 Netflix 公司（美国最具影响力的影视网站）通过对其用户的行为和 Facebook、Twitter 等社交网络的评论、留言等进行大数据分析，由公众选择了导演团队和主演团队，后期的剧情发展也均由大数据计算出来，成为美国版的"甄嬛传"，获取了影视剧的巨大成功。同样，国内电影《小时代》通过对新浪微博及各种论坛上亿条信息的大数据进行分析，得出对该片正面评价集中在"90 后"的 70% 的女性中，因此制片方专门针对该类人群进行定点营销，从而使该片获得丰厚的票房回报，这不得不说这是大数据应用的一个巨大成功。

第一节 公共数字文化大数据

公共数字文化大数据是由文化行业领域形成的各种与文化本身相关的数据及其外围所形成的数据综合汇聚而形成。它不仅包括传统的文化馆、艺术馆、博物馆、图书馆、体育展览、新闻出版、戏曲舞蹈、影视游戏等文化产业本身的数据，而且包括社会公众通过各种社交网络（新浪微博、天涯论坛、百度贴吧等）在参与上述各文化领域搜索或者发布的各种社交言论数据，以及前述的公共数字文化大数据所构成的语义公共数字文化大数据图谱数据。

第二节　公共数字文化大数据意义

公共数字文化大数据建设的意义主要体现在如下几个层面。

1. 政府层面

通过整合全国省、市、县等区域的文化数据，对其进行分析、决策，各级政府可以及时了解民众对文化的关注点和兴趣点，掌握文化产业的动态发展曲线等；同时，依据各政府、部门的需求，可以进行公共数字文化大数据的二次开发和利用。因此，对于政府来说，公共数字文化大数据的建设，一方面能够改变政府的文化管理方式，更好地为民众提供文化服务，另一方面也为政府进行文化相关决策提供了合理的数据支撑。

2. 企业层面

各类文化相关企业或者机构可以从公共数字文化大数据中掌握各自文化产业的痛点和挖掘点，并及时调整企业自身的运营策略甚至发展方向，以适应各自产业的整体环境，以如下几个行业为例说明。

电影电视行业中，应用大数据技术可以为影视行业的作品制作与营销提供可靠的指导和决策。例如分析公众爱好，对不同喜好的群体进行个性化推荐，比如喜欢战争剧就推荐战争题材作品，而对于喜欢韩剧的就推销韩剧题材作品。另外，还可以通过对观众的搜索行为、播放动作、打分和观众在微博、微信及论坛上的评价讨论，分析出特定类型观众喜欢的演员和剧情，由观众决定影视剧情演员的选择及其剧情的发展，打造中国真正的周播剧，而非仅仅是"一周一播"（现有周播剧均为先完成所有拍摄再按一定周期播出），让影视产业在保证其创造性的同时更加符合观众审美和市场规律，以形成更具规模的影视王国。

新闻出版行业中，从传统的图书、报刊等纸介质到数字出版、网络出版、手机出版等非纸介质，甚至动漫、游戏等新兴出版产业，新闻出版行业已经发生巨大变化。新闻出版本身就是一种信息服务，尤其在当前数据爆炸式增长的时代，其整个生产流程都被大数据包围，因此，必须充分利用出版行业大数据的优势和指导、决策作用。例如，在图书策划环节，通过大数据分析，可以深入挖掘读者感兴趣点，明确主题，打造适应民众需求的图书；又比如，在新闻报道选题环节，大数据可以告诉作者哪些内容受到广泛关注、哪些主题比较敏感，这会提高新闻的社会性和传播能力。总体来说，大数据能够为新闻出版行业注入活力，释放新闻出版行业的经济和社会效益。

公共文化行业中，通过大数据分析，了解公众对公共文化的关注点，针对公众需求在不同地区开展适宜的公共文化示范活动。例如：按照不同的地域、年龄段、性别、学历层次等因素，通过对公共文化用户行为的大数据分析，就文化爱好和兴趣对民众进行类型划分，掌握不同类型人群的文化兴趣点所在，然后可以进行比较有针对性的公共文化推荐服务等。另外，可以通过对用户的各种行为（主要针对公共数字文化大数据服务平台用户在搜索、浏览内容、浏览时间、打分、点评、加入收藏夹、取出收藏夹、加入资源访问期待列表，及其在共享服务平台上的相关行为，如参与讨论、平台 BBS 上的交流、用户的互动等）进行大数据分析，从而得出哪些资源属于公共数字文化大数据的资源使用热点，在用户和资源之间建立起一个相互关联的映射关系，从而能够实现个性化推荐。

3. 社会公众层面

公共数字文化大数据共享服务平台对普通公众开放，他们可以随时参与文化相关活动、项目的互动与体验，并发表自己的看法，提出宝贵的意见，为政府机构和企业的决策提供数据支撑，同时也让老百姓真正"当家作主"，更好地推进各项文化建设。

第三节　公共数字文化大数据关键技术平台架构

图 13-1 展示了公共数字文化大数据关键技术研究架构，其主要包括如下几个部分。

（1）公共数字文化大数据中心基础设施

主要包括建设数据中心的各种基础设施，有服务器、网络设备（交换机、路由器等）、存储设备（硬盘、SAN 存储、NAS 存储及 SSD

```
┌─────────────────────────────────────────────────────────┐
│ 基于公共                                                  │
│ 数字文化大  │ 资源分析 │ │用户行为分析│ … │个性化推荐│     │
│ 数据的应用                                                │
├─────────────────────────────────────────────────────────┤
│ 公共数字                                                  │
│ 文化大数据 │ 资源共享 │   │ 资源调度 │   │ 资源集成 │      │
│ 综合平台层                                                │
├─────────────────────────────────────────────────────────┤
│ 公共数字   │公共数字  │                                   │
│ 文化大数   │文化大数据│ 其他结构化│ 半结构化 │ 非结构化    │
│ 据资源层   │元数据库  │ 数据      │ 数据     │ 数据       │
├─────────────────────────────────────────────────────────┤
│ 公共数字文化大数据中心基础设施（服务器/网络设备/存储设备/安全网关设备等）│
└─────────────────────────────────────────────────────────┘
```

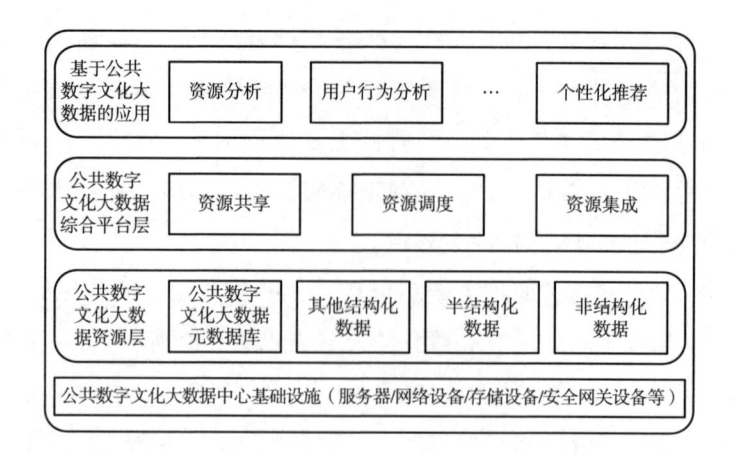

图 13-1　公共数字文化大数据关键技术平台研究架构

等）及安全网关设备等。

（2）公共数字文化大数据资源层

主要包括所有的公共数字文化大数据的数据资源库。它主要包含四大部分，分别为公共数字文化大数据元数据库、其他结构化数据、半结构化数据及非结构化数据。

（3）公共数字文化大数据综合平台层

本层主要是公共数字文化大数据的资源共享平台层。主要包括公共数字文化大数据资源共享、公共数字文化大数据资源调度及公共数字文化大数据资源集成三大主要模块。

（4）基于公共数字文化大数据的应用

主要包括基于公共数字文化大数据的各种基础应用以及其他客户化应用，主要有公共数字文化大数据资源分析、公共数字文化大数据用户行为分析及公共数字文化大数据个性化推荐等。

第四节　公共数字文化大数据资源层

1. 公共数字文化大数据元数据库

公共数字文化大数据类型众多，使用的用户数量也十分巨大。为了管理好所有的这些公共数字文化大数据（包括视频、音频、文本、图片、word 文件、pdf 文件、用户社交网络留言数据、用户 profile 数据、其他关系数据库系统内数据及其他各种格式的数据），必须对这些数据进行数据规范化和标准化，并统一为它们建立元数据模型，并将所有的元数据都存入到元数据库中。一般来说，元数据均为结构化数据，其对应的存储数据库为关系数据库。

为了更好地梳理公共数字文化大数据的各种元数据，需要对公共数字文化大数据源建立相应的各种规范体系。公共数字文化大数据资源来源种类繁杂，如何厘清公共数字文化大数据资源，并为其建立一套规范与标准的管理体系是公共数字文化大数据资源能否真正有效实现管理的核心所在。为了达到此目标，需要在国际、国内特别是 OAIS 标准规范及数字图书馆已有的标准规范基础上，梳理、研究公共数字文化大数据资源本身和在技术集成过程中所需要的各种标准规范，主要包括：《公共数字文化大数据资源知识组织分类标准规范》、《公共数字文化大数据资源元数据标准规范》、《公共数字文化大数据资源加工格式标准规范》及《公共数字文化大数据资源唯一标识符（DOI）标准规范》等。所有的这些标准规范下的数据均为元数据的一部分，均将存入公共数字文化大数据元数据库中。

2. 公共数字文化大数据其他结构化数据

公共数字文化大数据的其他结构化数据主要为文化系统的各种信息管理系统中存放在数据库，尤其是关系数据库系统中的数据。这类数据也均为结构化数据。

3. 公共数字文化大数据半结构化数据

公共数字文化大数据半结构化数据主要来自各社交网络，如微博博文、论坛帖等，还包括文化系统搜索引擎所需要的各种索引数据。这些数据一般都是半结构化数据。这些半结构化数据存储在云数据库如 Hbase、MongDB 等。

4. 公共数字文化大数据非结构化数据

主要包括海量的音频视频文件、图片、文本及其他各种类型的文件。这些海量的数据占据公共数字文化大数据的主要部分，直接存储在云文件系统中，如 Hadoop HDFS 等。

第五节 公共数字文化大数据综合平台层

公共数字文化大数据综合平台层主要需要解决公共数字文化大数据在整个汇聚过程中的一系列管理问题，主要包含三大部分的内容：公共数字文化大数据资源共享、公共数字文化大数据资源调度及公共数字文化大数据资源集成。

一 公共数字文化大数据资源共享

公共数字文化大数据资源共享是整个公共数字文化大数据的核心部分。共享的数据越多，管理越好，直接反映在公共数字文化大数据共享的应用效果中。使用 Hadoop 是实现云环境下大数据共享的较好解决方案。

二 公共数字文化大数据资源调度

公共数字文化大数据在云平台实现共享后，需要支撑每秒上千万的访问。如何能够有效地支持更大量级的数据访问，并在有限的带宽下有效降低访问的反应时间将非常重要。因此需要通过对历史数据的计算得出资源的使用热度，然后按照不同热度的资源进行分类存储，并进行适当的资源调度。尽量实现"就近访问、热点资源存储在更快更高效存储介质"的指导目标。图 13-2 展示了公共数字文化大数据资源调度架构。

三 公共数字文化大数据资源集成

存储在共享库中的公共数字文化大数据分别存储在不同的数据中心，但是众多的上层应用需要使用来自不同数据中心的数据，如何切实对来自不同数据中心的数据进行公共数字文化大数据的资源集成显

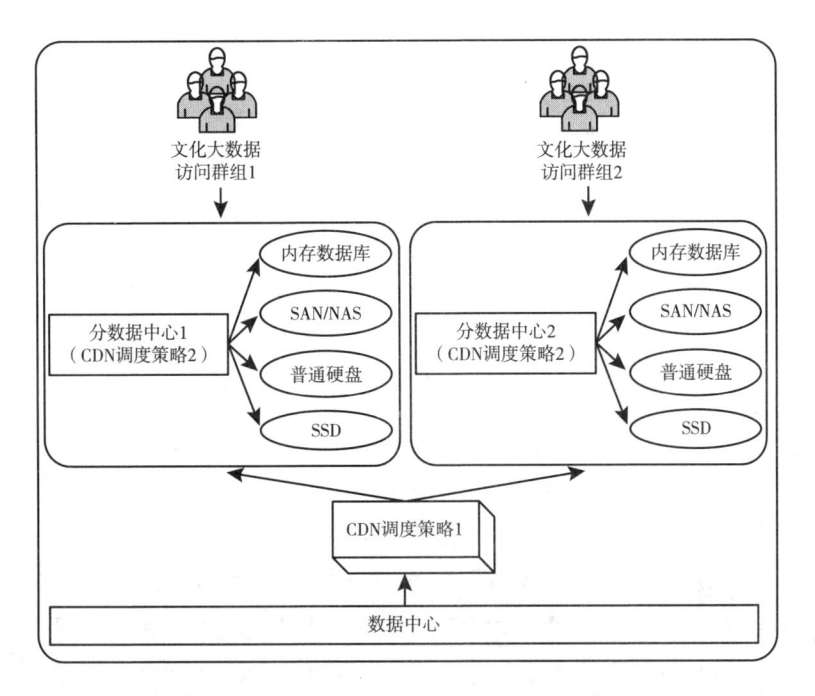

图 13-2　公共数字文化大数据资源调度架构

得十分关键，图 13-3 展示了公共数字文化大数据资源集成的一个初步方案。

第六节　基于公共数字文化大数据的应用

一　公共数字文化大数据资源分析

公共数字文化大数据的资源分析主要需要分析如下内容。

（1）公共数字文化大数据资源类型。需要厘清公共数字文化大数据由哪些类型的数据资源构成。

（2）公共数字文化大数据资源热点分析。在所有的文化资源中哪些是热点，是民众关心和探讨的方向。

（3）不同地域人员对公共数字文化大数据资源的需求分析。虽然

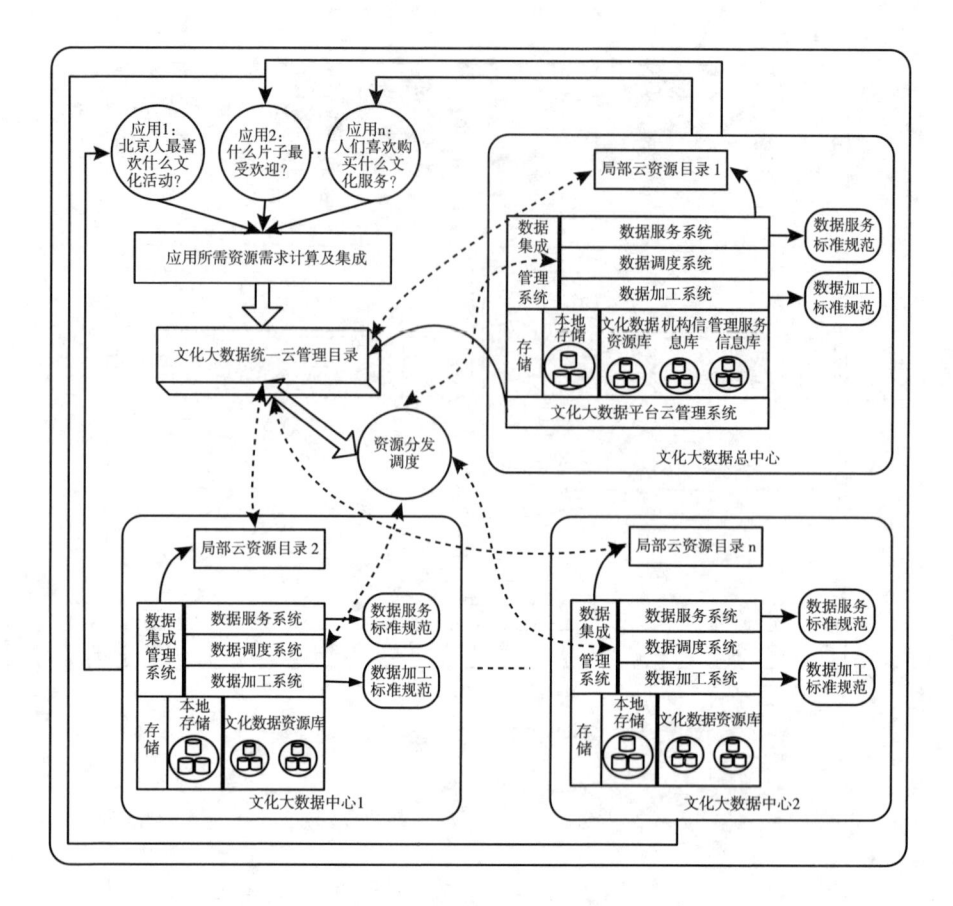

图 13-3　公共数字文化大数据资源集成初步方案

当前城市趋于同质化，但地域不同，受历史、地理等的影响，文化差异仍然较大，因此，有必要以地域为划分，分析各自的文化需求。

（4）不同年龄段人员对公共数字文化大数据资源的需求分析。处于不同年龄段的人们对文化的理解不同，因此需求也必然不同。

（5）不同学历层次人员对公共数字文化大数据资源的需求分析。学习经历决定了一个人对文化的不同认知，学习计算机的人与学习政治的人对文化的需求必然不同。

（6）公共数字文化大数据资源使用情况分析。公共数字文化大数据并非封存在那里，而是为了应用，因此，如果不了解其资源的使用情况就无法从整体把控公共数字文化大数据的发展方向。

二 公共数字文化大数据用户行为分析

主要分析公共数字文化大数据共享服务平台的用户在搜索、浏览内容、浏览时间、打分、点评、加入收藏夹、取出收藏夹、加入资源访问期待列表,及其他在共享服务平台上的相关行为,如参与讨论、平台BBS上的交流、用户的互动等所有行为数据进行建模与分析。

通过对公共数字文化大数据用户行为的分析逐步掌握什么类型的文化数据资源最受欢迎,达到根据用户的历史行为记录分析用户的爱好和兴趣等的目的,为此后的个性化推荐提供理论依据。

三 公共数字文化大数据个性化推荐

主要通过对海量的公共数字文化大数据和用户的行为对比分析实现。对用户的行为和兴趣点进行准确的描述,将包括访问特征、用户特征及用户社交信息在内的用户行为数据引入到推荐系统以提升个性化推荐的效果,构建一套个性化的推荐系统,在传统推荐的基础上对用户行为的包括时序特性在内的所有行为数据进行跟踪。设计和优化推荐算法,为公共数字文化共享服务用户推荐合适的符合用户爱好的资源。满足被推荐者希望得到快速准确的资源需求而带来的对推荐算法性能的要求。图13-4展示了一个公共数字文化大数据个性化推荐基本架构。

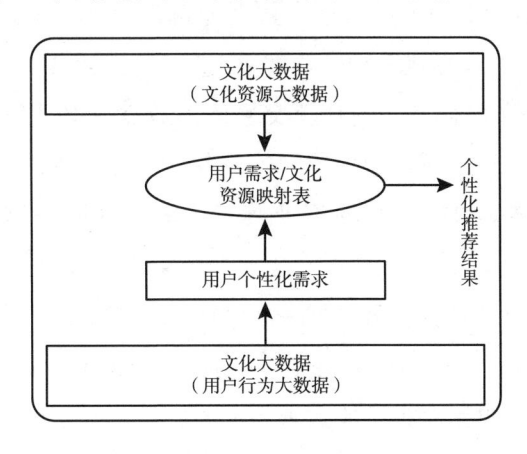

图 13-4 公共数字文化大数据个性化推荐基本架构

四　基于公共数字文化大数据的"周播剧"

本章开头提到，Netflix 公司利用掌握的海量用户信息进行大数据分析，不再仅限于谁喜欢看什么节目，而是精确到用户行为，如：哪些人喜欢在星期天晚上用平板电脑看恐怖片；谁会打开视频就直接跳过片头片尾；看到哪个演员出场会快进；看到哪段剧情会重放等。利用云端计算从电影名称、演员、剧本、档期、宣传片、宣传点、主题曲、互联网版权等各个方面进行精准分析，造就出《纸牌屋》的商业奇迹。

周播剧采取"边播边拍摄"的模式进行，这种模式深受欢迎，因为在播放完第一集后，会收集大量的观众反映，然后据此在保证剧情主线的情况下，按照符合最大多数观众的"意愿"去拍摄第二集。以此类推，完成整个剧集，一般周播剧剧情紧凑，再加上满足了观众的"个人意愿"，令观众有参与感，因此观众会迫不及待地一集一集地追下去。

而国内也有所谓的"周播剧"，但是这种周播剧不是真正意义上的周播剧，是一种假周播剧。因为电视剧已经拍摄完了，只不过按照一周播放一天或者二天而已。这种"周播剧"与传统的电视剧没有本质区别，只是在播放时间上有所区别而已。

图 13-5 展示了一个周播剧大数据分析模型。有了各种各样的观众及影评人的参与，会形成各种各样的公共数字文化大数据：演员/演员粉丝/参与讨论观众数据库、各种社交媒体大数据（如天涯论坛、百度贴吧、微信讨论、新浪/腾讯微博等等）及各种历史公共数字文化大数据。

通过周播剧大数据计算模型及其算法对各种所需的大数据进行计算，分析后得到如下结论。

（1）周播剧筹备阶段大数据分析：①男主角选择；②女主角选择；③导演选择；④大反派演员选择；⑤其他演员选择。

（2）周播剧边播边拍阶段大数据分析：
①男主角演技亮点、弱点及建议；②女主角演技亮点、弱点及建

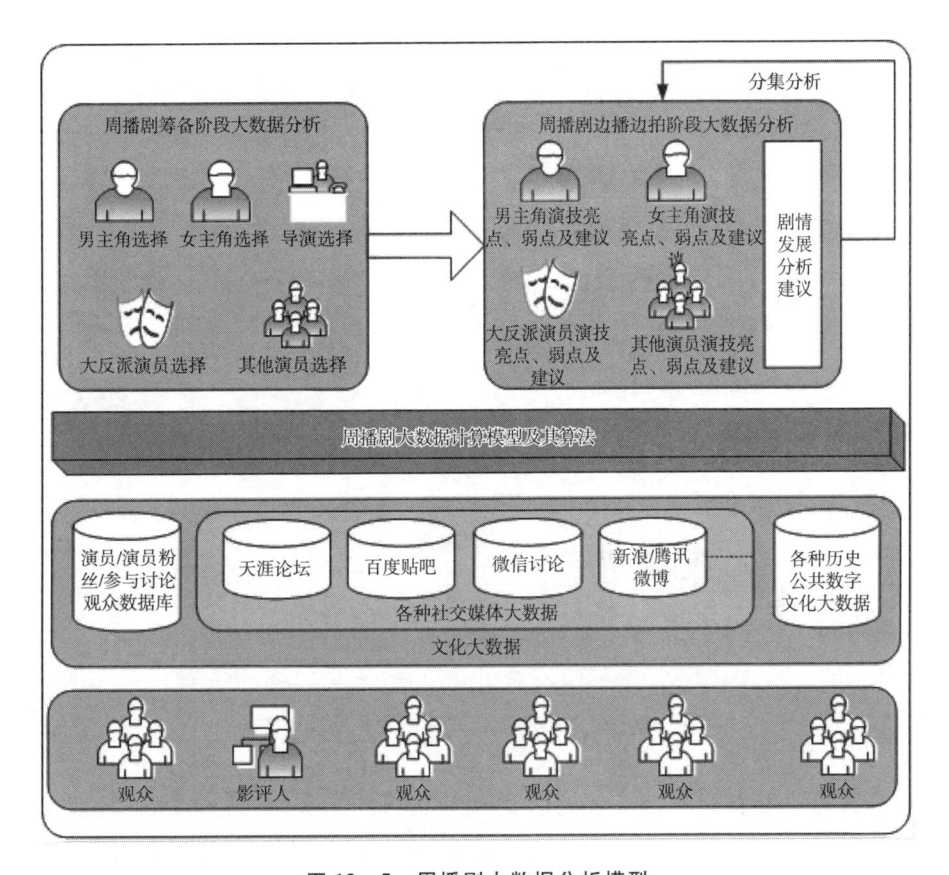

图 13-5　周播剧大数据分析模型

议；③大反派演员演技亮点、弱点及建议；④其他演员演技亮点、弱点及建议；⑤剧情发展分析建议。

五　公共数字文化大数据云平台设计方案

文化大发展、大繁荣离不开公共数字文化大数据云平台的建设。图 13-6 是我们设计的一个公共数字文化大数据云平台方案。

该平台涵盖了公共数字文化大数据的整个数据流，主要过程可以简要描述如下。

（1）各公共数字文化大数据系统使用者可以使用公共数字文化大数据的各种系统，例如数字博物馆、数字档案馆、数字图书馆、新闻出版系统、各种影视系统、数字科技馆等，或者使用由这些系统所衍生出

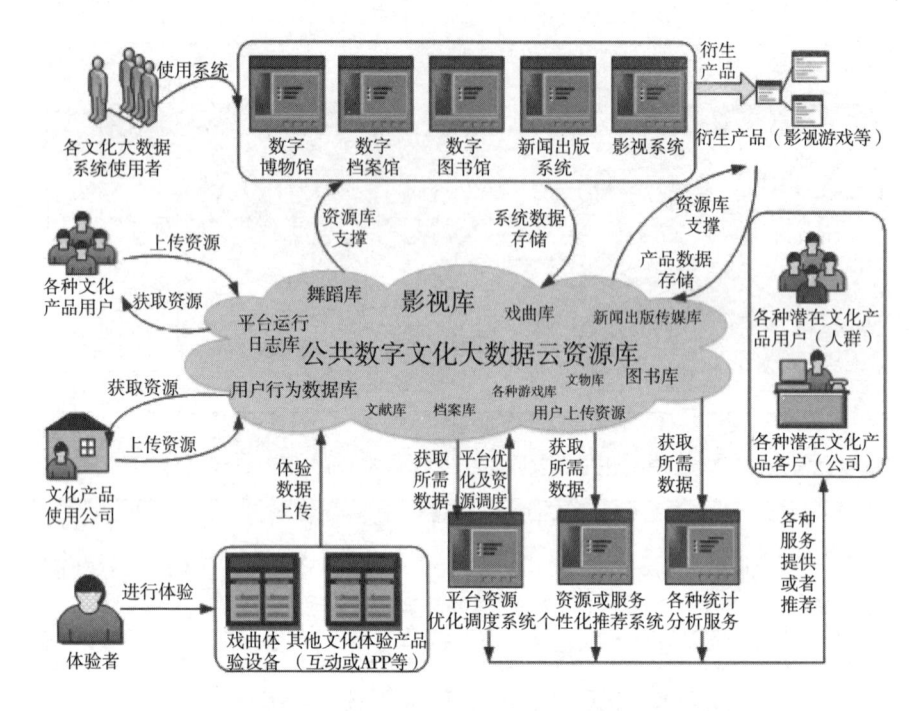

图 13-6 公共数字文化大数据云平台设计方案

来的各种文化衍生产品，如影视游戏等。当然，这些文化系统以及衍生产品的应用均需要公共数字文化大数据云资源库的支撑，同时，这些系统或者衍生产品在具体的使用过程中也将会产生数据，这些数据也会存储到公共数字文化大数据云资源库中。

（2）各文化产品用户可以上传自己的各种文化资源（视频、音频、图片等）到公共数字文化大数据云资源库，也可以从公共数字文化大数据云资源库中下载自己所需的各种公共数字文化大数据资源。公共数字文化大数据的上传和下载可以通过该平台的电子商务交易功能来实现，可能部分资源通过免费方式获取或提供，部分资源通过付费方式获取或提供，另外还有可能通过资源互换的方式来实现。

（3）与各种文化产品用户类似，各种文化产品使用公司也可以上传自己公司的各种文化资源（视频、音频、图片等）到公共数字文化大数据云资源库，也可以从公共数字文化大数据云资源库中下载自己公司所需的各种公共数字文化大数据资源。同样，公共数字文化大数据的上传和下载可以通过该平台的电子商务交易功能来实现，可能部分资源通过免费方式获取或提供，部分资源通过付费方式获取或提供，另外还有可能通过资源互换的方式来实现。

（4）体验者与（1）介绍的不一样，（1）中介绍的各种公共数字文化大数据系统或者其衍生产品的使用者在使用系统或者衍生产品时候不仅可以产生数据并需要存储到公共数字文化大数据云资源库中，同时也需要公共数字文化大数据云资源库提供资源和数据的支持，而这里的体验者主要是通过使用文化体验设备（例如戏曲体验设备、其他文化体验设备如互动产品或APP等）的方式，不需要从公共数字文化大数据云资源库获取资源或数据支撑，但是体验者在使用过程中会产生很多行为数据、其他数据等同样会存储到公共数字文化大数据云资源库中。

（5）平台资源优化调度系统。该基于公共数字文化大数据分析的平台资源优化调度系统可以分析存储在云平台中的公共数字文化大数据，分析出平台对公共数字文化大数据资源的使用情况和运行情况。通过分析，可以判断出外界对资源的使用和调度情况，从而为优化平台的资源配置、平台的公共数字文化大数据智能放置、公共数字文化大数据的CDN调度提供依据。

（6）资源或服务个性化推荐系统。该系统通过分析公共数字文化大数据，尤其是公共数字文化大数据使用者或者使用公司的历史行为，可以得出这些使用者或者使用公司的兴趣爱好或者需求，从而可以更好地为这些使用者或者使用公司提供个性化的推荐服务，及时推荐他们所需的各种公共数字文化大数据资源或者服务。

（7）各种统计分析服务。基于对公共数字文化大数据的分析，可以提供各种统计分析服务，例如：基于公共数字文化大数据资源访问热度的分析服务；基于公共数字文化大数据的地区访问行为分析；基于公共数字文化大数据的访问时段的统计分析。所有这些统计分析服务可以以各种统计报表的形式或者计算机可视化的形式提供给各潜在文化产品用户（人群）或者各潜在文化产品客户（公司）等。

第七节　公共数字文化大数据云管理系统

图 13-7 展示了公共数字文化大数据云管理系统的一个基本架构。公共数字文化大数据云管理系统大致由三大块组成，分别为公共数字文化大数据资源管理、公共数字文化大数据访问与利用、公共数字文化大数据云管理系统功能。

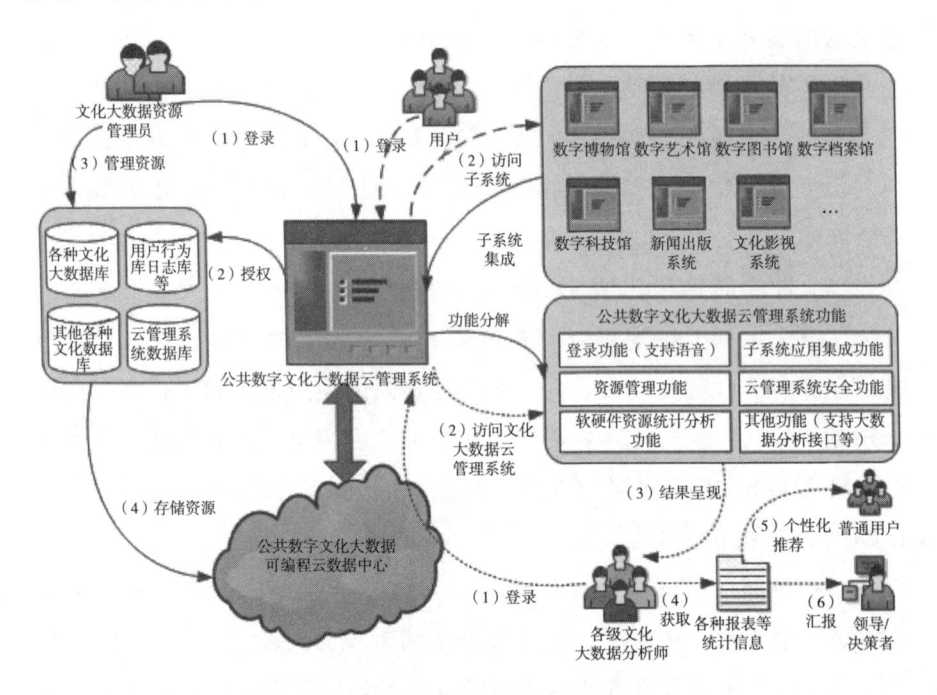

图 13-7　公共数字文化大数据云管理系统基本架构

1. 公共数字文化大数据资源管理

首先公共数字文化大数据资源管理员登录公共数字文化大数据云管理系统，在获得授权之后，可以在其权限内管理各种公共数字文化大数据资源，如数字图书资源、数字文物资源、数字档案资源、数字影视资源等各种数字文化资源、用户行为库与日志库等、云管理系统数据库及其他各种文化数据库资源。同时，这些公共数字文化大数据资源管理员可以将这些公共数字文化大数据资源存储到公共数字文化大数据可编程云数据中心，进行统一存储和管理。

2. 公共数字文化大数据访问与利用

各类用户（包括普通用户以及各种组织机构用户）登录公共数字文化大数据云管理系统，在获得授权之后，可以在其权限内访问各种公共数字文化大数据系统，包括：数字博物馆、数字艺术馆、数字图书馆、数字档案馆、数字曲艺馆、数字科技馆、新闻出版系统、文化影视系统以及它们所衍生出的各类产品和文化体验产品等。

3. 公共数字文化大数据云管理系统功能

公共数字文化大数据云管理系统必须具备一些基础功能，主要有以下四点。

（1）用户登录功能。如果是普通用户则不需要登录，但是不能获取更多服务。如果是特殊用户则需要一个登录功能，该功能可以规定用户的权限，不同等级的用户具有不同的服务权限。

（2）公共数字文化大数据子系统集成功能。它需要能够将数字博物馆、数字艺术馆、数字图书馆、数字档案馆、数字曲艺馆、数字科技馆、新闻出版系统、文化影视系统以及它们所衍生出的各类产品和文化体验产品均能实现有效集成，对外统一提供服务。

（3）公共数字文化大数据云平台系统基础功能。主要有资源管理功能、云管理系统安全功能、软硬件资源统计分析功能、支持公共数字文化大数据分析接口功能及其他各种所需功能。

（4）公共数字文化大数据分析功能。各级公共数字文化大数据分析师登录公共数字文化大数据云管理系统，在获得授权之后，可以访问公共数字文化大数据云管理系统，得到系统提供的各种可视化呈现的分析结果，获取各种所需的报表等可视化统计信息，并将这些公共数字文化大数据统计分析结果个性化推荐给各类用户或者汇报给各级领导，以供决策使用。

第十四章 区块链技术在公共数字文化中应用

第一节 区块链基本概念

区块链（Blockchain）随着比特币等数字加密货币的发展而逐渐被人们所熟知。区块链是一种分布式数据存储机制，是使用密码学方法相关联产生的一串数据块，每一个数据块中包含了一批比特币网络交易的信息，用于验证其信息的有效性（防伪）和生成下一个区块。该概念在 Satoshi Nakamoto（可能是一个真实的人，也可能是一个虚拟的人名甚至虚拟的团队名）的论文 *Bitcoin：A Peer-to-Peer Electronic Cash System* 中提出，Satoshi Nakamoto 创造了第一个区块，即"创世区块"。区块链在网络上是公开的，可以在每一个离线比特币钱包数据中查询。比特币钱包的功能依赖于与区块链的确认，一次有效检验称为一次确认。通常一次交易要获得数个确认才能保证生效。区块链本质上是一个分布式账本数据库，是比特币的底层技术，和比特币是相伴相生的关系。

为了更好地帮助大家理解区块链相关技术，并形成系统性的区块链的技术架构，本章首先以比特币为例介绍区块链的第一个用例（Use Case），帮助大家理解区块链，理解为什么需要研究区块链技术；研究区块链技术的社会原动力在哪里，然后再逐一详细介绍区块链的相关技术以及未来应进行的标准研究。

第二节　区块链技术研究缘由

区块链之所以这么火热，甚至可能改变未来的计算范式，都是有其客观缘由的。正是因为区块链技术将为社会带来巨大的效益，甚至改变社会的各种应用的计算范式，并且是社会所迫切需要的，因此才会得到如此众多的关注，也会得到众多风险投资的关注。根据 Gartner 的研究预测，区块链将在未来 5～10 年迎来爆发式发展，并实际得到应用。图 14－1 为 2016 年 7 月 Gartner 发布的最新的未来技术预测，区块链技术就包含于其中。为了让大家清楚为什么要研究区块链技术，首先让我们从分析区块链技术的第一个用例——比特币入手。通过对比特币的初步了解，将有助于我们了解区块链技术的重要性。

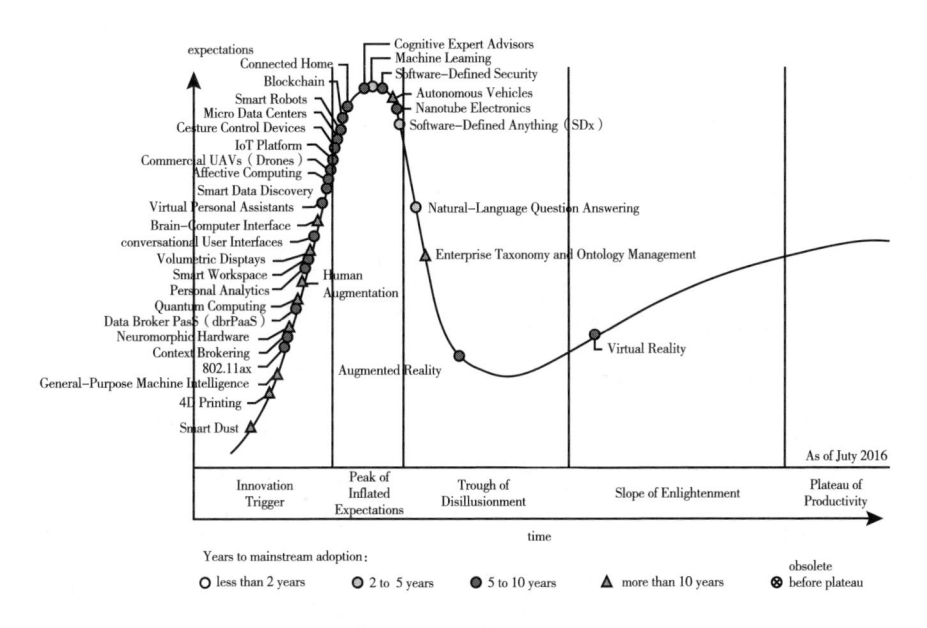

图 14－1　区块链技术的未来

一　区块链用例描述：比特币

互联网上的贸易，几乎都需要借助金融机构作为可信赖的第三方来处理电子支付信息。而比特币的出现，可以摆脱第三方的限制，形成一个完全依靠算法来确保交易世界的可靠性。它完全不同于传统的物物交换（原始社会）、贵金属交换（封建社会）、纸币作为流通货币的交换（以政府信用背书，如中央银行）、电子货币交换（同样以政府信用背书，如中央银行），比特币完全依赖于算法本身的可靠性，不依赖任何政府的信用或者贵金属作为担保，它将引领一种新的交易范式。

假设有 A、B 以及 C 三个人正在使用比特币，并希望通过比特币进行交易。根据货币的特征，要想比特币成为一种像美元或者人民币一样具有货币功能的货币，比特币也必须具备货币（人民币、美元、黄金等）所具有的所有功能，比如，他们三个人他们怎么获取比特币（钱的来源）？为什么比特币会获得承认？他们怎么交易（怎么用比特币买东西，或者进行交易）？他们怎么确保交易是安全可靠的？比特币交易具体是如何完成的？

1. 怎么获取比特币（钱的来源）？

A、B 以及 C 获取比特币的来源有两种途径，按照 Satoshi Nakamoto 的想法，可以比较形象地表示为：当矿工通过挖取地球的金矿，去获取奖励给他们的比特币以及通过交易或者捐赠获得别人给予的比特币。

（1）当矿工获取比特币

Satoshi Nakamoto 挖到了世界上第一桶矿，也被称之为创世区块，从而得到了 50 个比特币的挖矿奖励。每个区块（Block，账本）的创建者将得到相应的比特币。毕竟地球上的矿产资源有限，矿的优劣程度也不一样，Satoshi Nakamoto 制定了如下的挖矿规则：前 21 万个账本的初始值为 50 个比特币，也就是说前面 21 万个账本的创建者每创建一个新的账本均可以得到 50 个比特币。可以通俗地理解为前 21 万个账本为最优质矿。产生到第 21 万个账本之后，每个账本的创建者只能得到 25 个比特币。以此类推，第 42 万个账本创建后，账本里初始只有 12.5 个比特币。也就是说随着优质矿被挖走之后，矿产质量越来越差，也就越来越不值钱了。矿产终究有挖完的一天，所以最后比特币的钱的总数会停留在 2100 万个。矿挖完了，但是交易永远都不会停止，因此，账本会不断地创建下去，只不过后面这些挖矿的人每创建一个账本，不会再得到任何比特币了。

根据 Satoshi Nakamoto 的描述，世界上约每十分钟就会产生一个新的账本，不管这个账本是否有交易，它都会约每 10 分钟产生一个新账本。如果在 10 分钟之内，有很多矿工都想去挖矿（产生新账本），则算法会通过优胜劣汰的机制选择一个最好的矿工所挖的矿作为该 10 分钟内有效的账本。所以，通过挖矿得到相应的比特币不是一件十分容易的事情。如果在这十分钟内有 1 万人在挖矿，那也只有一个幸运者能够获得该矿，并得到世界所给予的挖矿奖励。当然，世界上所有的发生在这十分钟内的大部分交易，都会记在这个账本里面。毕竟通过挖矿，到一定时间后（2040 年），所有矿产都挖完了，后面每一次挖矿（创建 Block）将不会有任何收益了，将会影响矿工的积极性。因此，Satoshi Nakamoto 也规定，对于一些非常复杂的交易，会收取交易费，这个交易费用将会用于奖励挖矿者，这在一定程度上也提升了矿工的积极性。

回到前面的描述，A、B 以及 C 三人要想获得地球给予的比特币，首先要成为矿工去挖地球所埋藏的矿，获得世界给予他们三人的奖励（每挖出一个最优质矿将获得 50 个比特币，挖到一个次优质矿将得到 25 比特币，以此类推）。

（2）通过交易或者捐赠获得别人给予的比特币

当然，要想获得比特币，去当矿工挖矿不是唯一的途径，也可以通过交易或者捐赠获得别人给予的比特币。假如，B 是一个猎人，A 可以通过花 20 个比特币购买 B 的一头野猪，一旦这个交易完成，B 也可以获得从 A 那里得来的 20 个比特币。又假如，A 有比较多的比特币，为了做慈善，可以为社会进行捐赠，比如说给红十字会捐赠 100 个比特币等，这时候红十字会组织将获得 100 个比特币。

2. 为什么比特币会获得承认

比特币要想获得承认必须是世界达成了某种共识。不像黄金这种硬货币，或者人民币、美元这种以国家机器背书的软货币，比特币要想获得承认需要一个长期的积累，只有人们逐渐接受了这种货币，才具有交易价值。否则，B凭什么愿意用一头野猪去换取A的20个比特币？不过现在越来越多的人已经接受了比特币，承认其具有商品的价值。

3. 如何用比特币交易？

A、B以及C通过比特币进行交易，其实和传统的商品交易没有本质上的区别。唯一和现实中以美元或者人民币交易不同的是，以美元或者人民币进行交易可以通过电子形式（比如通过转账）等方式完成，也可以直接使用钞票（美元或者人民币）去购买所需要的商品。而通过比特币进行交易，只能通过电子形式进行，也就是通过在账本中进行登记和计算的方式来完成交易。假如，B有100个比特币，A有2000个比特币，A花了20个比特币从B那里购买了一头野猪，那么在账本中需要记录下这次交易，同时B的账户余额增加了20个比特币，变成了120个比特币；而A的账户余额减少了20个比特币，变成了1980个比特币。从这里可以看出，所有的交易都体现在账本里面，不像传统的购买方式，购买者可以手持纸币去完成交易。

4. 怎么确保交易是安全可靠的？

与现实中的面对面交易不一样，面对面交易，一手交钱一手交货，可以马上完成交易，只要钱不是假币，整个交易将会很顺利，并且双方都会很满意。现实的电子交易中由于有中央银行的CA中心（国家机器作为信用背书者），CA会确认电子交易的双方真实存在（CA会证明A、B以及C是实实在在存在的真实交易者），并且防止他们抵赖不承认某一笔交易（比如A下了某个购买B的野猪的订单，但是对购买单不承认；或者B收到了A购买野猪的钱，但是不承认已经收到了钱，从而拒绝通过物流运输野猪给A等）。比特币交易系统则不一样，它没有任何组织（发行欧元的欧盟）或者国家（发行美元的美国，发行人民币的中国）来为此背书，因此，比特币的安全完全需要依靠技术手段本身来解决，比如说依靠各种加密手段、验证手段、算法等来实现，具体可以归纳为如下几点。

（1）如何确保比特币是真实的

现实中的人民币或者美元的真假可以通过银行或者验钞机等来判别真假。比特币不一样，其是一种虚拟的货币，无法通过识别水印或者纸币上的特殊标记、纸币制作材料等进行判断。所以，对于比特币的真实性是通过判断比特币的来源是否真实来判断。人们获取比特币只有两种方式：矿工通过挖矿（创建账本）获得比特币，或是通过交易或者接受捐赠获得别人给予的比特币。所以判断比特币是否真实，只需判断创建的账本是否真实，或者交易或者捐赠是否属实来判断即可。

（2）如何确保交易双方不抵赖

传统的 PKI 体系中通过 CA 中心、数字信封以及数字签名等技术可以确保电子商务中的每一笔交易的交易双方不会抵赖。而以比特币为基础的交易与电子商务的交易类似，因此可以通过数字签名技术来防止交易双方抵赖。但是，比特币体系中没有中央银行，因此需要通过技术手段如时间戳、各种共识机制来确保账单的真实性等。

（3）如何确保交易通信是安全的

对于交易双方，不愿意被人所看见，因此通过加密方法对交易内容等进行加密处理后确保信息保密，从而保证通信安全。

（4）如何防止重复支付

传统的面对面交易中，如果 D 只有 1000 元，他用这 1000 元购买了一个苹果手机后，就不可能再用这 1000 元去购买自行车，因为这 1000 元在购买手机的时候就已经给了卖手机的销售商。同时，传统的电子商务交易也一样，如果电子银行账户中只有 1000 元的余额，在某个时间 D 几乎同时下单购买 1000 元的苹果手机和 1000 元的自行车的时候，交易中心会确认哪一笔买卖在前，哪一笔买卖在后，如果购买苹果手机的时间在前，则会通知数据库转账 1000 元给苹果手机销售商的银行账户，通过数据库的锁定机制，钱就不可能支付到销售自行车的销售商账号里，也就是说不可能出现重复支付的问题。但是在比特币的交易系统里面，交易是需要广播给账本的所有人，并需要所有人进行确认且需要一定的时间来完成。"D 购买 1000 元苹果手机"这笔交易还没有确认完，可能"D 购买 1000 元的自行车"这笔交易同时也已经开始确认了。从而，有可能出现两笔交易同时有效的现象，但是实际上 D 只有 1000 元，但是购买了 2000 元的东西。这是一个比特币交易体系里不能容忍的现象，因此需要借助诸如时间戳等技术来解决该类问题，从而确保交易的先后顺序，确认哪一笔交易是有效的，等等。

5. 比特币交易具体是如何完成的

比特币交易依靠技术手段解决并完成。比如前文提到的如何确保交易的安全；如何确保通信的畅通（P2P 网络）；如何确保每笔交易的可信（一笔交易都需要得到大家的认可，一个账本都需要得到大家的一致同意）；如何确保合同实现。前述的这些问题都是比特币交易中所需解决的一些关键问题。

二　为什么要研究区块与区块链

上部分我们使用通俗的案例对比特币用例进行了描述，从整个描述可以看出，比特币中最为核心的概念其实就一个：区块（通俗地称为账本，英文为 Block）。当然包括了有众多的区块所串联而成的区块链。其他所有的技术如：加密技术、数字签名技术、时间戳技术、通信技术、共识技术等都是围绕着区块（Block）及区块链（Blockchain）来进行的。因此，区块链（账本链）技术才是比特币的最核心和最关键技术，也是比特币交易生态的关键所在。我们研究区块及区块链最主要的原因有如下几点。

1. 区块及区块链是整个比特币生态的核心所在

了解了区块及区块链的工作原理，也就掌握了比特币是如何工作的。可以说，整个比特币都是围绕区块（账本）的创建、存储、使用、验证等来进行的，因此区块链是整个比特币生态的核心所在。

2. 区块链技术是未来信用社会构建安全应用的需要

区块链除了应用在比特币外，其实更为重要的是应用在未来信用社会中各种类型应用的需要。由于它的安全性，并且可以全程记载所有的交易活动，因此未来的电子商务应用、个人信用征信、社会保险缴纳、公司电力销售、自来水收费、医疗应用、教育应用、金融应用、证券应用等等社会的各个领域均可以使用区块链技术来构建。

3. 社会节约成本的需要

随着互联网应用（包括大数据、云计算、物联网）等飞速发展，越来越多的应用系统需要建立在互联网这一平台上。比如金融里面的比特币、保险公司的保险购买与理赔、电力公司的电力购买与消费、制造企业的商品生产与交易、电子档案的入库与查询和借还、智慧健康医疗中病人的看病与诊断、政府电子政务系统的各种信息传输与保存、知识产权交易中心的产权交易等等。如果所有的这些互联网应用系统都需要国家机器或者国家权威机构来进行背书，那么需要建立庞大的信用 CA 认证中心，需要全社会购买许多服务器、网络设备等来进行组建各种 CA 中心（保险 CA、制造业 CA 等），要投入大量的人力和物力对这些 CA 中心进行投资和管理。而基于区块链的技术可以解决各种应用的信用问题，可以为整个社会节约大量的成本。

4. 区块链技术与新技术相辅相成、相得益彰

目前最新的技术莫过于云计算、大数据、物联网、机器学习等。而区块链技术的最重要的本质就是一个分布式账本，具有分布式、自治共同约定性、合约性以及可追溯性四大特点。这四大特点正好符合了云计算这种特定的分布式环境，以及大数据、物联网和机器学习等等在分布式环境下的纵深计算的发展需要。可以说，它们之间是相辅相成、相得益彰。通过研究区块链技术，可以很好地为各种基于云计算、大数据、物联网、机器学习等为基础的互联网应用提供解决方案，因此将成为研究的热点。

三 区块链需要研究哪些关键技术

区块链将成为未来计算范式的一个基石。为了促进区块链技术的发展，到底需要研究哪些关键技术。通过前面的分析，我们对区块链有了一个大概的了解，区块链关键技术的研究应该包含如下几个方面。

1. 区块链共识机制研究

区块链为了确保交易有效性，主要是通过大家对账本的统一认可来完成的。建立在一个共识基础之上。因此需要研究不同的应用所需要的各种共识机制。比如，有最基础的：拜占庭将军问题共识机制。还有一些满足特殊应用的共识机制，如工作量证明 PoW、权益证明 PoS、股份授权证明 DPoS 等。当然，随着应用的不断丰富以及复杂化，我们需要开发不同的共识机制来满足各种不同应用需求。

2. 区块链的安全与隐私保护技术研究

区块链与传统的计算范式完全不同，它不再借助于国家机器来确保信用可靠。其安全性完全通过技术手段来解决。因此，研究区块链的安全性保障显得至关重要。它应该包含哪些安全技术（数字加密、数字签名、传统的安全技术），是否需要增加新的安全机制。另外，区块链在具体应用中涉及的隐私保护如何完成，如何制定出一套行之有效的隐私保护机制。

3. 区块链的存储技术研究

区块链是一个由众多的账本（Block）组成的相互关联的账本链。它如何在云计算环境下进行分布式存储，如何确保存储与计算效率，存储在文件系统还是数据库，如何存储在分布式数据库或者分布式文件系统，如果提升区块链的查询效率。这些问题，都是区块链存储所需关心的问题。

4. 区块链的通新技术研究

区块链主要是运行在分布式环境下，如何满足通信需要，如何确保广播有效，如何对通信进行有效验证。这些都是区块链在通信过程中需要研究的问题。

5. 区块链的核心应用组件研究

最主要的是要研究"链上代码"（又名"智能合约"）问题。需要研究链上代码包含哪些关键技术，如何发展，随着区块链 3.0 应用的需要，还需要研究光靠"链上代码"解决不了的能够满足人类社会管理所需的更为复杂的、具有语义功能的复杂应用算法库以及算法组合机制等等。

6. 区块链的应用体系研究

比特币是区块链技术的一个成功的应用。但是比特币仅仅是一种货币支付体系的应用。其实区块链技术还可以应用到社会的各个方面。区块链技术发展分三个阶段或领域：区块链 1.0、2.0 和 3.0。

区块链 1.0，就是数字货币领域的创新，如货币转移、兑付和支付系统等。

区块链 2.0 是链上代码的创新，即商业合同涉及交易方面的，比如股票、证券的登记、期货、贷款、清算结算等。

区块链 3.0 则更多地对应人类的组织形态的变革上，包括健康、科学、文化和基于区块链的司法、投票等。

7. 区块链与现代技术结合研究

云计算、大数据、物联网的发展非常蓬勃，区块链如何与云计算、大数据、物联网等结合显得重要。因为，若区块链技术不能融入云计算、大数据、物联网等这些环境中，那将大大制约它的应用范围，其社会价值也将大打折扣。

8. 区块链技术标准研究

一项技术要想实现产业化，形成生态产业链，标准化是其必经之路，区块链技术也不例外。目前区块链技术在国内外尚未形成统一的标准，区块链技术及其具体的应用过程中会涉及各种技术标准，如何逐步开发与区块链相关的技术标准，将有助于实现区块链技术的逐步成熟，从而让它成为一个可以工业化应用到实体经济的真正意义上的实用区块链技术。

四　区块链模型

比特币是区块链的一个最为成功的应用。区块链也是整个比特币生态中最为重要的部分，它是整个比特币生态系统的核心所在，比特币的一切行为几乎都是围绕区块（账本）链而来。当然，基于区块链技术模型和该模型所包含的各种关键技术，除了可用于比特币之外，还可以用于互联网其他的新应用的方方面面，从而将区块链这项技术推广应用于社会的各方面，为社会服务。我们通过调查研究，将区块链技术模型总结如图 14-2 所示。

	区块链应用	
区块链1.0系列应用	区块链2.0系列应用	区块链3.0系列应用

应用组件层

| 发行机制 | 分配机制 | 区块链2.0核心智能合约衍生的激励组件 | 区块链3.0衍生的可编程资产 |

共识层

| 工作量证明PoW | 权益证明PoS | 股份授权证明DPoS | 拜占庭容错机制 | 其他 |

数据安全与隐私保护层

| 时间戳 | 哈希函数 | 数据加密 | 数字签名 | 零知识证明 |
| 区块链安全体系 | 隐私保护机制 | 隐私保护算法 | 区块链隐私保护体系 |

网络通信层

| P2P网络 | 传播机制 | 验证机制 | 其他 |

数据存储层

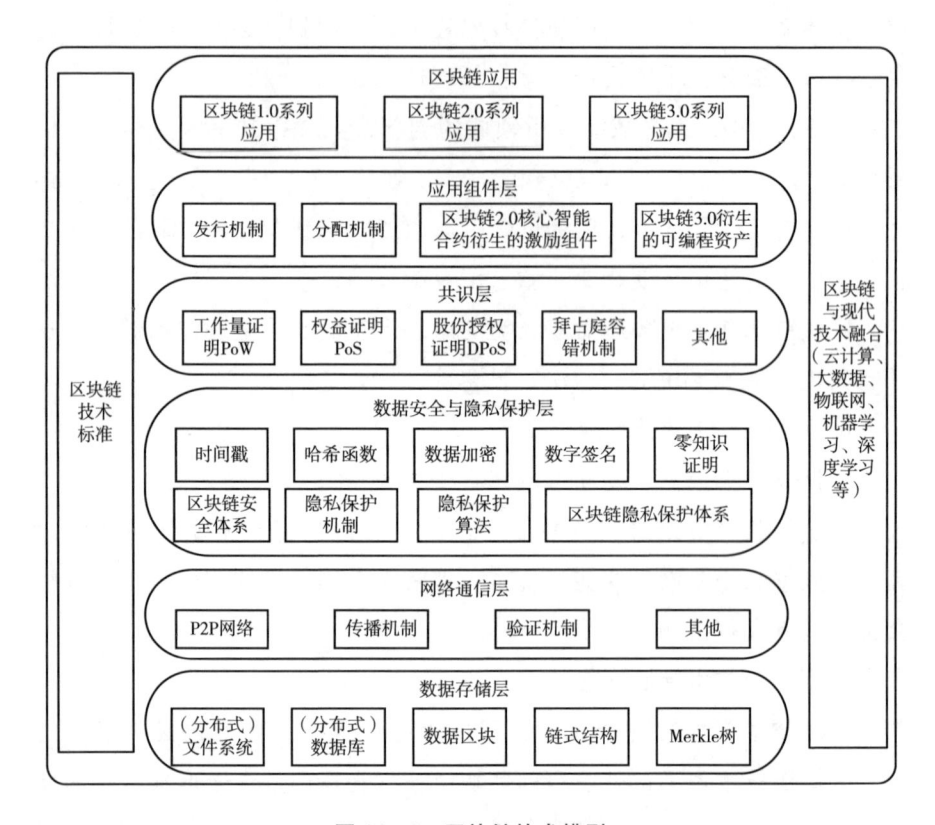

| （分布式）文件系统 | （分布式）数据库 | 数据区块 | 链式结构 | Merkle树 |

（左侧：区块链技术标准；右侧：区块链与现代技术融合（云计算、大数据、物联网、机器学习、深度学习等））

图 14-2　区块链技术模型

区块链技术的基本逻辑可以描述为：第一，所有应用的各种账本（可能是交易数据或者其他数据），均需要以分布式方式存储在不同的存储节点，其存储形式需要借助于分布式文件系统或者分布式数据库技术来完成。其数据区块满足一种链式结构，并且通过 Merkle 树进行验证。第二，为了确保不同节点之间能够互相"告知"，需要网络通信层来进行消息的传达，因此需要研究通信网络，如 P2P 网络，以及消息的传播机制，和消息的验证机制等等。第三，为了确保区块的信息安全和隐私能得到好的保护，需要通过数据安全与隐私保护层来进行规范，主要技术包括：传统的安全和因私保护技术，以及区块链特有的数字签名技术，以及零知识证明等区块链特有的安全保障技术等。第四，为了确保账本的创建，需要在各个节点之间设计一些共识机制，确保各个节点能够达成一致意见，其主要技术有：最初的工作量证明机制，这种机制计算量大，对能源消耗巨大。后面又衍生出多种其他的共识机制，比如，权益证明、股份授权证明，还有一些传统的比如拜占庭容错算法来确保整个共识机制的有效性。第五，所有的区块链底层技术最后均需要对外提供各种应用。而整个应用会需要一些基础的应用层中间件来完成，最主要的有比如区块链的各种代币（比特币、以太币）或者 Token 和积分来完成各种应用。而代币、Token 或者积分的发行、分配显得尤其重要，因此这是应用组件层的一大核心。为了让各种基于区块链的交易能够通过机器自动化完成各种交易，需要智能合约来进行完成。最后，到了区块链应用的最高级阶段，可以把所有的应用都通过程序编辑成可编程资产，以供交易。第六，各种区块链需要支撑各种级别的应用。第一代应用称之为区块链 1.0 应用，主要以比特币交易为代表的支付系统；第二代应用称之为区块链 2.0 应用，主要以各种商业交易的智能合约为代表的链上代码性的应用系统；第三代应用称之为区块链 3.0 应用，可以将区块链应用到社会的方方面面，是区块链应用的高级阶段。主要有社会应用系统等。第七，区块链的各个层次均需要满足各种标准。最后，区块链技术可以和其他各种技术进行结合，满足未来社会计算发展的各项需求。

从图 14-2 可以看出，区块链技术模型包括八大部分，其中包含六层基础技术层以及两个贯穿整个六层的两大共用技术。八大部分分别为：数据存储层、网络通信层、数据安全与隐私保护层、共识层、应用组件层、区块链应用、区块链与现代技术融合以及区块链技术标准。

（1）数据存储层

形象地说，区块链就是一个分布式账本，这些分布式账本之间通过链条链接在一起，构成一连串的账本链（区块链）。因此，数据存储层主要包括数据区块的逻辑组织方式以及如何有效地实现对分布式账本的有效存储。

(2) 网络通信层

为了满足各种应用的需求，数据区块需要通过网络在不同的节点之间进行验证、合作以及互相协同等。这就需要研究区块链所在的网络环境，数据共识、校验等的传播机制和验证机制等。

(3) 数据安全与隐私保护层

区块的存储、区块的验证、秘钥的传递、信息的发送和接收等等都涉及数据的安全传输和数据的隐私保护。本层主要研究以区块链技术为基础的各种应用环境下的数据安全与隐私保护问题。与传统的 PKI 安全体系不一样，基于区块链的各种应用应该形成一种新的、适应区块链各项技术的新的区块链安全技术体系和隐私保护。

(4) 共识层

基于区块链的各种应用，由于采用的是分布式的运行机制，为了让各种应用能够运转下去，需要区块链的各个参与方设置某些共识，一旦达成共识，则运行逻辑可以继续下去。共识层最早期的是用于比特币的工作量证明（PoW），随着应用的不断丰富，通过工作量证明来达成共识已经越来越不适应发展的需要，因此，不同的应用只要参与方共同达成一致，可以自己设置新的共识机制，比如后来发展的权益证明（PoS）、股份授权证明（DPoS）等。

(5) 应用组件层

为了支撑区块链的上层的应用，需要一些应用层的核心组件来完成，最典型的有发行机制和分配机制等。在以货币支付为代表的区块链 1.0 应用（尤其是比特币）中，发行机制和分配机制构成了整个应用的激励核心，例如比特币的发行和分配等。通过挖矿，如果获得了创建账本的权限则可以获得相应的比特币。当然，不同的矿工之间可以通过共享矿机进行合作，为了获取账本的创建权一起挖矿，一旦挖到矿，则如何分配激励也十分重要。随着区块链应用的不断衍生，更多的应用参与者通过智能合约方式来进行互相的约束和激励。智能合约也是区块链 2.0 中最为核心的技术。随着区块链应用的逐渐推广，区块链 3.0 应用组件的各参与方也将不断推出可编程资产的各种机制满足上层应用的各种需求。

(6) 区块链应用层

区块链技术最开始的应用主要集中于以货币支付为代表的比特币以及其他各种网络虚拟货币等，称之为区块链1.0。随着区块链技术的逐渐被认识，它的技术的特殊性，可以应用于更多的方面，如社会保险、物联网、社会信用体系等等，这种以参与者之间的智能合约为代表的区块链2.0阶段的应用已经逐渐成为主流。由于区块链技术的特殊性，除了在区块链1.0和2.0阶段将会有较大的应用潜力之外，它也将逐渐往更高阶段发展。面向以人类社会发展为基础的应用，将其定义为：区块链3.0的应用。主要包括：人类的健康、人类的活动，如政治活动：投票等等这种具有鲜明社会性的应用。

(7) 区块链与现代技术融合

区块链技术的发展离不开现代技术的支撑。若没有点对点网络、数据加密技术等支撑，不可能有区块链技术的发展土壤。然而，如今大数据、云计算、物联网、高速通信网、机器学习、深度学习、类脑计算等人工智能的快速发展基本奠定了未来科技的发展方向。

(8) 区块链技术标准

目前区块链技术在国内外尚未形成通用的技术标准。区块链技术涉及众多的核心技术，也涉及众多的数据和数据、应用和应用等的交互和互操作。标准化工作是一项技术能否通用、能否大范围应用的一个必经之路。因此，为了加快区块链技术的发展，制定各种区块链技术标准，已经刻不容缓。有了统一标准之后，大家才会对区块链有一个统一的认知，各种基于区块链的应用才会采用不同厂家互相认可的技术手段，使得不同的商家的技术之间可以互相兼容，从而促进区块链技术的健康发展。

第三节　数据存储层关键技术

一　（分布式）文件系统

区块链的各种区块及其他数据可以存储在数据库中，但是随着数据量的逐渐增大，单个的数据库不一定能满足存储的需要，因此，部分数据节点可能会搭建一个云存储集群，通过云存储方式保存各种区块数据，当然这些数据可以存储在普通数据库中，也可能存储在云数据库中，但是最终会物理地存储到分布式文件系统中，用来水平扩展存储容量。

图 14-3 基本囊括了现有分布式文件系统，主要有如下几大类。

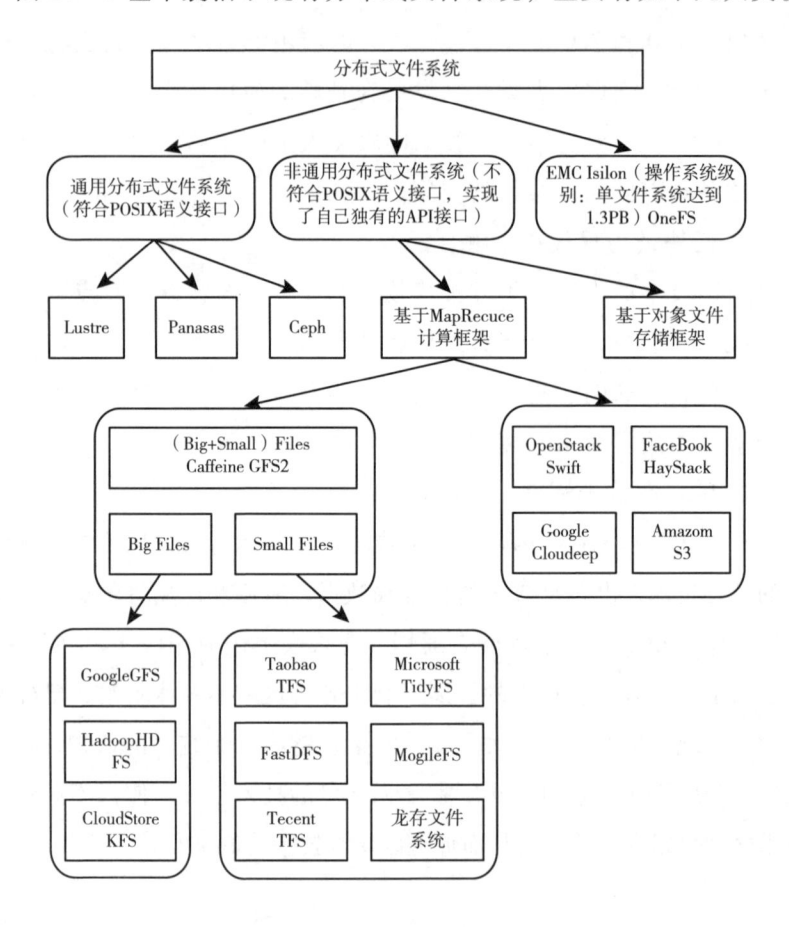

图 14-3 现有分布式文件系统

1. 通用分布式文件系统

通用分布式文件系统主要是指符合 POSIX（Portable Operating System Interface）语义的分布式文件系统，如 Lustre、Panasas 及 Ceph 等

分布式文件系统。

2. 非通用分布式文件系统

非通用分布式文件系统主要是指不符合 POSIX 语义接口的文件系统，它们通过自己独有的 API 接口与外界进行数据读取交换。这种类型的分布式文件系统又分为基于 MapReduce 计算框架的分布式文件系统和基于对象文件存储框架的分布式文件系统。

基于 MapReduce 计算框架的分布式文件系统主要包括 GFS、HDFS、KFS、TaobaoFS、TecentFS、Microsoft TidyFS、MogileFS、FastDFS 及其国内的龙存分布式文件系统；

基于对象文件存储框架的分布式文件系统主要包括 OpenStack 的 Swift、Facebook 的 HayStack、Google 的 Cloudeep 及其 Amazon 的 S3 等分布式文件系统。

3. 操作系统级别的分布式文件系统

图 14-3 所示为现有分布式文件系统，这种分布式文件系统其实就是操作系统。最著名的有 EMC Isilon 的单文件系统 OneFS 分布式文件系统。它可以支持单个文件大小达到 1.3PB 容量的大数据文件。

二 （分布式）数据库

区块数据以及其他数据可以存储在传统的关系数据库中，也可以存储在各种分布式数据库中，甚至各种云数据库中。随着云计算技术的发展，以及各种需要存储的区块链应用的各种区块以及其他数据越来越大，使用分布式云数据库来进行存储，也是未来的一个趋势。目前主流的分布式云数据库可大致概括为图 14-4 所示，主要有三类，分别为大型互联网公司商用项目云数据库系统、开源项目云数据库系统及其他项目云数据库系统。

1. 大型互联网公司商用项目云数据库系统

大型互联网公司商用项目云数据库系统主要包括谷歌的云数据库 GoogleBase 及 BigTable、微软公司的 Azure、雅虎公司的 PNUTS、亚马逊公司的 SimpleDB 及其 RDS。

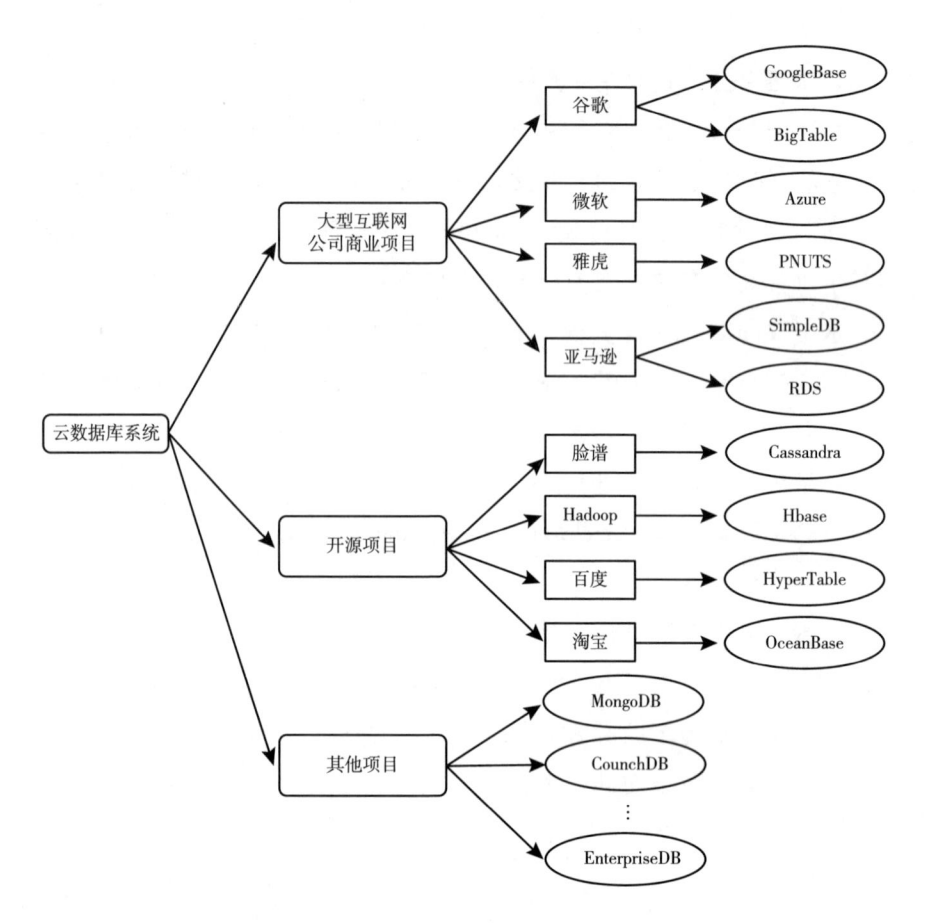

图 14-4 常用的分布式云数据库

2. 开源项目云数据库系统

开源项目云数据库系统主要包含脸谱公司（Facebook）的 Cassandra、Hadoop 的 Hbase、百度的 HyperTable 及淘宝的 OceanBase 云数据库系统等。

3. 其他项目云数据库系统

其他项目云数据库系统包括 MongoDB、CounchDB 及新兴的 EnterpriseDB 等。

三 数据区块

数据区块记录了该区块创建期间所记载的所有交易信息，例如比特币的每一个数据区块将记载某一个 10 分钟时间段内大部分的交易信息。其他应用的数据区块，可以各自定义区块的时间范围等。比特币里的数据区块是指比特币交易的账本。其他的区块链应用的数据区块是指各自应用所处理的各种交易的详细记录信息。通过这些数据区块，可以查到应用的每一个环节的任何细节与任何流程。一般来说，所有的数据区块都必须保存在每一个参与者的电脑、服务器甚至云环境中，各个节点都是完全对等的，均保存了数据区块的完整信息，一旦一个数据节点遭到破坏，并不会影响数据区块的完整性和安全性等。但是，有时候为了节省空间，也不一定是每一个节点都保存完整的所有区块信息。

数据区块由区块头和区块体两部分组成。区块头保存着各种用于连接上一个区块的信息以及各种用来验证的信息以及时间戳等信息，它主要包括：区块编号、前一区块地址、当前区块哈希值、一个用于证明工作量难度的随机数、时间戳，以及用于验证区块体交易的总的哈希 Merkle 树根。区块体主要包含了该区块（账本）中的所有交易信息以及所有交易信息的 Merkle 树（树根除外，树根存储在区块头内）。图 14-5 简要展示了一种数据区块的基本架构。

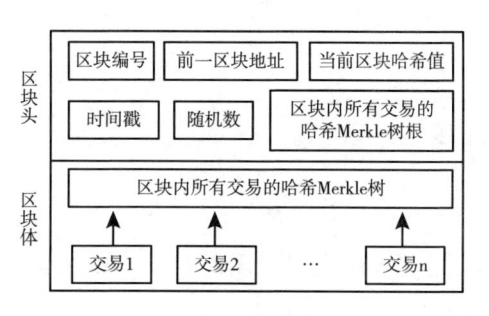

图 14-5 区块基本架构

四 链式结构

区块链应用的所有区块之间按照时间先后顺序连接而成一个完整的链条。通过该单向链条既可以逐渐增加区块，当一个新的区块创建后，就补充在最后一个区块后面，同时该单向链表也可以回溯发生的所有的交易信息，从而确保安全性和可验证性。图 14-6 展示了一个简要的链式结构。

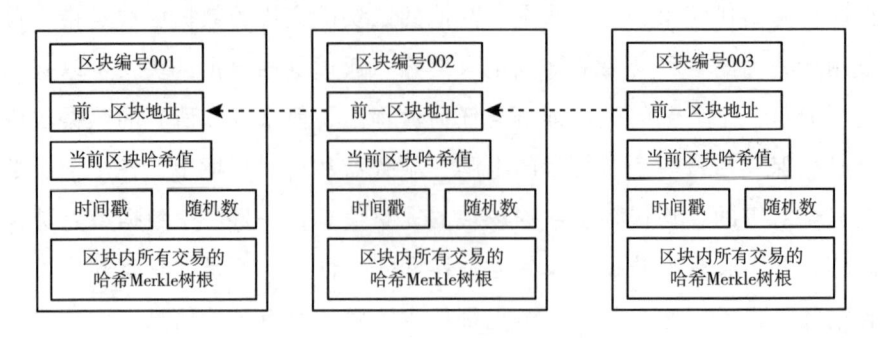

```
┌─────────────────────┐    ┌─────────────────────┐    ┌─────────────────────┐
│     区块编号001      │    │     区块编号002      │    │     区块编号003      │
├─────────────────────┤    ├─────────────────────┤    ├─────────────────────┤
│     前一区块地址     │◄---│     前一区块地址     │◄---│     前一区块地址     │
├─────────────────────┤    ├─────────────────────┤    ├─────────────────────┤
│    当前区块哈希值    │    │    当前区块哈希值    │    │    当前区块哈希值    │
├──────────┬──────────┤    ├──────────┬──────────┤    ├──────────┬──────────┤
│  时间戳   │  随机数  │    │  时间戳   │  随机数  │    │  时间戳   │  随机数  │
├──────────┴──────────┤    ├──────────┴──────────┤    ├──────────┴──────────┤
│  区块内所有交易的    │    │  区块内所有交易的    │    │  区块内所有交易的    │
│   哈希Merkle树根    │    │   哈希Merkle树根    │    │   哈希Merkle树根    │
└─────────────────────┘    └─────────────────────┘    └─────────────────────┘
```

图 14-6　一个简要的链式结构

所有的区块链接成一长串，应用的所有交易信息都将保存在区块内，并且通过链条串联一起，每一笔交易都可以进行向前溯源，从而找到每笔交易的所有历史记录。由于该长串链条由每个节点所认可，如果有人想要篡改链条，几乎是不可能的事情，他必须要将所需篡改的区块以及之前的所有区块都要进行修改，否则，通过链条的溯源机制，很快就可以发现问题。而篡改前面的所有链条，几乎是不可能的事情，因此，区块链十分安全。

五　Merkle 树

Merkle 树是一种典型的二叉树，它包含根节点、中间节点以及叶子节点。根节点将存储在区块头中。因此，要判断区块是否有修改，只需要验证 Merkle 树的根节点即可判断。不管是根节点、中间节点还是叶子节点，它们是一组哈希值。而叶子节点存储了该区块内的所有交易的初始哈希值，一个交易对应一个叶子节点。如图 14-7 展示了一个简单的基于区块链的保险智能合约的 Merkle 树的数据结构。

在本区块内有四笔交易，每笔交易对应 Merkle 树的叶子节点，使用哈希函数对每笔交易进行计算，分别得到哈希值 1、哈希值 2、哈希值 3 以及哈希值 4。然后通过对每个哈希值进行两两合并哈希，分别形

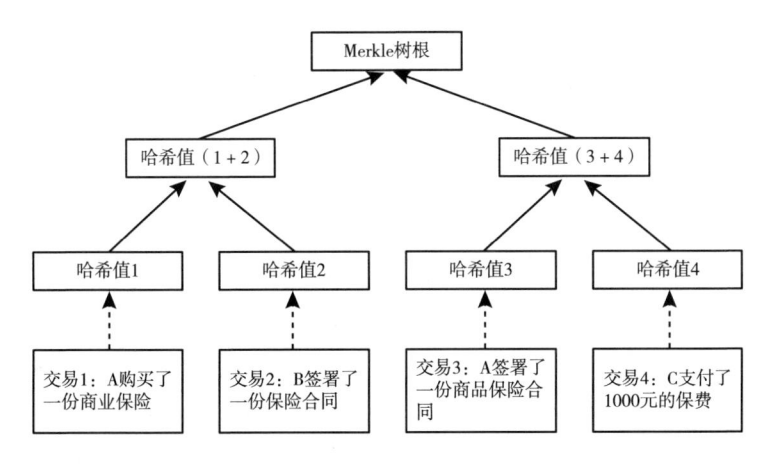

```
                    ┌─────────────┐
                    │ Merkle 树根  │
                    └─────────────┘
                      ↑        ↑
              ┌──────────┐  ┌──────────┐
              │哈希值(1+2)│  │哈希值(3+4)│
              └──────────┘  └──────────┘
               ↑      ↑      ↑      ↑
           ┌─────┐ ┌─────┐ ┌─────┐ ┌─────┐
           │哈希值1│ │哈希值2│ │哈希值3│ │哈希值4│
           └─────┘ └─────┘ └─────┘ └─────┘
              ⋮       ⋮       ⋮       ⋮
         ┌───────┐┌───────┐┌───────┐┌───────┐
         │交易1: ││交易2: ││交易3: ││交易4: │
         │A购买了││B签署了││A签署了││C支付了│
         │一份商业││一份保险││一份商品││1000元 │
         │保险   ││合同   ││保险合 ││的保费 │
         │       ││       ││同     ││       │
         └───────┘└───────┘└───────┘└───────┘
```

图 14-7 Merkle 树数据结构

成哈希值（1+2）以及哈希值（3+4）。最后哈希值（1+2）与哈希值（3+4）进行两两合并哈希，得到本区块所对应的 Merkle 树的根，存储在该区块的区块头中。

根据哈希计算的特点，只要交易 1 到交易 4 中的任何一个交易被修改，就会直接影响 Merkle 树的根的结果，从而可以容易验证出交易是否被恶意篡改。另外，Merkle 树的一个显著特点是可以具有很好的溯源性。从图 14-7 可以看出，如果交易 2 被修改了，则会直接影响到哈希值 2、哈希值（1+2）以及 Merkle 树的根。因此通过对 Merkle 树进行比较可以溯源哪个交易被篡改。另外，后面讲到的零知识证明也可以由 Merkle 树来完成。

第四节 网络通信层关键技术

区块链应用的组网方式由网络层来决定，它同时也决定了基于区块链技术的该应用的所有网络协议、消息传播方式以及数据验证的机制等。各种应用正是通过网络层的消息传播机制和数据验证机制，从而确保区块链应用中的每个参与者（节点）都能参与到区块链中的交易的校验和创建数据区块。根据不同应用的各自协议，只有所新创建的区块通过所有的参与者（或者大部分）进行验证后，才能加到区块链的最后一段中。

区块链是一种典型的去中心化的分布式网络形态存在。如果是公有链，则每个节点的地位平等（联盟链和私有链依然存在一些节点具有一定的中心节点的特征）。因此，对等式网络（P2P网络）是区块链最好的组织方式。在P2P网络中，每个参与节点均具有同等功能，它们验证区块的交易、传播区块、发现新创建的区块等。计算节点分散于全球、高度自治、可自由决定加入或退出区块链。整个区块链系统中，不存在特殊节点、中心节点以及层次结构。每个节点均具有网络路由、区块有效性的验证、传送区块数据、发布新节点的权利和义务。每个节点分布式地存储并维持着最新的整个区块链数据，因此即使部分节点故障，只要存在一个节点正常运行，就可以恢复区块链主链的全部数据，从而不影响后继区块数据的记录与更新。

一　P2P网络

P2P是peer-to-peer的缩写，又称对等网络，可以简单地定义成通过直接交换来共享计算机资源和服务，而对等计算模型应用层形成的网络通常称为对等网络。在P2P网络环境中，成千上万台彼此连接的计算机都处于对等的地位，整个网络一般来说不依赖专用的集中服务器。网络中的每一台计算机既能充当网络服务的请求者，又对其他计算机的请求做出响应，提供资源和服务。通常这些资源和服务包括：信息的共享和交换、计算资源（如CPU的共享）、存储共享（如缓存和磁盘空间的使用）等。图14-8展示了一个区块链应用的P2P网络示意。当然，不同的应用它们的网络协议可能各不相同，例如比特币有比特币的网络协议，以太坊有自己特殊的网络协议，超级账本也有自己特殊的网络协议。公有链有公有链特点的网络协议，联盟链有联盟链特点的网络协议，私有链有私有链特点的网络协议等。

由图14-8可以看出，任何参与者（可以是单独的人或者公司）都可以是P2P网络中的节点。当然如果单个参与者，可能只能提供比较轻量级的接入，如一台服务器、一台电脑，甚至一个手机。如果是公

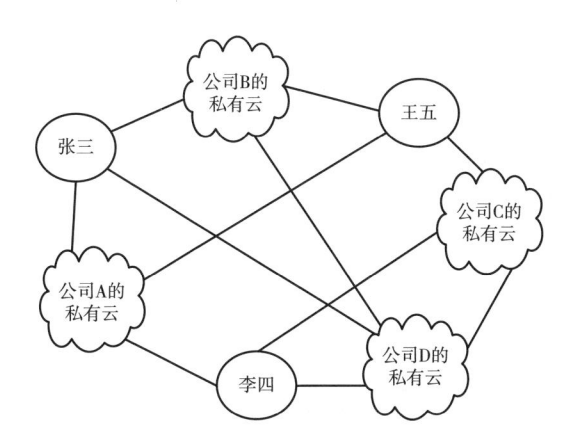

图 14-8　一个区块链应用的 P2P 网络示意

司参与者,可以是比较重量级的接入,甚至是一个公司的私有云的接入,提升计算效率和存储能力等。

理论上,所有的区块需要在所有的参与者中都存储一份,也就是说 P2P 网络中将所有的区块链中的区块都存储在每个节点中。但是,通常并不是对所有节点均进行全存储。可能一些重量级节点(例如公司 D 的私有云)存储区块链的所有区块,而一些轻量级节点可能只存储一些关键的区块(例如张三的手机)。那些重量级节点可以直接由自己完成各种交易的完整性验证,而轻量级节点可能需要从其邻接节点处调用一些所需区块来帮助完成数据的验证工作等。

二　链接方式

当生成一个有效区块,且被其他矿工确认有效后,就可以链接到当前区块链的末尾,形成新的区块链主链。但区块链并不完全以线性方式延长,有时会出现分叉。这是因为区块链系统中,各计算节点是以分布式并行计算来争取记账权的,所以可能会出现短时间内有两个计算节点同时生成有效区块。此时,区块链系统选择将两个有效区块都链接到当前主链的末尾,这就形成了分叉。针对这种情况,区块链系统规定,当主链分叉时,计算节点总是选择链接到当前工作量证明最大化的备选链上,形成更长的新主链。

三 传播机制

一旦一个新的区块创建后,生成该区块的节点需要将该消息广播给其他所有节点。不同的应用可以设计不同的传播机制,比特币的传播机制可以简要描述如下。

(1)比特币账本(区块)创建节点将所有新的交易数据向所有的全网其他节点进行广播。

(2)所有的节点将收集这些新的交易数据,并各自存储到自己的预创建的区块中。

(3)为了争夺账本创建权利,每个节点需要证明自己的努力工作,在比特币世界里使用的是找到一个工作量的难度证明(PoW)。

(4)一旦找到了工作量的难度证明,立即对全网进行广播。

(5)其他节点如果认可该工作量证明难度最大同时所有交易都是有效的交易,那么认可该节点创建的区块为有效区块。

(6)一旦新创建的区块得到了认可,则其他所有节点将接受该新区块,同时将该区块加入自己的区块链条的最后一个区块后。

图14-9展示了一个简单的区块链传播机制。在本区块的应用中共有7个参与者,有3个参与者是个体参与者,有4个参与者是公司参与者。为了创建一个新的区块链,首先所有的参与者要搜集一段时间内(比特币交易链采用约10分钟为限,其他基于区块链的应用也可以自行定义时间段)内发生的大部分交易。由于所有的参与者都在搜集新的交易,希望自己夺得创建区块的权限(比特币账本创建者将会获得50个比特币或者25个比特币不等)。而同时在争取创建权限的参与者非常多,只有1个幸运者能够幸运得到某一段时间内的创建权限。因此,需要一种公平的方法来帮助完成此工作。创建权限将交给工作最勤奋、付出最多的参与者。也就是说在上述7个参与者中选择1个最努力的人。比特币采用了工作量证明的方法,给定一个随机数,让所有的参与者去找这个随机数(找这个随机数的难度很大),只有找到该随机数的人才能获得该区块的创建权限。当然,机器计算能力越强的参与者获得创建

权限的可能性越大。我们假设公司 B 的私有云的服务器、CPU、计算能力等最强,是按时找到该随机数的参与者,因此它获得了本次账本的创建权。一旦公司 B 的私有云搜集到的能装满一个区块的交易经过其他所有六个节点验证合格后,它将正式获得创建权限,并创建了一个区块,假设为区块 x。此时,公司 B 私有云这个参与者需要将自己创建的区块 x 告诉所有其他节点。其他节点将会把区块 x 加到区块链的当前的最后一个区块后。

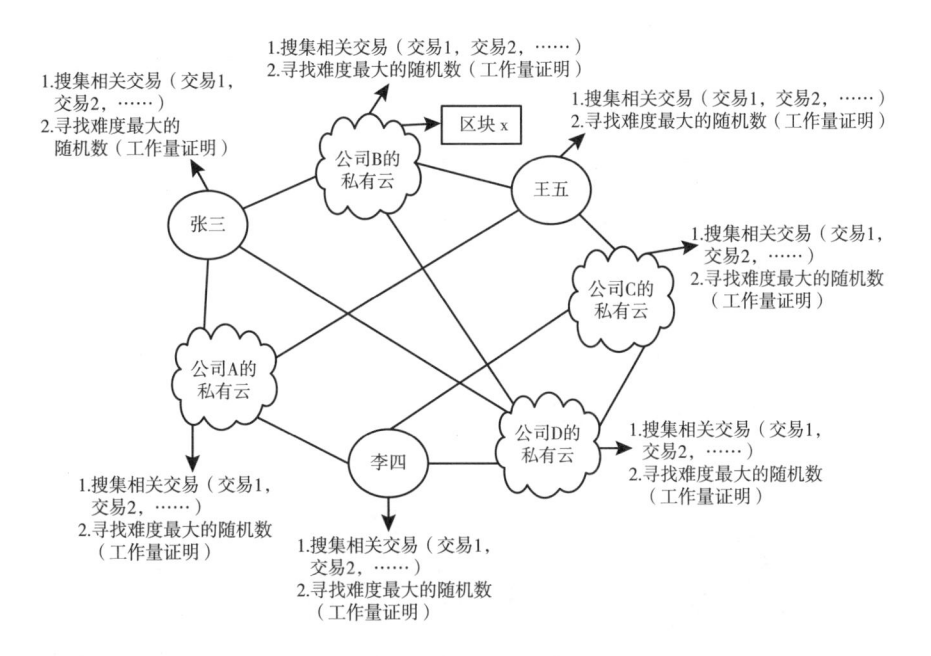

图 14 – 9　一个简单的区块链传播机制

四　共识机制

在完全去中心化的区块链系统中,如何保证各节点维持区块链数据的一致性和不可篡改性,是一个关键问题。比特币系统中的区块链技术,采用了基于工作量证明的共识机制,通过在区块计算中加入算力竞争,从而使分布式的节点可以高效地达成共识。具体做法是在区块计算的最后一步,要求解一个随机数,使区块的哈希函数值小于或等于某一目标哈希值,从而大幅提高计算难度。通常目标哈希值由多个前导零的数串构成。设定的前导零越多,目标哈希值设定的越小,找到符合条件的随机数的难度就越大。比特币系统通过调整目标哈希值,通常将区块的生成时间控制在 10 分钟左右。

五 验证机制

数据验证是区块链技术的极为重要的一环。所有的区块链网络中的参与者都要随时监听新的交易与新的区块。一旦接收到新的交易或者新的区块均需首先自己进行验证它们的正确性,如果正确后再向自己的临近节点进行广播。如果接收到的新的交易无效,则需立即抛弃,不再将它们转给临结节点,以免浪费计算资源。其中对于新的交易的验证,根据基于区块链应用事先达成的各种验证协议来进行,比如交易的格式、交易的数据结构、格式的语法结构、输入输出、数字签名的正确性等。所有的新的交易数据一旦验证通过后,并且通过自己强大的算力(工作量证明)得到了认可,则将大部分交易打包封装成一个区块,并将该区块告知其他节点,以便其他节点将该获得验证的新区块加入原有的区块链中。

六 其他

数据区块的网络层主要涉及组网方式、数据传播方式以及数据的验证机制三个主要方面。随着越来越多的区块链新的应用的到来,网络层的机制也需要不断进行扩大,适应新的计算需求。

例如,一些复杂的交易(涉及区块链 2.0 甚至 3.0 的应用),可能需要区块网络的所有参与者之间事先达成一定的智能合约,按照事先设置好的智能合约进行相应的数据通信、数据传播以及数据验证等。

又例如,基于区块链的物联网应用中,所有的传感器都是一个一个的节点,它们也是整个区块链应用网络的参与者。它们是否参与数据的广播、怎么广播以及是否参与数据的验证、如何验证,以及是否参与区块的创建,怎么创建都是一些网络的新的问题,因此需要实现设置一定的规则去满足这些新的复杂的网络环境下的新需求。

第五节　数据安全与隐私保护关键技术

无论是传统的应用还是基于区块链技术的应用，它们都面临数据安全与隐私保护问题。虽然区块链技术可以大大增强数据的安全性以及在一定程度上增加了隐私保护的程度，但是仍面临不少挑战，本节简要介绍区块链技术中所面临的数据安全与隐私保护中所涉及的关键技术。

一　时间戳

区块头里面必须包含一段时间戳信息。区块链中的所有区块都是按照时间顺序进行串联在一起的。为了防止双重支付，时间戳是一个非常必要的元素。时间戳除了可以在防止双重支付中起作用外，更为重要的作用是能够提供一些基于时间关系的证明。比如交易的发生时间在某些合同中会起到一个非常关键的作用。另外，时间还有一个溯源的作用。同时，随着区块链技术和大数据等技术的结合，区块链数据将为未来的大数据的分析提供一个时间维度，增加智能分析的效果。

二　哈希函数

哈希函数，英语 Hash Function，是一种从任何一种数据中创建小的数字"指纹"的方法。哈希函数把消息或数据压缩成摘要，使得数据量变小，将数据的格式固定下来。该函数将数据打乱混合，重新创建一个叫作哈希值的指纹。哈希值通常用来代表一个短的随机字母和数字组成的字符串。好的哈希函数在输入域中很少出现哈希冲突。在哈希表和数据处理中，不抑制冲突来区别数据，会使得数据库记录更难找到。

区块链通常采用双哈希函数（SHA256），即将任意长度的原始数据经过两次 SHA256 哈希运算后转换为长度为 256 位（32 字节）的二进制数字来统一存储和识别。

安全哈希算法（Secure Hash Algorithm，SHA）是一个密码哈希函数家族。这一组函数是由美国国家安全局（NSA）设计，美国国家标准与技术研究院（NIST）发布的，主要适用于数字签名标准。SHA256 就是这个函数家族中的一个，是输出值为 256 位的哈希算法。到目前为止，还没有出现对 SHA256 算法的有效攻击。它也是目前区块链所采用的哈希函数。

三 数据加密

为了确保数据的传输安全，某些区块链应用需要对区块进行加密后进行传输。另外，除了传输内容本身的加密外，为了安全传递密钥，也需要对钥匙进行加密。数据加密算法主要有两大类，分别为：对称加密算法和非对称加密算法。对称加密算法主要用于对区块链的交易和区块进行加密，其加密钥匙和解密钥匙使用同一把钥匙。而非对称加密又包含两种，一种是公钥加密，私钥解密，就是我们平常所说的数字信封，其主要目的是用来安全传递密钥。另外一种是私钥加密、公钥解密，就是我们通常所说的数字签名，其目的主要用来作签名只用，防止各种抵赖行为的发生。下面简要介绍数据加密的几种形态。

1. 交易加密或者区块加密（对称加密算法）

为了让区块链应用中所传输的交易或者区块安全保密，可以对交易信息或者区块信息采用对称加密算法进行加密，基本原理可以简要描述如图 14-10 所示。

从图 14-10 可以看出，为了实现交易信息或者区块（账本）的保密性传输，只要将传递的交易信息或者区块（账本）通过对称加密算法加密成密文传递，即可满足整个保密性的需要。为了验证信息是否在传输过程中被修改，可以通过图 14-11 所示的方法进行验证。

从图 14-11 可以看出，为了实现交易信息或者区块信息的内容完整性保障，需要将传递的交易信息或者区块信息通过哈希计算得到一串哈希码 h，并将该哈希码 h 和传递的交易信息或者区块信息的密文一起

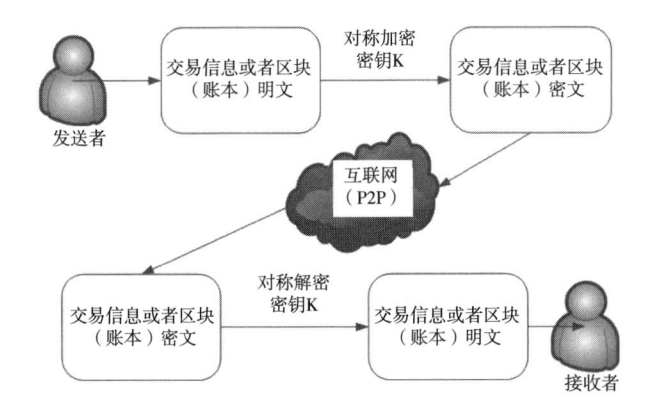

图 14 – 10　交易加密或者区块加密基本原理

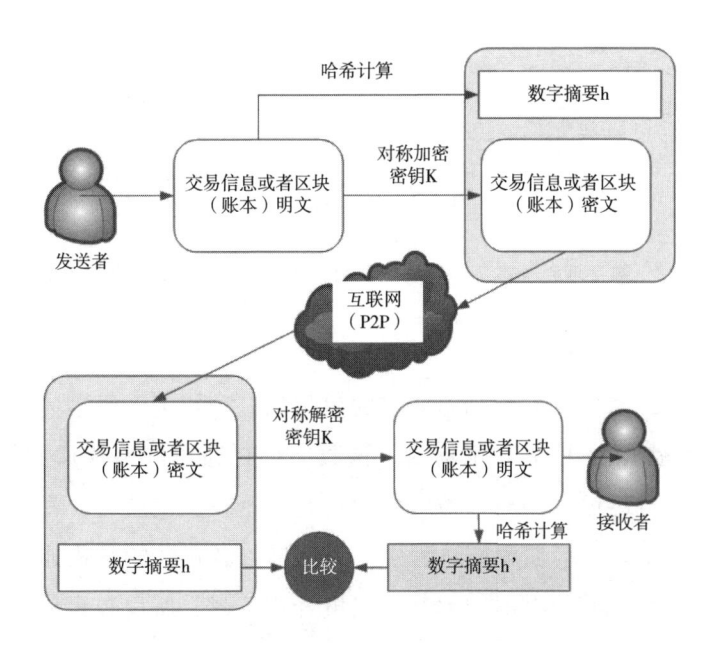

图 14 – 11　验证交易信息或者区块信息的传输安全性方法

发送给对方，对方收到信息并解密后，重新对解密后的明文进行哈希计算得到一个新的哈希码 h'。然后通过对 h 和 h' 进行比较。如果 h 等于 h' 则说明信息在传递的过程中没有被篡改，内容完整性得到保障。如果 h 不等于 h' 则说明信息在传递的过程中已经被篡改，内容完整性遭到破坏。

2. 数字信封传递密钥（非对称加密算法：公钥加密、私钥解密）

交易信息或者区块信息通过对称加密算法，可以实现交易信息或者区块信息的安全与保密传输，并且也可以通过数字指纹验证传输过程是否有信息被篡改。但是如何安全将加密密钥从加密者告知解密者也是十分重要的，为了实现密钥的安全传递，可以通过数字信封技术来实现，图 14-12 展示了数字信封基本工作原理。

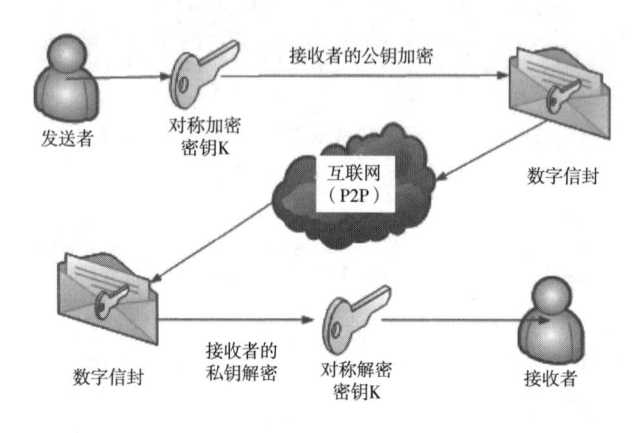

图 14-12　数字信封基本工作原理（非对称加密算法：公钥加密、私钥解密）

从图 14-12 可以看出，为了实现交易信息或者区块信息的密钥安全传输保障，需要将对称加密所用的对称加密密钥 K，通过使用接收者的公钥进行加密，形成数字信封。该数字信封通过网络传递到接收方。接收方使用自己的私钥对该数字信封进行解密，从而得到解密所需的对称解密密钥 K。因为在解密过程中，只有接收者自己的私钥能够解开该数字信封，任何其他人的钥匙都不能解开该信封，所以数字信封可以保证整个密钥的传递安全。

3. 数字签名防抵赖（非对称加密算法：私钥加密、公钥解密）

数字签名的主要目标是用来确认信息的发送者认可自己曾经的行为。类似传统的签名一样，一旦某人签署了某份文件，则表示其认可所签署文件的真实性，并能证明为自己所签署。数字签名也一样，用来证明某人签署了某份文件。图 14-13 是数字签名的基本原理，其核心就是采用非对称加密算法的私钥加密、公钥解密机制。

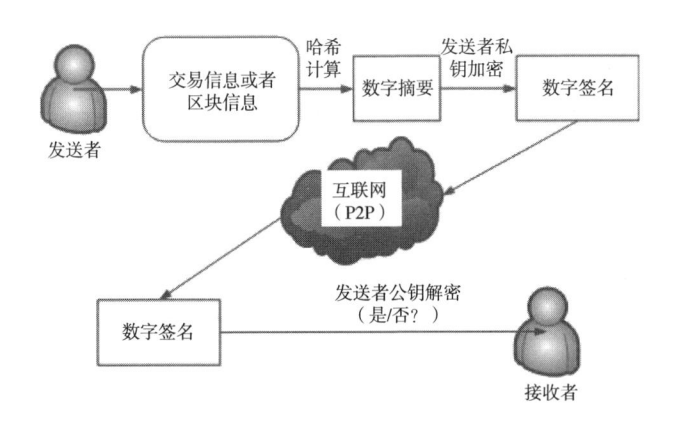

图 14-13　数字签名的基本原理

从图 14-13 可以看出，为了实现交易信息或者区块信息的来源可靠性保障，需要将传递的交易信息或者区块信息通过哈希计算得到相应的数字摘要，然后使用发送者的私钥进行加密得到相应的数字签名。将数字签名通过网络传递到接收方，如果接收方使用发送方的公钥能够解开该数字签名，则证明该数字签名的确为该发送者所签署，来源可靠；如果接收方使用发送者的公钥不能解开该数字签名，则证明该数字签名不是该发送者所签署，来源不可靠。通过这种机制可以验证出来源是否可靠。

四　数字签名（区块链特性）

前文中我们谈到了数字签名技术，但是传统的数字签名技术有一个显著特征，所有人都可以通过 CA 中心查询到所有人的公钥，而区块链应用中，如果没有一个统一的 CA 中心（当然也可以建立一个统一的 CA 中心，根据不同的需求各自可以协商确定）来管理公钥，如何实现数字签名呢？因此，区块链应用特征的数字签名会有所改动，不同于传统的数字签名。图 14-14 展示了比特币交易过程的数字签名机制。

例如，A 作为某个比特币的拥有者，使用自己的私钥对前一次交易单据（张三的交易单据）以及下一笔交易拥有者 B 的公钥，通过哈希函数进行计算后得到相应的哈希值。然后，A 使用自己的公钥对该哈希

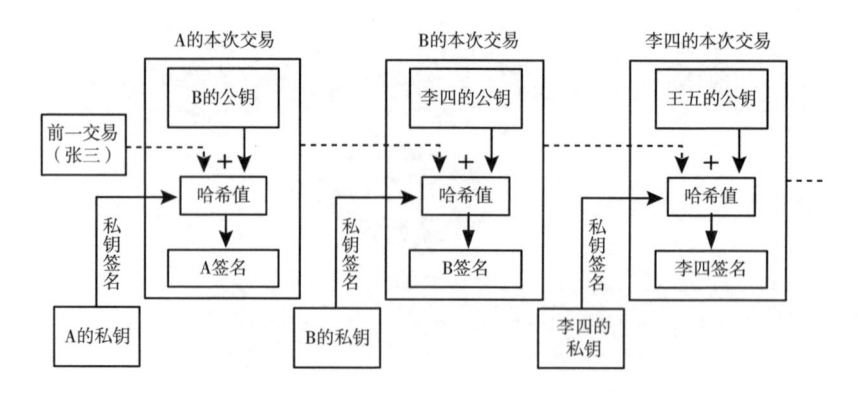

图 14-14 比特币交易过程的数字签名机制

值进行签名得到 A 自己的签名。并将该签名加入比特币的后面，将该比特币传递给下一个比特币的收款人 B。

一旦 B 收到了来自 A 的交易单据，根据数字签名的原理，B 可以判断收到的该比特币的来源，如果使用 A 的公钥能够解开该数字签名，则说明该比特币的发送方确实是 A 而不是其他人，如果使用 A 的公钥不能解开该数字签名，说明该比特币的发送方不是 A，还是另有其人。

从图 14-14 我们可以看出，区块链技术对传统的数字签名做了修改，交易单据在传递的过程中，其实公钥也已经可以通过交易单据查到，可以不通过 CA 中心去查找参与者的公钥。例如图 14-14 中，B 如果要查找 A 的公钥，可以直接去张三的交易单中进行查询验证。因为张三的交易单中已经封装了 A 的公钥信息。

但是图 14-14 所示内容存在一个问题，即 B 能够通过 A 的公钥验证该交易单是否来自 A，但是 B 不能检测 A 是否进行了双重支付，甚至是多重支付。因为在现实里可能会存在这种情况，A 的账户里面有 100 个比特币，有可能 A 在某一时间段同时签署了两张交易单分别发给 B 和李四。发给 B 的交易单为"从 Mark 那里购买 100 比特币的衬衫"，发给李四的交易单为"支付给李四 100 比特币，购买日语书籍"。这样一来，由于两张交易单都是 A 签署的，因此都是合法的交易单，就会出现 A 用 100 比特币买了 200 比特币的东西这种情况，而这种情况在金融系统中是绝对不允许出现的。为了防止此类现象的发生，需要使用时间戳来解决，此问题我们已经在前面章节做了介绍。

五 零知识证明

在数据安全层里面，除了前面所描述的各种安全手段外，有时候需要通过零知识证明来完成对区块链的安全保障。零知识证明，是由 Goldwasser 等人在 20 世纪 80 年代初提出的。它指的是证明者能够在不向验证者提供任何有用的信息的情况下，使验证者相信某个论断是正确的。零知识证明实质上是一种涉及两方或更多方的协议，即两方或更多方完成一项任务所需采取的一系列步骤。证明者向验证者证明并使其相信自己知道或拥有某一消息，但证明过程不能向验证者泄漏任何关于被证明消息的信息。它不仅具有安全机制，还在一定程度上实现了区块链应用的隐私保护作用。前面讲述到的 Merkle 树可以提供一种零知识证明的方法，图 14－15 展示了一个零知识证明的案例。

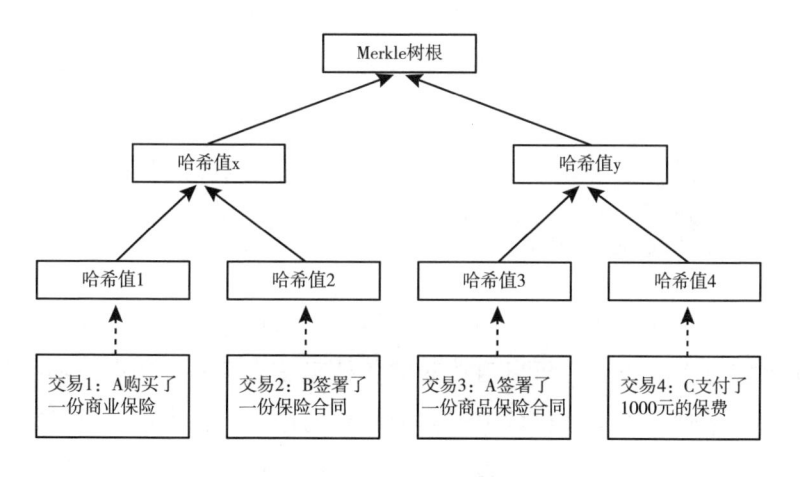

图 14－15 零知识证明的案例

例如，我们如果要证明在某个区块中包含了"交易 3：A 签署了一份商业保险合同"这一条交易信息。通过图 14－15 可以看出，我们只要公布该区块链中的这个区块，并公布该区块中与该交易相关的哈希值：Merkle 树根、哈希值 y、哈希值 3 和哈希值 4，就知道该交易属于哈希值3所对应的拥有者，即可证明哈希值3的拥有者是该笔交易的拥有者，可以很方便监测该笔交易在该区块中是否存在，从而达到安全验证的目的。现在有很多区块链的初创企业已经开始应用零知识证明来确保安全性。

六　区块链安全体系

前面讲到了区块链安全管理中的一些基本的组件和关键技术，如哈希函数、数据加密算法、数字签名、零知识证明，等等。但是光靠这些基本的技术是不能形成区块链的整个安全体系。区块链应用是一个系统工程，其安全体系也是系统工程。目前，对于区块链安全体系，虽然业界没有形成一个共识，但是主要包括如下几个方面。

（一）物理网络环境安全

确保物理网络安全，主要包括：电源安全、物理环境安全、防火墙安全、VPN组网安全，等等。例如，对于一些敏感重要的区块链应用可以组建私有链，所有的数据传输均在公司内部的VPN网络中进行传输，从而进一步提升物理网络的安全性。如果是一些公司组成的联盟，也可以在联盟内部组建一个联盟VPN网络，确保物理网络安全。

（二）区块链数据安全

主要确保区块链传输的各种交易信息以及各种区块信息的安全。为了确保信息传输安全，可以对传输的各种交易信息和区块进行加密后传输。可以通过非对称加密的方式协商秘钥的传递，也可以通过该方式进行数字签名，增加时间戳确保信息的时间维度等。

（三）区块链应用系统安全

区块链的应用系统安全，主要由区块链的各种应用需求来决定，例如：可以通过身份认证技术、权限访问技术、访问审计技术等各种技术手段来实现。另外，构建应用系统时候，区块链应用的个参与者必须制定各种交易规则，防止各个参与者之间互相突破安全限制，破坏交易规则等。

（四）区块链钥匙管理安全

传统的 PKI 安全体系，有一个 CA 中心来管理钥匙。区块链环境下，需要寻求一种新的管理方式管理各密钥，确保钥匙安全。是否还需要建立类似的 CA 中心来管理钥匙，所有的这些钥匙是否需要定期更换，钥匙的生命周期等等均是构建区块链钥匙管理安全所需考虑的问题。

（五）云环境下加密方法安全

云环境下，产生了不少一些新的加密算法，其中最为典型的是同态加密算法。未来的区块链若运行部署在云环境下，需要不断利用同态加密算法，甚至在同态加密算法的基础上进行不断创新和完善。

七　隐私保护机制

目前很多公有区块链上传输和存储的数据都没有经过隐私处理，仅仅采用简单的匿名方法对区块链上的参与者进行一定程度上的隐私保护。但是随着区块链技术的应用越来越多，如何保证用户的隐私安全显得尤其重要。目前一些新的技术来确保隐私安全，主要有同态加密技术、零知识证明以及环签名等问题。未来需要形成一套更为有效的隐私保护机制，以满足不同需求的区块链应用的需要。

八　隐私保护算法

区块链隐私保护算法和传统的云环境下的隐私保护一样，主要涉及数据的生命周期中的不同阶段所采用的不同算法，主要有如下几个阶段。

（一）交易信息或区块创建隐私保护算法

交易信息或区块在创建的时候，其中最需要保护隐私的是对创建者进行匿名，让交易信息或区块链在后续的传播过程中不知道该交易信息或区块链是谁创建的。因此本阶段的交易信息或区块链隐私保护算法主要需要采用各种匿名算法，如最典型的 k-匿名等。

（二）交易信息或区块链存储隐私保护算法

交易信息或区块创建好后，将保存在互联网（甚至云环境）环境下。如何确保所保存的交易信息或区块的内容不被发现可以通过各种算法来实现，其中最为典型的是采用加密算法（包括云环境下的同态加密）来实现，从而让所有人看不见原文，只能看见密文，从而起到保护隐私的作用。当然，有时候，不一定要将所有的全文进行加密，可能从明文中将那些敏感的信息通过隐私抽取方法抽取出来，将隐私信息通过加密方法单独存储起来，达到实现隐私保护的目的。

图 14-16 展示了大数据环境下的交易信息或区块链信息存储过程中的隐私保护模型。大数据在经过隐私信息提取后，将分解成共享信息、隐私信息位置语义映射表及隐私信息三大部分。其中，共享信息将存储在公共云中或者存储在共享存储集群中，以供数据使用者共享使用。隐私信息位置语义映射表是记录大数据的隐私信息在原始大数据中具体位置的一个映射表，为将来的数据融合提供基础。隐私信息将经过加密处理后存储到数据库中进行安全保存。另外，在整个大数据的隐私处理过程中，所有的大数据的操作过程作为隐私信息也将被提取，进行保密处理并安全存储。大数据的提供者可以对隐私信息和共享大数据进行输入融合，还原原始的大数据信息。另外，大数据的提供者还可以针对各种操作过程对大数据进行大数据溯源，确保大数据在每个操作中都有据可查，进一步确保整个安全和隐私得到保护。一旦出现隐私泄露，也为法律取证提供证据支撑。

（三）交易信息或区块链数据挖掘过程中隐私保护算法

隐私信息包括两大类，一类是直接隐私，另一类是间接隐私。直接隐私是指大数据中直接包含的隐私信息。如医疗区块链应用中的各种医

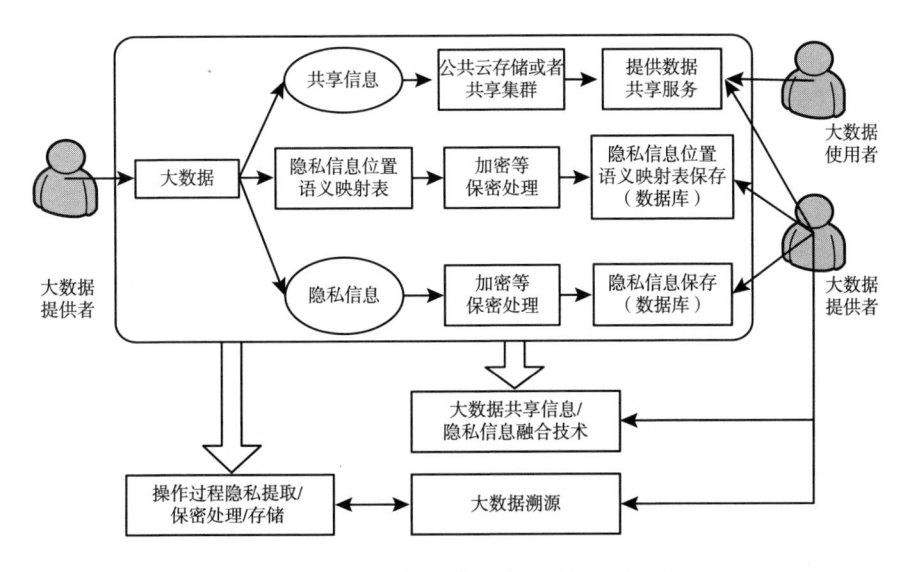

图 14-16 大数据环境下的交易信息或区块
信息存储过程隐私保护模型

疗病历中的患者姓名、年龄、出生地点、病名及其工作单位等等。这类隐私是直接可以通过查看医疗区块链的交易信息或者医疗区块直接获取的。间接隐私是指不能从医疗区块链应用中的医疗交易信息或者医疗区块所构成的大数据中直接获取的隐私信息，是需要通过一定的算法或者方法，通过对医疗区块链的各种大数据进行各种数据挖掘之后得出的隐私信息。例如，通过各种关联规则的方法可以挖掘出相应的各种隐私信息。而这里主要是指各种间接隐私的保护算法。主要有：数据变换算法、数据隐藏算法等等。

（四）交易信息或区块链在用户使用过程中的隐私保护算法

最后所有的交易信息或者区块信息都要被区块链应用中的各种参与者所访问或者使用，最后一个环节就是用户使用过程中的隐私保护算法。而这种算法主要是对用户的角色和权限进行控制的算法，确保用户的访问范围。

九 区块链隐私保护体系

根据区块链信息（交易信息或区块信息等）的生命周期，区块链隐私保护体系可以简要描述如图 14-17 所示。

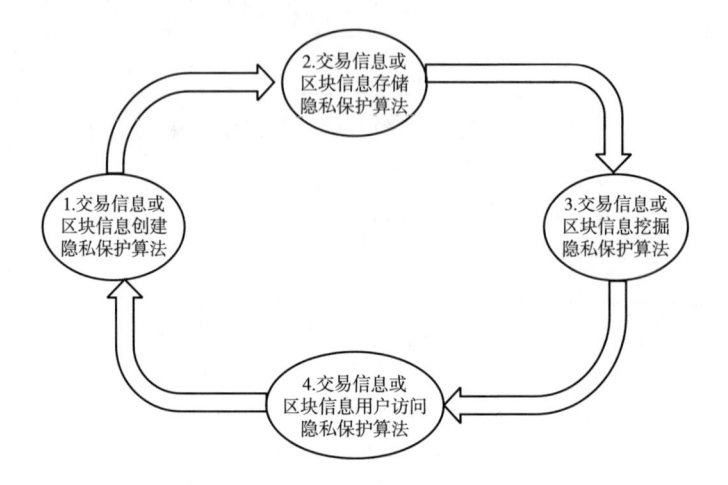

图 14-17 区块链隐私保护体系

区块链隐私保护体系中主要包括四大类型的隐私保护算法，分别为：交易信息或区块信息创建隐私保护算法、交易信息或区块信息存储隐私保护算法、交易信息或区块信息挖掘隐私保护算法以及交易信息或区块信息用户访问隐私保护算法。区块链的隐私保护是区块链能否取得大规模应用的关键所在，因此如何确保区块链信息在四个不同阶段的隐私是未来区块链的工作方向之一。可以采用传统的隐私保护算法，也必须根据区块链技术本身的特点开发一些独特的隐私保护算法，例如基于 Merkle 树的零知识证明隐私保护算法等。

第六节 共识层关键技术

基于区块链技术的各种应用与其他应用有一个明显的区别就是，区块链应用由于依靠技术本身和各种交易参与者本身的共识来确保信任和各项应用的执行和处理。因此，一个重要的技术是各方参与者必须事先达成共识。作为共识层，需要依靠一些关键技术来确保各个参与者达成某种共识机制。比特币作为区块链技术的第一个应用，最早采用了工作量证明的共识机制，但是随着后面应用越来越丰富，工作量证明机制暴露了众多的缺点，因此，后面不断发展出了许多新的共识机制和技术，如权益证明（PoS）、股份授权证明（DPoS）等。

一　工作量证明 PoW

工作量证明（Proof of Work，PoW）是一种最早的共识机制，被比特币区块链所采用。它的基本思想是，提供的算力越多，越应该获得创建账本的权限，也就是说挖矿设备越多，算力也会越强，也越有可能挖到比特币。

工作量证明系统主要特征是矿工需要做一定难度的工作得出一个结果，验证方却很容易通过结果来检查出矿工是不是做了相应的工作。

例如，给定一个字符串"Hello, Guigang!"，比特币应用给出的工作量要求是，可以在这个字符串后面添加一个叫作随机数（nonce）的整数值，对变更后（添加了随机数 nonce）的字符串进行 SHA256 哈希运算，如果得到的哈希结果（以 16 进制的形式表示）是以一定数量的零开头的，则验证通过。为了达到这个工作量证明的目标。我们需要不停地计算这个随机值，对得到的新字符串进行不断的 SHA256 哈希运算，直到找到该随机数为止。这个计算过程十分复杂，对矿工的矿机要求非常高，只有那些拥有高计算能力的矿机才有机会证明自己，获得该随机值。正是因为获得该随机值的难度很大，因此，许多计算能力小的矿工可能抱团取暖，将他们的矿机汇集到一起，组成一个矿机池一起去和其他矿机进行竞争。他们一旦获得创建区块（账本）的权限，所获得的比特币奖励将根据他们提供的矿机的算力比例进行分配。

二　权益证明 PoS

工作量证明（PoW）是一种纯粹为了证明工作量而证明工作量的一种共识机制，它在一定程度上通过工作量的方法来决定哪位矿工能够获得创建区块（账本）的权利。但是，这种机制其实带来了巨大的浪费。矿工购买大量的内存、CPU、GPU等去为了计算一个毫无价值的随机数。不仅对购买设备造成了巨大的浪费，更为重要的是浪费大量的电力资源去做一项无意义的工作（除了决定谁是新账本的创建者之外）。为了克服PoW造成的巨大浪费，后来发明了一种权益证明（PoS）的共识机制。

权益证明是点点币（PPC）最早所采用的一种共识机制。事先规定好股权分配比例，之后通过转让、交易的方式，逐渐将股份分散到区块链应用参与者手里，并通过"利息"的方式新增货币，实现对区块链应用参与者的奖励。形象地说，就是一个根据区块链参与者持有货币的多少和时间（币龄），发放利息的一个制度。现实中最典型的例子就是股票，或者是银行存款。如果用户想获得更多的货币，那么就让他们的计算资源（单个服务器、手机、甚至是公司的私有云等）保持通电状况，让它保持在线，就能通过获得"利息"获益，同时保证网络的安全。

三 股份授权证明（DPoS）

对于权益证明共识机制，与PoW一样，每个节点都可以创建区块，并按照个人的持股比例获得"利息"。与权益证明不同的是，DPoS是由被社区选举的可信账户（受托人，得票数排行前101位）来创建区块。为了成为正式受托人，用户要去社区拉票，获得足够多用户的信任。用户根据自己持有的加密货币数量占总量的百分比来投票。DPoS机制有点类似于股份制公司，通过广大股民选择自己最信任的股民来完成，最后得票率最高的参与者获得相应的创建区块以及完成交易信息或者区块信息验证的代理权。

相比较Pow共识机制和PoS机制，DPoS机制只需要更少的区块链应用的参与者来完成区块的创建以及各种交易信息的验证，从而大大提升了传播速度（因为不需要再全部的区块链应用链参与者中进行全网传播，只需要在这些代理之间实施传播即可），同时，也节省了大量的社会算力资源，节省了大量的能源浪费。但是 DPoS 机制是建立在社区选举的基础之上，而选举的可靠性和安全性将直接制约 DPoS 机制的有效性，也将带来一些安全隐患。

四　拜占庭容错共识机制

拜占庭容错共识机制是一个古老的容错机制，例如 PBFT 共识机制。拜占庭位于如今的土耳其的伊斯坦布尔，是东罗马帝国的首都。由于当时拜占庭罗马帝国国土辽阔，为了防御目的，因此每个军队都分隔很远，将军与将军之间只能靠信差传消息。在战争的时候，拜占庭军队内所有将军和副官必需达成一致的共识，决定是否有赢的机会才去攻打敌人的阵营。但是，在军队内有可能存有叛徒和敌军的间谍，左右将军们的决定又扰乱整体军队的秩序。在进行共识时，结果并不代表大多数人的意见。这时候，在已知有成员谋反的情况下，其余忠诚的将军在不受叛徒的影响下如何达成一致的协议，拜占庭问题就此形成。

在完全去中心化的区块链系统中，如何保证各节点维持区块链数据的一致性和不可篡改性，是一个关键问题。比特币系统中的区块链技术，采用了基于工作量证明的共识机制，通过在区块计算中加入算力竞争，从而使分布式的节点可以高效地达成共识。具体做法是在区块计算的最后一步，要求解一个随机数，使区块的哈希函数值小于或等于某一目标哈希值，从而大幅提高计算难度。通常目标哈希值由多个前导零的数串构成。设定的前导零越多，目标哈希值设定的越小，找到符合条件的随机数的难度就越大。比特币系统通过调整目标哈希值，通常将区块的生成时间控制在 10 分钟左右。

五　其他

除了前面讲述的几种共识机制外，各种区块链应用不断产生一些新的共识机制来达到某种共识。随着应用需求的不断扩大，会产生越来越多合适的其他的共识机制。

第七节　应用组件层关键技术

应用组件层主要是针对基于区块链的各种应用层所设定的一些激励机制或者其他的约束机制等。在区块链 1.0 应用里主要有发行机制与分配机制两个典型的激励机制。在区块链 2.0 以及未来的区块链 3.0 中，更多地体现在各种智能合约以及更为复杂的可编程资产上面。

一　发行机制

比特币的发行机制采用的是一种逐步递减的方式来完成的。其货币发行方法是，通过矿工挖矿的方式来获得比特币。最初，每个矿工每次挖到一枚比特币，会得到 50 个比特币的奖励，到了第 21 万个比特币的时候，每个矿工每次挖到一枚比特币，只能得到 25 个比特币的奖励，以此类推。直到把矿山里的第 2100 万个比特币挖完为止。也就是说，在比特币的世界里，比特币的数量是有限的，总共只有 2100 万个比特币，到 2040 年，所有的比特币就将挖完。一旦比特币挖完，矿工创建账本将不再有任何激励了，即使创建了一个账本也不会得到任何的奖励。而矿工创建账本需要耗费大量的 CPU、GPU 以及内存等算力，这将大大影响到矿工的积极性。因此，比特币的发行机制中除了通过挖矿来发行比特币外，也可以通过收取交易费来激励矿工挖矿获得比特币。

二　分配机制

在比特币世界里，有时候矿工为了提高获取创建账本的机会，矿工们会将他们的挖矿资源进行汇聚到一起，形成更大的算力与其他的矿工进行竞争。因此，一旦他们获得了账本的创建权利，会得到相应的比特币，这时候要按照他们各自提供的算力的比例来进行奖励的分配。目前，区块链已经形成了多种分配方法，例如：PPS（Pay－per－Share）分配方法、PROP 分配方法、PPLNS（Pay Per Last N Shares）分配方法、

DGM（Double Geometric Method）分配方法、SMPPS（Shared Maximum Pay Per Share）分配方法、ESMPPS（Equalized Shared Maximum Pay Per Share）分配方法、RSMPPS（Recent Shared Maximum Pay Per Share）分配方法、CPPSRB（Caped Pay Per Share with Recent Backpay uses a Maximum Pay Per Shere）分配方法、BPM（Bitcoin Pooled Mining）分配方法、POT（Pay on Target）分配方法、SCORE 分配方法、ELIGIUS 分配方法以及 Triplemining 分配方法，等等。

三 区块链 2.0 核心智能合约衍生的核心组件

区块链 2.0 最为典型的应用核心组件是智能合约为特点的机制。在该层中，封装各类代码脚本、算法和智能合约，是区块链可编程特性的基础。区块链的各个参与者可以将他们所定义的规则以代码的形式放置到区块链中，一旦合约条件触发，则自动执行相关的区块链计算服务。下面图 14-18 展示了一个简单医疗区块链 2.0 核心智能合约的示例。

假设某个医疗区块链的参与方医院、急救中心、北京市政府等设定了一个智能合约满足如图 14-18 所示的基于规则的智能合约。一旦相关条件触发，医疗区块链将自动执行医疗区块链各个参与者事先设定的合约规定，执行相关的区块链计算或者服务的义务。

四 区块链 3.0 衍生的复杂的可编程资产

随着区块链技术的不断发展，越来越多的应用将使用区块链技术。区块链技术的最终发展阶段是完全通过技术来实现可信，也就是说一切都成为可编程资产。包括人类社会活动在内的一切活动，都可以设计成可编程资产来实现。具体区块链 3.0 包含哪些核心应用组件，需要根据不同的应用区块链 3.0 的各个公司、组织等进行自行设计。图 14-19 展示了一个简要的区块链 3.0 具有语义计算（Semantic ++ Computing，接近人类思维的计算）功能的可编程资产模型。

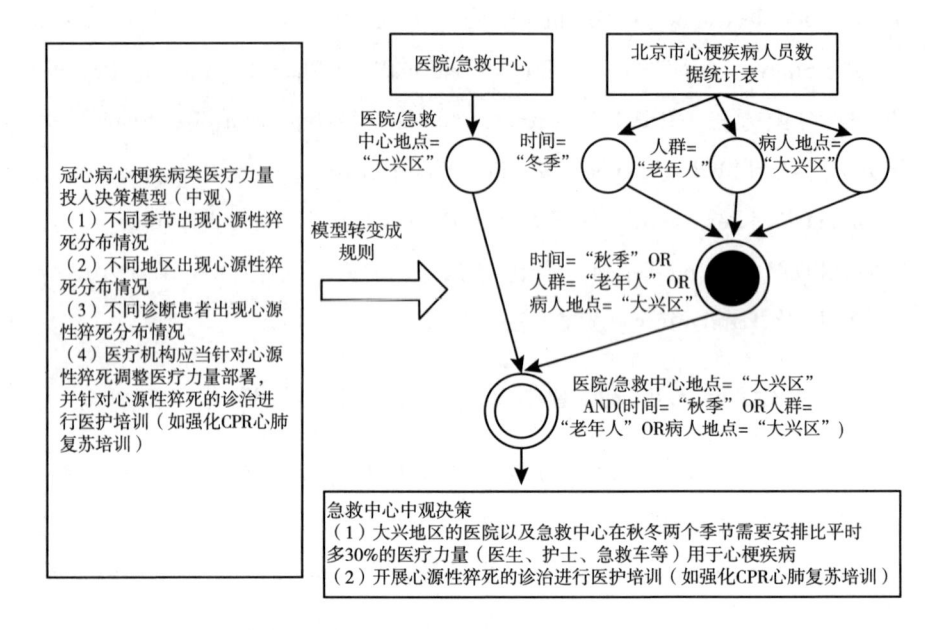

图 14-18 一个简单医疗区块链 2.0 核心智能合约的示例

某个人类需求语义描述：假设 Mark 的美国朋友 Tom 从洛杉矶（LAX, Los Angeles）出发到达北京（图中 A 节点为"北京"）。Tom 的旅行基本语义要求如下：①选择中国最大的六个城市旅游（以节点的度来衡量，度越大代表城市越大）；②旅游总天数为 20 天，每个城市停留的时间不少于两天；③选择一条最节省费用的路径，每次中转线路均为大城市（假设图中节点度数 Degree >=100 的为大城市），每一次旅行在飞机上时间不超过 2.5 小时。

像这种具有复杂语义需求的可编程资产，光通过参与者达成智能合约是不可能完成的，它的语义非常复杂，接近人类的思维需求。面对这种复杂的需求，区块链技术在应用层中的核心组件必须是完全可编程的资产才能满足需求。上图的案例，已经设计到了各种算法（尤其包含一些复杂的算法）。例如需要调用求节点的度的算法、求节点到节点的最短路径的算法、求节点到节点之间具有权重约束的最短路径算法等等，必须众多的算法进行组合才能完成目标。

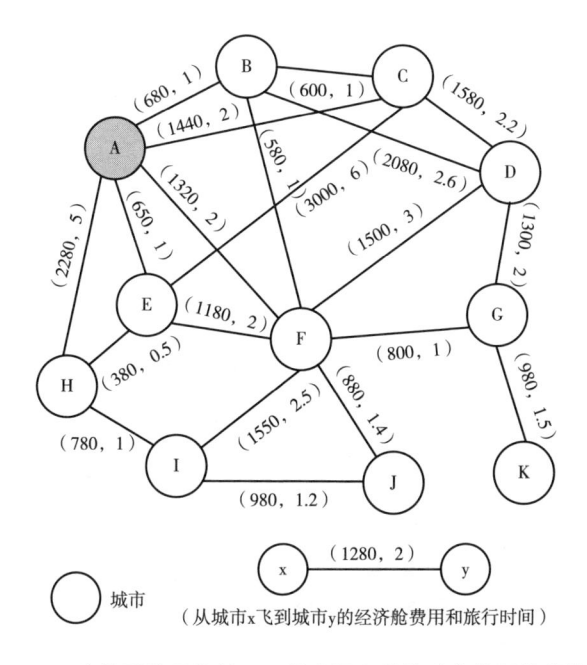

图 14-19　一个简要的区块链 3.0 具有语义计算功能的可编程资产模型

第八节　区块链应用层

区块链应用目前基本需要经历区块链 1.0、区块链 2.0 以及区块链 3.0 三个阶段。

1. 区块链 1.0 系列应用

区块链 1.0 应用的最显著特征是货币性质的应用。例如，与货币发行、转账、汇款和数字化支付相关的密码学货币应用。最典型的是比特币，它是区块链 1.0 的第一个应用，也是最经典的一个应用。

2. 区块链 2.0 系列应用

区块链 2.0 应用的最典型的特征是一种智能合约形式。例如股票、债券、期货、贷款、抵押、产权、智能财产，甚至包含一些简单规则可以变成处理的其他应用，例如：基于智能合约的医疗区块链、基于智能合约的征信区块链，等等。

3. 区块链 3.0 系列应用

区块链 3.0 应用的显著特点是它已经超越了货币支付、金融应用、简单智能合约的区块链应用。它涉及人类社会生活的方方面面，例如政府、健康、科学、文化和艺术等领域的应用。它具有比较复杂的语义性和非常复杂的智能算法等。

第九节 区块链与现代技术融合

区块链技术能否取得成功，并大规模的推广，其中一个关键的因素是是否能够与现代技术相结合。

一 区块链与云计算技术的结合

区块链技术开发、研究与测试工作涉及多个系统，时间和资金等成本问题成为制约区块链技术应用发展的关键因素。但是，若利用云计算平台搭建测试环境，上述问题将迎刃而解。同时，云计算与区块链两项技术融合发展，进一步催生出一个新的云服务市场"区块链即服务"（Block as a Service），既加速了区块链技术在多领域的应用拓展，又对云服务市场带来变革发展。

区块链的各种应用未来必定部署在云计算环境之中。构建基于区块链的云服务将是未来的发展方向。BaaS（Blockchain as a Service）将是区块链与云计算结合的一个发展趋势。另外，各种区块以及交易信息，未来存储在云数据库或者云文件系统中，均需要云计算技术的支撑。

二 区块链与大数据技术的结合

区块链保存了账本的全数据链，从区块的采集、保存、验证以及应用等方面都保存着大量的区块链数据。并且随着区块链应用的逐步发展，越来越多的数据将聚集起来，会形成巨大的数据量。如何对这些大数据进行挖掘和分析，需要大数据的支撑，包括基于大数据的各种挖掘算法和分析算法等。

三　区块链与现代加密技术的结合

众所周知，传统的加密技术，主要是基于 PKI 安全体系的加密技术，例如对称加密算法、数字信封、数字签名、数字指纹（哈希函数），等等。而随着区块链应用在云环境下，新的加密技术出现了，比较典型的有同态加密算法。因此需要将同态加密算法引入到云环境下的区块链应用中。尤其，随着量子计算技术的发展，量子加密也逐渐进入人们的事业，区块链也要逐步考虑引入量子加密算法，提升加密的难度，确保应用的安全。

四　区块链与物联网技术的结合

物联网作为互联网基础上延伸和扩展的网络，通过应用智能感知、传感器等技术，实现信息交换和通信，尤其是信息的采集。物联网传感器具有天然的分布式特征，它们部署在一个完全对等的开放环境中，不断接收信息和进行控制计算。物联网的每个传感节点可以作为区块链的参与者，纳入未来区块链的技术架构体系中。

五　区块链与现代通信技术的结合

区块链是点对点的分布式系统，为了进行交易信息或者区块信息的传播和验证，节点间的多播通信会消耗大量网络资源。随着区块链应用体量的越来越大，网络资源的消耗会以几何倍数增长，最终会成为区块链的性能瓶颈。因此，需要通过发展现代通信技术，用来为区块链的未来发展提供带宽支撑和信息传输的通信保障。

六　区块链与深度学习为代表的机器学习智能技术的结合

随着区块链技术的应用逐渐往智能化以及大数据化方向发展，对区块链的智能化应用以及基于区块链的大数据进行深度学习挖掘将成为必然。因此区块链与深度学习为代表的机器学习智能技术的结合将成为我们未来技术的一大结合。区块链本身涉及的是机器和机器之间的智能自治、管理等。而机器学习也正好是通过机器对数据本身的分析和自我演化，达到机器自学习和提升机器和应用的智能作用。因此，它们之间的结合具有天然的优势。

第十节　区块链技术标准

由于区块链技术从2015年才引起重视，2016年开始逐渐火爆，尚未引起大家足够的重视，目前国内外没有形成统一的技术标准。为了促进区块链技术的标准化和引导区块链技术的产业化，尤其是区块链应用的跨境国际化，需区块链技术形成统一的技术标准。

2016年10月18日，由工业和信息化部信息化和软件服务业司以及国标委指导下，中国区块链技术和产业发展论坛编写的正式亮相，区块链技术迎来了第一个官方指导文件。

2016年12月31日，贵阳市政府正式发布提出"主权区块链"与"秩序互联网"等理论创新，梳理了贵阳市探索区块链技术对政务、民生、商务发展应用的总体设计蓝图。

2017年5月16日，在杭州国际博览中心举行的区块链技术应用峰会暨首届中国区块链开发大赛成果发布会上，首个区块链标准《区块链　参考架构》正式发布，将从四方面推动区块链产业化进程。

区块链作为一种新兴的应用模式，在金融服务、供应链管理、文化娱乐、智能制造、社会公益和教育就业等领域有着广泛的应用价值。近几年来，区块链技术和应用正经历快速发展的过程。与此同时，国内国际上区块链领域的标准仍属空白，行业发展碎片化，行业应用存在一定的盲目性，不利于区块链的应用落地和技术发展。区块链的标准化有助于统一对区块链的认识，规范和指导区块链在各行业的应用，以及促进解决区块链的关键技术问题，对于区块链产业生态发展意义重大。

第十一节　区块链在公共文化中的应用

区块链技术在公共文化中的应用主要有如下几个方面。
（1）基于区块链的公共文化用户认证系统。
（2）基于区块链的公共文化资源，版权控制系统。
（3）基于区块链的公共文化资源共享与交易系统。
（4）基于区块链的公共文化资源大数据分析系统。
（5）基于区块链的公共文化资源人工智能 AI 分析系统。
（6）基于区块链的公共文化资源版权、共享、认证、交易新标准。

第十五章　结论

第一节　总结

本研究重点突出公共数字文化资源在共享与服务两个层面的结合，采取将资源和服务相融合的路径，提出全新的模式，主要包括资源供给模式、技术支撑模式、数据应用模式。资源供给模式主要研究对象为资源的来源主体，即资源的获取和提供者；技术支撑模式主要研究对象为资源的传播渠道和路径，即资源从传播主体到用户的实现过程；数据应用模式主要是从用户角度对数字资源开发应用的研究。

三大基础模式的有机结合，形成了良性的公共数字文化共享服务生态体系，提供了更加广泛和互联互通的公共数字文化资源服务渠道，使单一的线上体验拓展到线上线下互动体验，拓宽了公共数字文化服务路径，最终达成资源整合与服务体验，形成一个通畅的"传播—使用—反馈—再传播"的循环互动系统。

通过对用户行为及资源数据的采集、组织与分析，运用大数据技术，提炼出不同领域、不同类型、不同区域的用户使用行为以及资源分布的分析情况，通过分析与预测，实现了用户浏览公共数字文化资源的精准推送，提高了用户浏览公共数字文化资源的黏性，从而提升了公共文化服务的效能。

第二节　未来发展趋势

一　研究中的问题

如何有机地结合数字资源、平台及线上/线下公共数字文化服务；有组织的实施服务示范及培训；建立高效的应用示范运维体系是本研究研究的三大难点。通过根据不同的用户需求和使用场景制作适用于不同互动体验应用终端的互动资源，包括视频、音频、游戏、动画等，实现公共数字文化共享服务资源的聚合、组织和制作，为全国性公共数字文化共享服务示范提供支撑是本著作研究的形成的有益经验。有序、高效地完成公共数字文化共享服务应用示范后，有望为完善和创新公共数字文化共享服务模式提供实践数据支撑。

二　研究中的经验

在技术可实现性和产品可操作性的基础上，实现用户体验的多样性和多元化，才能更好地形成良好的示范效应和广泛的应用效果。

三　研究中的建议

后续制作出更多贴近受众需求的公共数字文化资源，更好地实现与群众的有效互动。

四　应用前景

本研究通过建设公共数字文化共享服务应用示范点，打造了一个线上线下相结合双向互动的交互式服务模式，广大基层群众作为公共文化服务的参与者，不但可以获取更多的有针对性的数字文化资源，而且也可以作为资源建设者上传自己的数字文化资源，有助于进一步丰富公共数字文化资源的内容和形式，从而进一步提高公共文化服务效能。

本研究通过对参与公共数字文化共享服务的对象主体进行分析，找出文化企业等社会组织在公共数字文化共享服务中的诉求与定位，有助于在丰富公共数字文化资源的内容和形式的基础上，进一步拓宽公共数字文化资源服务渠道，形成良性的公共数字文化共享服务生态体系。

本研究通过本著作的研究与实施，构建了公共数字文化服务标准规范体系框架，制定了公共数字文化服务方面的一系列标准规范，凝练总结了不同主体参与的公共数字文化共享服务模式，形成了公共数字文化共享服务的基本理论，为有志于参与公共数字文化服务的社会组织或开展相关研究的专家学者提供了相关的研究基础。

五　未来研究方向

21世纪以来，得益于文化惠民政策与工程的持续实施，我国的公共数字文化建设取得了长足的进步，通过映射、集成、协议等元数据互操作的方法，我们实现了语法层面互操作，但在语义层面的互操作还有待提高；我们已经初步实现了公共文化的基本性、便利性、公益性与均等性等指标，但在网络时代非常重要的"用户黏性"方面，我们需要提升的空间还很大。针对数据应用模式的研究工作，我们还有很多需要提升的内容，包括但不限于以下几点。

1. 公共数字文化服务效能提升技术研发与应用示范

综合运用多种网络节点和终端设备，构建智能感知的公共服务物理空间和虚拟体验空间。通过数据采集，进行大规模服务人群的分析和预测，建设服务需求概念网络，研究大规模人群的业务需求聚类方法，实现公共文化服务空间的自激式、智能化、精细化控制和管理。利用人工智能技术和情感人机交互技术，研发可实现自然语言对话的服务机器人，降低人员工作强度，提升服务质量。充分应用互联网、移动互联网和物联网引入的大量个人数据，实现保障个人隐私安全下的个人行为特征分析，进行精准化、个性化内容推送服务。利用大数据舆情分析技术和全国文化服务设施基础地理信息数据，设计公共文化全流程服务管理决策模型，建设公共文化服务效能专家系统，指导公共文化服务实体改进服务质量。

搭建智能感知的公共服务物理空间和虚拟体验空间，研发大规模服务人群的智能分析和预测平台，研发具有自然语言对话能力的服务机器人软件系统，研发侧重个人隐私安全的个性化内容推荐系统，研发公共文化服务效能专家系统，形成公共文化服务效能评估标准规范，突破用户画像建模、精准化推荐、隐私安全保护、智能数据挖掘等关键技术，开展物理数字空间、软件系统以及关键技术的应用示范。

2. 数字文化公共资源的精细化分析关键技术

针对数字文化公共资源孤岛化、碎片化、多元化的问题，利用中文信息处理、自然语言理解、信息抽取等技术，对现有公共数字文化资源的深入理解和分析，研发面向公共文化数字资源的情感语义分析、特异群组挖掘、图挖掘等技术工具，制订公共文化资源数据融合、可视化接口、加工等通用技术标准或规范，实现对于公共文化资源的高效整理，保障资源的持续利用能力，解决公共数字文化资源从"资源"到"素材"的技术难题。针对多源、多元、异构数字文化公共资源挖掘困难、处理复杂等现实问题建立计算模型，实现多元介质的结构化描述方法和语义协同，建立起大数据概念下的多层次语义模型，实现基于文化内容的多模态特征融合，建设带有鲜明中华文化特征的语义规则集合，为文化资源的搜索、监管和个性化服务奠定技术基础。

构建具有面向公共文化数字资源的情感分析、特异群组挖掘和图挖掘的能力的公共数字文化资源语义分析挖掘系统，制定针对公共文化资源数据融合、可视化或者公共文化资源数据加工方面的国家级技术标准规范，研发面向多源异构数字文化公共资源内容的多模态特征融合系统，制定带有鲜明中华文化特征的相关的语义规则库，建立公共数字文化大数据多层次语义模型，突破中文信息处理、自然语言理解、信息抽取、情感语义分析、特异群组挖掘、公共文化服务图挖掘等关键技术。

3. 公共数字文化服务向纵深推进

随着公共文化政策、资金与技术红利的进一步释放，在"十三五"时期，我们的公共数字文化还将向纵深推进。我们需要着重加强公共数字文化服务体系在基层，尤其是在老、少、边、贫地区的运用与服务，进一步提升服务效能。我们要加快构建"互联网＋"文化共享工程数字服务体系，重心下移，以乡镇为重点，更新配置，提升乡镇服务点的配备标准，确实做好文化精准扶贫工作，强化国家公共文化数字支撑平台在基层的落地应用服务，依托支撑平台做好网络监控与管理，强化基层服务考核标准，实现文化共享工程全面提档升级。

参考文献

曹树金、古婷骅、王志红:《我国公共数字文化建设与服务研究进展及特征分析》,《图书馆论坛》2015 年第 11 期。

曾春、邢春晓、周立柱:《基于内容过滤的个性化搜索算法》,《软件学报》2003 年第 5 期。

曾伟辉、李淼:《深层网络爬虫研究综述》,《计算机系统应用》2008 年第 5 期。

陈文臣:《Web 日志挖掘技术的研究与应用》,硕士学位论文,中国科学院研究生院(计算技术研究所),2005。

陈孝文:《基于社交网络的协同过滤推荐算法研究》,硕士学位论文,华南理工大学,2013。

邓先箴:《基于关联规则的推荐算法研究与应用》,硕士学位论文,华东师范大学,2009。

邓祥:《基于 Hadoop 的海量日志数据处理研究与应用》,硕士学位论文,厦门大学,2013。

范周:《盘活现有公共文化资源》,《经济日报》2014 年 12 月 8 日。

冯佳:《国内外公共文化资源供给模式研究》,《上海文化》2014 年第 4 期。

哈工大社会计算与信息检索研究中心:《同义词词林》(扩展版)。

胡税根、莫锦江、李军良:《公共文化资源整合绩效评估指标体系构建与实证研究》,《理论探讨》2018 年第 2 期。

李盛韬、余智华、程学旗:《Web 信息采集研究进展》,《计算机科学》2003 年第 2 期。

罗刚、王振东：《自己动手写网络爬虫》，清华大学出版社，2010。

罗云川、李彤：《公共文化资源共享治理策略探析》，《图书馆工作与研究》2016年第4期。

罗云川、阮平南：《公共电子阅览室社会化合作的演化博弈分析与启示》，《图书馆》2016年第4期。

罗云川、阮平南：《公共文化服务网络治理：主体、动力因素与分析模型》，《图书馆理论与实践》2016年第7期。

罗云川、阮平南：《公共文化服务网络治理：主体、关系与模式》，《图书馆建设》2016年第1期。

罗云川：《公共文化服务的网络治理研究》，社会科学文献出版社，2017。

马鞍山市社科联课题组：《完善我省基本公共服务体系 推进公共文化服务均等化问题研究——以马鞍山市公共文化资源共建共享为例》，《安徽冶金科技职业学院学报》2013年第2期。

盛明科、李代明：《大众阅读需求变化背景下公共文化资源精准供给分析》，《中国出版》2017年第18期。

谭乔西：《公共文化资源整合的集群与辐射效应》，《重庆社会科学》2016年第5期。

陶永才、张宁宁、石磊等：《异构环境下云计算数据副本动态管理研究》，《小型微型计算机系统》2013年第7期。

王健、张桂刚、杨颐、黄卫星：公共文化知识图谱平台系统及其使用方法：中国，CN201611170815.X，2016年12月17日。

王健、张桂刚、杨颐、黄卫星：基于公共文化知识图谱平台的综合推荐系统：中国，CN201710163892.0，2017年3月20日。

王健、张桂刚、杨颐、黄卫星：一种基于文本主题模型的可视化分析系统：中国，CN201610028127.6，2016年1月18日。

巫志南：《加强公共文化资源供给是关键》，《中国文化报》2011年9月9日。

吴高：《地方公共数字文化特色资源建设现状调查与思考——以全

国文化信息资源共享工程省级分中心特色数字资源建设为例》,《图书馆建设》2016年第1期。

肖希明、李硕:《信息集群理论和公共数字文化资源整合》,《图书馆》2015年第1期。

肖希明、刘巧园:《国外公共数字文化资源整合研究进展》,《中国图书馆学报》2015年第5期。

邢春晓、张桂刚、张勇译《大数据原理:复杂信息的准备、共享和分析》,机械工业出版社,2017。

邢春晓、张桂刚主编《中国区块链技术与产业发展报告》,清华大学出版社,2018。

邢春晓、张勇、张桂刚译《大数据与数据仓库:集成、架构与管理》,机械工业出版社,2018。

熊易芳:《上海社区公共文化资源供给主体及其功能研究》,硕士学位论文,上海交通大学,2013。

张川、邓珍荣、邓星等:《基于Chukwa的大规模日志智能监测收集方法》,《计算机工程与设计》2014年第9期。

张桂刚、李超、邢春晓:《大数据背后的核心技术》,电子工业出版社,2017。

张桂刚、杨颐、黄卫星、王健:"文化资源推荐系统",CN201711047386.1 [P], 2017年10月31日。

张浩、郭灿:《数据可视化技术应用趋势与分类研究》,《软件导刊》2012年第5期。

张召:《在线论坛用户兴趣图谱发现与个性化信息推荐》,博士学位论文,华东师范大学,2012。

章慧、陈宏明、蒋晓玲、向青:《公共文化资源数字化运用功能拓展研究》,《信息通信》2014年第10期。

邹均等著:《区块链核心技术与应用》,机械工业出版社,2018。

《中国文化及相关产业统计年鉴》(2014),中国统计出版社,2014。

《中国文化及相关产业统计年鉴》（2015），中国统计出版社，2015。

《中国文化及相关产业统计年鉴》（2016），中国统计出版社，2016。

《中国文化文物统计年鉴2014》，北京图书馆出版社，2014。

《中国文化文物统计年鉴2015》，北京图书馆出版社，2015。

《中国文化文物统计年鉴2016》，北京图书馆出版社，2016。

Abouzied A et al.，"HadoopDB in Action: Building Real World Applications"，In Elmagarmid AK and Agrawal D，eds.，*Proc. of the SIGMOD*2010（Indiana: ACM Press, 2010）

Apache CouchDB. http://couchdb.apache.org

B. Sarwar et al.，"Itemt-Based Collaborative Filtering Recommendation Algorithms"，In *Proceedings of the* 10*th International Conference on World Wide Web*，2001.

Bela A. et al.，"Introduction to the Dirichlet Distribution and Related Processes"，ee.washington.edu. Retrieved 14 May 2015.

Bell R.，Koren Y.，Volinsky C.，"Modeling Relationships at Multiple Scales to Improve Accuracy of Large Recommender Systems"，In KDD'07: Proc. of the 13th ACM SIGKDD Int. cof

Bordes A. et al.，*"Translating Embeddings for Modeling Multi-relational Data"*，in *Advances in Neural Information Processing Systems*，2013.

Bryan Perozzi, Rami Al-Rfou and Steven Skiena，"DeepWalk: Online Learning of Social Representations"，In Proceedings of the 20th ACM SIGKDD International Conference on Knowledge Discovery and Data Mining（KDD'14），New York，2014.

Bu YY, Howe B, Balazinska M, Ernst MD. HaLoop: Efficient Iterative Data Processing on Large Clusters. PVLDB2010, 3（2010）.

Byeong Man Kim, Qing Li, Jong-Wan Kim and Jinsoo Kiln, A New Collaborative Recommender System Addressing Three Problems, Proceedings of PRICAI 2004, 2004.

Chang F, Dean J, Ghemawat S, et al. Bigtable: A Distributed Storage System for Structured Data (Awarded Best Paper!). Proceedings of Usenix Symposium on Operating Systems Design & Implementation, 2006, 26 (2).

Chen ST. Cheetah: A High Performance, Custom Data Warehouse on Top of MapReduce. PVLDB2010, 2010, 3 (1-2).

Cloudeep. http://blog.csdn.net/cloudeep.

D. Blei, A. Ng, and M. Jordan, "Latent Dirichlet Allocation", *Journal of Machine Learning Research* 3 (2003).

D. Blei, T. Griffiths and M. Jordan, "The Nested Chinese Restaurant Process and Bayesian Nonparametric Inference of Topic Hierarchies", *Journal of the ACM*, 57 (2010).

D. Borthakur. HDFS Architecture.

D. Goldberg, D. Nichols, B. Oki, D. Terry, "Using Collaborative Fltering to Weave an Information Tapestry", *Communications of the ACM* 35 (1992) 61-70.

Dennis Fetterly et al. TidyFS: A Simple and Small Distributed File System, in Proceedings of the USENIX Annual Technical Conference (USENIX'11), USENIX, 15 June 2011.

Dietmar et al., *Recommender Systems An Introduction* (New York: Cambridge University Press, 2011).

Matei Zaharia et al., *Discretized Streams: Fault-Tolerant Streaming Computation at Scale.* (SOSP, 2013).

Doug Beaver et al. Finding a Needle in Haystack: Facebook's Photo Storage, www.facebook.com/haystack.

G. Adomavicius and A. Tuzhilin, "Toward the Next Generation of Recommender Systems: A Survey of the State-of-the-art and Possible Extensions", *IEEE TKDE*, 17 (2005).

G. Zhang, Y. Yang, X. Zhai, W. Huang and J. Wang, Public Cultural

Big Data Analysis Platform（2016 IEEE Second International Conference on Multimedia Big Data, Taipei, 2016）.

Geman S., Geman D., "Stochastic Relaxation, Gibbs Distributions, and the Bayesian Restoration of Images", *IEEE Transactions on Pattern Analysis and Machine Intelligence* 6（1984）.

GFS2. http://www.theregister.co.uk/2009/09/14/gfs2_and_hadoop/.

Ghoting A, Pednault E., "Hadoop-ML: An Infrastructure for the Rapid Implementation of Parallel Reusable Analytics", In Culotta A, eds., *Proc. of the Large-Scale Machine Learning: Parallelism and Massive Datasets Workshop*（*NIPS 2009*）（Vancouver: MIT Press, 2009）.

Reynold S. et. al., GraphX: Unifying Data-Parallel and Graph-Parallel Analytics, Franklin, Ion Stoica. OSDI 2014. October 2014.

Greg Linden, Brent Smith, and Jeremy York., "Amazon.com Recommendations: Item-to-Item Collaborative Filtering", *IEEE Internet Computing* 7, 1（January 2003）.

Hadoop. http://hadoop.apache.org/.

http://hadoop.apache.org/common/docs/r0.20.0/hdfs_design.html, April 2009.

http://www.taobaodba.com/html/tag/fs.

htttps://code.google.com/p/terrastore.

Van Wijk J J, van Liere R. Hyperslice-visualization of Scalar Function of Many Variables. *IEEE Visualization 93*（1993）.

J. Cho, H. Garcia-Molina. The Evolution of the Web and Implications for an Incremental Crawler In Proceedings of the 26th International Conference on Very Large Database, Cairo, Egypt, 2000.

J. Wang, A. P. de Vries, M. J. T. Reinders, Unifying User-based and Item-based Collaborative Fltering Approaches by Similarity Fusion, In Proceedings of the 29th Annual International ACM SIGIR Conference on

Research and Development in Information Rretrieval, ACM Press, New York, 2006.

Jaliya Ekanayake, Hui Li, Bingjing Zhang, Thilina Gunarathne, SeungHee Bae, Judy Qiu, Geoffrey Fox, Twister: A Runtime for Iterative MapReduce," The First International Workshop on MapReduce and its Applications (MAPREDUCE'10).

Jeffrey Dean, Sanjay Ghemawat, MapReduce: Simplified Data Processing on Large Clusters (Sixth Symposium on Operating System Design and Implementation 2004, New York, 2008).

Jens Dittrich et. al. , Hadoop + + : Making a Yellow Elephant Run Like a Cheetah (Without It Even Noticing), Proceedings of Very Large DataBase (PVLDB), 2010.

Jianqiao Hu et. al. , A User Profile Modeling Method Based on Word2Vec, 2017 IEEE International Conference on Software Quality, Reliability and Security Companion (QRS - C) (Prague, Czech Republic, 2017).

K. Cheverst et al. Developing a Context-aware Electronic Tourist Guide: Some Issues and Experiences. In ACM SIGCHI, 2000.

K. Shvachko et al. The Hadoop Distributed File System: Mass Storage Systems and Technologies (MSST) (2010 IEEE 26th Symposium, 2010. Incline Village, NV) 2010.

Kambatla, Rapolu, Jagannathan, Grama (2010) Asynchronous Algorithms in MapReduce Cluster Computing (CLUSTER2010) (2010 IEEE International Conference on CLUSTER, 2010).

L. Xiang, et al. J. Sun, Temporal Recommendation on Graphs Via Long-and Short-term Preference Fusion, In Proceedings of the 16th ACM SIGKDD International Conference.

Map Dean J, Ghemawat S. , "MapReduce: Simplified Data Processing on Large Clusters", In Brewer E, Chen P, eds. , *Proc. of the OSDI2004*

(California: USENIX Association, 2004).

Matei Zaharia, et al. Spark: Cluster Computing with Working Sets: Proceeding HotCloud'10 (Proceedings of the 2nd USENIX Conference on Hot Topics in Cloud Computing, Berkeley, CA, USA, 2010).

Matei Zaharia et. al., "Spark: Cluster Computing withWorking Sets", *Technology Report of UC Berkeley*, (2011).

Matei Zaharia et al., Spark: Resilient Distributed Datasets: a Fault-tolerant Abstraction for In-memory Cluster Computing: Resilient Distributed Datasets: a Fault-tolerant Abstraction for In-memory Cluster Computing, 2012 [C]. Berkeley, CA, USA: USENIX Association, 2012.

Matthew Sessoms, Kemafor Anyanwu: SkyPackage: From Finding Items to Finding a Skyline of Packages on the Semantic Web. JIST 2012.

Min Xie, Laks V. S. Lakshmanan, Peter T. Wood: "Composite Recommendations: From Items to Packages" *Frontiers of Computer Science* 6 (2012).

MongoDB. http://www.mongodb.org/.

O. Averjanova, F. Ricci, and Q. N. Nguyen. Map-based Interaction with a Conversational Mobile Recommender System. In UBICOMM'08, 2008.

OpenStack Open Source Cloud Computing Software. www.openstack.org

Page, L., "The Pagerank Citation Ranking: Bringing Order to the Web", *Stanford Digital Libraries Working Paper* 9 (1998).

Paul B. Kantor, Francesco Ricci, Lior Rokach, Bracha Shapira. *Recommender Systems Handbook* (New York: Springer. 2010).

Quoc V. Le and T. Mikolov, "Distributed Representations of Sentences and Documents", *Computer Science* 4 (2014).

S. Chakrabarti, M. van den Berg and B. Dom., Focused Crawling: A New Approach to Topic-Specific Web Resource Discovery (In Proceedings of the 8th International World Wide Web Conference, Toronto, Canada, 1999).

S.-H. Min, I. Han, "Detection of the Customer Time-variant Pattern for Improving Recommender Systems", *Expert Systems with Applications* 28 (2005).

Sanjay Ghemawat, Howard Gobioff, Shun-Tak Leung. The Google File System. SOSP2003.

Sarwar, B. M., Karypis, G, Konstan, J. A., and Riedl, J., Application of Dimensionality Reduction in Recommender Systems: A Case Study, ACM WebKDD 2000 WebMining for E-Commerce Workshop, 2000.

Shufeng Ye, Yi Yang, Weixing Huang, Jian Wang and Guigang Zhang, Public Cultural Services Recommendation System Architecture (2017 IEEE International Conference on Software Quality, Reliability and Security Companion (QRS-C), Prague, Czech Republic, 2017).

Sun J, Jin Q. Scalable RDF Store Based on HBase and MapReduce [C] // Advanced Computer Theory and Engineering (ICACTE), 2010 3rd International Conference on IEEE, 2010.

T. Mikolov, I. Sutskever, K. Chen, G. Corrado, and J. Dean. Distributed Representations of Words and Phrases and Their Compositionality. Advances in Neural Information Processing Systems, 26 (2013).

T. Mikolov, K. Chen, G. Corrado, and J. Dean, "Efficient Estimation of Word Representations in Vector Space", *Computer Science* (2013).

T. White. *Hadoop: The Definitive Guide*. (O'Reilly Media, Yahoo! Press, 2009).

Tv Zhou, et al., Solving the Apparent Diversity-accuracy Dilemma of Recommender Systems, Proceedings of the National Academy of Sciences of the United States of America 107 (2010).

Visual Data Mining and Exploration of Large Databases. Keim D A, Ankerst M. PKDD. 2001

Visualizing Multi-dimensional Clusters, Trends, and Outliers Using Star Coordinates. Kandogan E. KDD01. 2001

Xiaoshuang Zhai et al., A Kind of Precision Recommendation Method for

Massive Public Digital Cultural Resources: A Preliminary Report (2016 IEEE Second International Conference on Multimedia Big Data (BigMM), Taipei, 2016).

Y. Ge, H. Xiong, A. Tuzhilin, et al., An Energy-efficient Mobile Recommender System. In ACM SIGKDD'10, 2010.

Y. Yang, J. Wang, W. Huang and G. Zhang, TopicPie: An Interactive Visualization for LDA-Based Topic Analysis, (2016 IEEE Second International Conference on Multimedia Big Data (BigMM), Taipei, 2016).

Yi Yang et al., Distributed Representation for Neighborhood-based Collaborative Filtering, (The 19th IEEE International Symposium on Multimedia (IEEE ISM 2017), Taichung, Taiwan, December 11 – 13 2017).

Yi Yang et al. "Integrated Recommendation for Public Cultural Service," Multimedia Big Data (BigMM), 2017.

Yi Yang et al., Public Cultural Knowledge Graph Platform, (IEEE International Conference on Semantic Computing (ICSC 2017) and The 1st International Workshop on Big Data for Intelligent Services and Applications (BDISA), San Diego, California, USA, 2017).

Z. B. Liu, et al, A Hybrid Collaborative Fltering Recommendation Mechanism for P2P Networks, Future Generation Computer Systems 26 (2010).

Zhou K, Yang S H, Zhao H. Functional Matrix Factorizations for Cold—start Recommendation. Proceedings of the 34th International ACM SIGIR Conference on Research and Development in Information Retrieval (SIGIR), Beijing, 2011.

图书在版编目(CIP)数据

公共数字文化共享：模式、框架与技术 / 罗云川，张桂刚著. --北京：社会科学文献出版社，2018.9
ISBN 978-7-5201-3617-4

Ⅰ.①公… Ⅱ.①罗…②张… Ⅲ.①公共管理-文化工作-信息资源-资源共享-研究-中国 Ⅳ.①G123

中国版本图书馆CIP数据核字（2018）第225032号

公共数字文化共享：模式、框架与技术

著　　者 / 罗云川　张桂刚
出 版 人 / 谢寿光
项目统筹 / 宋　静
责任编辑 / 吴　敏　吴云苓

出　　版 / 社会科学文献出版社·皮书出版分社（010）59367127
地址：北京市北三环中路甲29号院华龙大厦　邮编：100029
网址：www.ssap.com.cn
发　　行 / 市场营销中心（010）59367081　59367018
印　　装 / 三河市龙林印务有限公司
规　　格 / 开　本：787mm×1092mm　1/16
印　张：20　字　数：295千字
版　　次 / 2018年9月第1版　2018年9月第1次印刷
书　　号 / ISBN 978-7-5201-3617-4
定　　价 / 89.00元

本书如有印装质量问题，请与读者服务中心（010-59367028）联系

▲ 版权所有 翻印必究